中国索引

(第十二辑)

中国索引学会　主办
《中国索引》编辑部　编

中央编译出版社

图书在版编目（CIP）数据

中国索引. 第十二辑 /《中国索引》编辑部编. —
北京：中央编译出版社，2024.10
ISBN 978-7-5117-4761-7

Ⅰ. ①中… Ⅱ. ①中… Ⅲ. ①索引-文集 Ⅳ.
①G254.97-53

中国国家版本馆CIP数据核字（2024）第101292号

中国索引. 第十二辑

责任编辑	汪　婷
责任印制	李　颖
出版发行	中央编译出版社
网　　址	www.cctpcm.com
地　　址	北京市海淀区北四环西路69号（100080）
电　　话	（010）55627391（总编室）　　（010）55625176（编辑室）
	（010）55627320（发行部）　　（010）55627377（新技术部）
经　　销	全国新华书店
印　　刷	北京印刷集团有限责任公司
开　　本	710毫米×1000毫米　1/16
字　　数	290千字
印　　张	17.25
版　　次	2024年10月第1版
印　　次	2024年10月第1次印刷
定　　价	88.00元

新浪微博：@中央编译出版社　　　微　信：中央编译出版社(ID: cctphome)
淘宝店铺：中央编译出版社直销店(http://shop108367160.taobao.com)　（010）55627331

本社常年法律顾问：北京市吴栾赵阎律师事务所律师　闫军　梁勤
凡有印装质量问题，本社负责调换。电话：（010）55627320

名誉主编：吴　格
主　　编：杨光辉
副 主 编：温国强　冯　瑾　薛春香
英文编审：陈晓媛　薛春香
编　　辑：孙涵涵　杨雪珂

编辑委员会：

　主　任：王全春（中央党史和文献研究院）
　副主任：杨光辉（复旦大学）
　　　　　许先春（中央党史和文献研究院）
　　　　　张秀娟（中央党史和文献研究院）
　编　委（以姓氏拼音为序）：

　　　　蔡迎春（上海外国语大学）　　冯占英（军事科学院）
　　　　龚　剑（贵州民族大学）　　　胡　毅（中央党史和文献研究院）
　　　　衡中青（佛山科学技术学院）　江向东（福建师范大学）
　　　　柯　平（南开大学）　　　　　刘　炜（上海图书馆）
　　　　李　睿（四川大学）　　　　　陆　伟（武汉大学）
　　　　马海群（黑龙江大学）　　　　乔晓东（中国科技信息研究所）
　　　　史　梅（南京大学）　　　　　童云海（北京大学）
　　　　王兰成（国防大学政治学院）　王雅戈（常熟理工学院）
　　　　王　蕾（中山大学）　　　　　王　洋（国家图书馆）
　　　　王彦祥（北京印刷学院）　　　叶继元（南京大学）
　　　　张　洋（中山大学）　　　　　赵　星（复旦大学）
　　　　郑德俊（南京农业大学）　　　郑菲菲（中央编译出版社）

目 录

特 稿

在中国索引学会第七届理事会第一次会议上的讲话
 （2023 年 10 月 21 日）   王全春（003）
在中国索引学会 2023 年学术年会上的致辞
 （2023 年 10 月 21 日）   王全春（009）
在中国索引学会第六次全国会员代表大会上的工作报告
 （2023 年 10 月 21 日）   刘承功（012）

学术论坛

论"有实质检索意义"的索引   王彦祥（025）
跨图博档的学术名人特色资源整理与组织研究
 ——基于索引方法   张　洁　李　芳（036）
面向数字人文的古典小说知识本体构建
 ——以《水浒传》续作场景为例   刘英捷　张宏玲（050）
我国索引学研究科学知识图谱分析
 ——基于 CSSCI 数据库   刘　双　钱澄澄　王德广（066）

索引与数据库事业

李政道年谱资料整理与编纂方法探析   陈幼华　李　芳（087）

昆曲"同牌异名"曲牌整理与研究　　　　　　　　　　黄金龙（097）
试析编制宁波帮专题文献索引之意义　　　　　　　　李文辉（121）
虞洽卿公益慈善活动述论　　　　　　　　　　　　　杨硕培（129）
改革开放以来上海统战人物传记资料研究述略
　　——以"20世纪中国人物传记资源整理与数据建设研究"为中心
　　　　　　　　　　　　　　　　　　　　于翠艳　傅德华（143）

人 物 志

图书馆界永远的楷模
　　——著名分类法和词表专家李兴辉先生学术贡献述略　刘华梅（159）

索引编纂丛谈

提高年鉴索引检索效果的七大手段　　　　　　　　　太行燕（171）
实质检索意义视域下的人名索引编纂实践　张　妍　黄思敏　尹　智（177）

专题索引

章培恒先生研究文献目录　　　　　　　　　朱星澜　陈东辉（185）
《文史资料选辑》所见"四行孤军"篇目索引　　　　　韩洪泉（204）
晚清民国时期国内法国美术研究文献索引　　　　　　平路青（214）

索　引　　　　　　　　　　　　　　　　　　　　　　　　（249）
稿　约　　　　　　　　　　　　　　　　　　　　　　　　（264）

Contents

Special Articles

Speech at the 1st Session of the 7th National Committee of the
China Society of Indexers
   (October 21, 2023)   Wang Quanchun (003)
Speech at the Annual Academic Meeting of the China Society of
Indexers of 2023
   (October 21, 2023)   Wang Quanchun (009)
Work Report at the 6th National Member's Representative Assembly
of China Society of Indexers (CSI)
   (October 21, 2023)   Liu Chenggong (012)

Academic Forum

On Indexing with Substantial Retrieval Significance   Wang Yanxiang (025)
The LAM Collation and Organization Approaches for Special Collections
   of Renowned Scholars Based on Indexing Methods   Zhang Jie   Li Fang (036)
Constructing the Knowledge Ontology of Chinese Classical Novels for Digital
   Humanities: Taking the Continuation Scene of "All Men Are
   Brothers" as an Example   Liu Yingjie   Zhang Hongling (050)
Analysis on the Science Knowledge Map of Index Science Research in
   China based on CSSCI Database
  Liu Shuang   Qian Chengcheng   Wang Deguang (066)

Index and Database

Exploring the Methods of Organizing and Compiling Tsung-Dao LEE's
  Chronological Data   Chen Youhua   Li Fang (087)
The Arrangement and Research of "The Same Qupai Under Different
  Names" in Kunqu Opera   Huang Jinlong (097)
The Significance of Indexing the Special Collections of Ningbo Gang
                                           Li Wenhui (121)
On Yu Yha-qing's Philanthropic Activities   Yang Shuopei (129)
A Brief Study of Biographical Data of Shanghai United Front Work
  Leaders since China's Reform and Opening up: Based on the
  *Collection and Data Construction of Chinese Biographical Resources
  in the 20th Century*   Yu Cuiyan   Fu Dehua (143)

Figures

A Forever Model of Library Community
  —An Introduction of the Academic Contributions of Mr. Li Xinghui,
    a Renowned Expert in Classification and Thesaurus   Liu Huamei (159)

Discussion on Index Compilation

Seven Ways to Improve the Retrieval Effect of Yearbook Index   Taihang Yan (171)
Compiling and Usurping Practice in Personal Name Index from
  the Perspective of Substantive Retrieval Significance
                          Zhang Yan   Huang Simin   Yin Zhi (177)

Subject Index

The Catalogue of the Research Literature of Professor Zhang Peiheng
            Zhu Xinglan Chen Donghui（185）

Index of "Eight Hundred Heroes" in *Selected Cultural and*
 Historical Materials   Han Hongquan（204）

Literature Index of French Art Research during the Late Period
 of the Qing Dynasty and the Republic of China   Ping Luqing（214）

Index   （249）

Information for Authors   （264）

特　稿

在中国索引学会第七届理事会第一次会议上的讲话

（2023年10月21日）

王全春

（中央党史和文献研究院副院长/中国索引学会第七届理事会理事长）

各位理事、同志们：

大家好！

这次会议选举我担任中国索引学会第七届理事会理事长，我深感责任重大，使命光荣。衷心感谢同志们对我的信任和鼓励！我将忠于事业，恪尽职守，勤勉工作，不辜负各位理事的重托！

长期以来，中国索引学会在主管单位原中央编译局、中央党史和文献研究院的坚强领导下，在挂靠单位复旦大学的全力支持下，开展了大量卓有成效的工作，硕果累累。这些成绩的取得，归功于理事会的有力引领，归功于各位理事的奋斗拼搏，归功于广大会员的共同努力。在此，我谨代表新一届理事会，对学会的历任领导以及专兼职干部、向在座的各位同仁、向所有为学会的创建和发展付出辛劳的同志，表示诚挚的感谢！

2018年党和国家机构改革后，中国索引学会由新组建的中央党史和文献研究院主管。中央党史和文献研究院是党中央直接领导的党的历史和理论研究专门机构，由原中央党史研究室、原中央文献研究室和原中央编译局合并组建而成。中央党史和文献研究院秉持"政治建院、编研立院、人才强院、从严治院"的办院理念，致力于构建党的理论研究综合体系，打造党的历史和理论研究高端平台，建设党中央可靠的文献库、思想库、智囊团。

本届理事会是中央党史和文献研究院主管学会以来产生的第一届理事会。中央党史和文献研究院院务会和曲青山院长高度重视索引学会换届工作，专门向党中央报告了会议筹备和拟任理事长人选情况。中央分管领导同志、中央组织部对换届大会的批准和拟任人选的审定,充分体现了党中央对索引工作的高度重视和亲切关怀。自会议筹备以来,院务会多次召开会议专题听取换届筹备情况汇报和机构人员安排方案,高度肯定了第六届理事会的工作成绩,对学会换届和新一届理事会的工作提出了明确要求。接下来,中央党史和文献研究院将认真履行主管单位职责,在中央网信办等职能部门指导下,继续发挥好主管单位的优势和作用,一如既往支持学会发展,积极做好统筹协调和服务工作,努力为学会持续健康发展创造有利条件。

在筹备过程中,我提出要广泛听取广大会员特别是全体理事的意见,集思广益,把换届大会开好,真正开出凝聚力来,开出思想成果来,开出工作方向来,有质量、有效果。学会秘书处通过网站、微信等新媒体途径,征求了会员对换届工作的建议。一些会员,特别是几位资历很长的老同志,积极建言献策,我看了很感动,很受启发。这些意见和建议,大部分都吸收到学会内部规章制度之中了,还有一些将作为我们下一步的重点工作部署。有这样一批忠于索引事业、热爱学会工作的会员,我们就有无比强大的前进动力。广大会员的理解和支持,是我们干事创业的最大底气、最坚实基础。我相信,只要新一届理事会齐心协力,更好地把广大会员团结起来、组织起来,就一定能凝聚起奋进新征程的磅礴力量。

为开好换届大会,我让秘书处找来学会往年的工作总结、工作计划以及领导讲话,认真学习了这些材料。光辉同志还带领学会秘书处同志两次到北京,向我和业务归口管理部门信息资料馆介绍学会的基本情况和发展规划。我感到,学会经历了32年不平凡的历程,筚路蓝缕发展到今天,很不容易。学会积累了许多宝贵的经验,值得我们认真总结、发扬光大。我对信息资料馆的同志讲,要多与复旦大学方面沟通,充分尊重光辉同志以及副理事长、理事们的意见;要把中央机关的优势和学会的优势结合起来,形成1+1大于2的合力。这次换届,很多方案,包括拟任人选、内部规章制度等,都跟光辉同志或经由光辉同志与相关理事进行了充分酝酿,都是信息资料馆和学会秘书处一同研究拟定的。换届大会的胜利召开和圆满闭幕,是主管单位、业务归口管理部门和学会秘书处挂靠单位复旦大学共同努力的结果,是在座的各位理事同心同德、精诚合作的结果。

同志们!凡是过往,皆为序章。当前,世界之变、时代之变、历史之变正以前所未有的方式展开。世界百年未有之大变局加速演进,国际力量对比深刻调整，国际格局和秩序复杂演变，新一轮科技革命和产业变革带来的竞争空前激烈，世界进入新的动荡变革期。我国经济实力、科技实力、综合国力显著提升，同世界关系发生前所未有的深刻变化。我国已进入向第二个百年奋斗目标进军的新发展阶段，正在以中国式现代化全面推进强国建设、民族复兴伟业。新时代新征程上的索引事业既面临着前所未有的发展机遇，也面临着严峻复杂的挑战考验。我们要从历史和现实相贯通、国际和国内相关联、理论和实际相结合的宽广视角，深刻认识索引事业在中国式现代化建设全局中的战略地位，深入思考索引事业在推进和拓展中国式现代化的伟大进程中应该扮演什么样的角色、承担什么样的任务、实现什么样的作为，科学规划发展目标，前瞻部署当前和今后一个时期的重点工作。这是摆在新一届理事会面前的重大课题。

站在新的历史起点上，新一届理事会肩负着承前启后、继往开来的重要使命。从现在起，我们的中心任务是：着力推动索引事业高质量发展，建设一流学会，形成中国学派。就是要形成世界索引的中国治学特征、工作风格、哲学观点。下面，我就此谈谈自己的一些思考。

第一，始终以高度的政治自觉牢牢把握索引学会的前进方向。 中国式现代化是中国共产党领导的社会主义现代化。推动索引事业高质量发展、建设一流学会，必须坚持马克思主义在意识形态领域的指导地位，坚持党的文化领导权，坚持中国特色社会主义文化发展道路，把政治建设摆在首位，引导全体会员学懂弄通做实习近平新时代中国特色社会主义思想，深刻领悟"两个确立"的决定性意义，不断增强"四个意识"、坚定"四个自信"、做到"两个维护"，确保在政治立场、政治方向、政治原则、政治道路上同党中央保持高度一致。必须全面加强学会党组织建设，坚持以党建工作引领业务工作，推动党建工作与业务工作深度融合发展。

第二，始终以强烈的创新精神着力推动索引学会高质量发展。 中国式现代化以高质量发展为首要任务。科学发展的每一个阶段，都必然伴随人类思维方式和方法的巨大进步。面对新一轮科技革命和产业变革迅猛发展的态势，我们必须坚持与时俱进、改革创新，主动识变应变求变，不断拓展业务工作的广度和深度。必须立足学会实际，科学把握新发展阶段对索引事业提出的新要求，不断思考、研究、探索索引与经济、索引与社会、索引与科学、索引与管理的协调、协同发展，完整、准确、全面贯彻新发展理念，主动融入并服务于新发展格局。必须突出自身特色，聚焦主责主业，围绕高质量发展这个主题，加强索引学科建设，促进相关学科融合，推动构建中国自主索引和数据库知识体系。人类几千年的发展史，其实就是一部科学技术的分化与综合的历史：从原始的科学技术综合开始，经过漫长的科学技术分化的推进，复归于高层次的科学技术综合。必须坚持以学术研究为核心、以科研项目为平台，深入开展课题研究，持续办好学术年会和各类研讨会，编辑出版好《中国索引》集刊，打造更多精品力作。必须紧跟时代步伐，立足学术前沿，注重索引对社会的影响和社会的索引政策问题研究，深化数字时代的理论研究、基础研究、人文研究，促进索引现代化、数字化、标准化、中国化。

第三，始终以健全的体制机制持续提升索引学会治理效能。中国式现代化强调要深入推进国家治理体系和治理能力现代化。具体到学会来说，就是要完善内部治理结构，以更多的制度性成果取得更大的治理效能。学会要发挥好联系主管单位中央党史和文献研究院、挂靠单位复旦大学、相关中央和国家职能部门的桥梁纽带作用，积极争取社会各界对学会建设发展的大力支持。要进一步完善学会体制机制，充分发挥学会理事会议和常务理事会议的职责职能，建立学会副理事长分工负责制。完善学会秘书处运行机制，强化与会员的沟通和联系，丰富和改进学会活动的内容与形式，充分激发学会自我教育、自我管理、自我服务的活力和每一个会员的积极性、主动性、创造性。加强专委会、地方中心建设，进一步完善学会的学术机构和组织网络，强化功能布局，形成完备高效的研究和工作体系。加强学会文化建设，健全内部规章制度，推动各项工作纳入法治化轨道，确保学会在深刻变革中既生机勃勃又井然有序。

第四，始终以坚定的人民立场深入实施索引学会惠民工程。中国式现代化是以人民为中心的现代化，理论和技术的需要程度，取决于它在实践中的实现程度。这就要求我们牢固树立索引为民惠民利民的理念，注重从回应人民关切、体现人民愿望、增进民生福祉的高度谋划索引事业发展，善于运用索引创新成果满足人民高品质需要。数字时代的日新月异和索引技术的全面渗透，不仅改变着人们的生活方式、学习方式和思维方式，而且对整个人类文化的内容、结构、形式及发展方向将产生重大影响。这就需要我们加快索引人才培养，加强全民科普工作，普及索引和数据库知识与技术，普及索引和数据库的理念、价值与哲学，实现思想性和科学性的统一。拓展索引和数据库技术的应用领域，为各行各业提供更为优质高效、便捷可及的索引公共服务，持续推进索引标准化、社会化、国际化，做好承担的索引国家标准的编制和推广工作。

强化实践导向，实现索引理论工作者、教学工作者、管理工作者、技术工作者大联盟，加强与企业各界交流合作，推动创新链产业链有机衔接，提高索引成果转化和产业化水平，使索引成果更多更公平地惠及全体人民。

第五，始终以宽广的世界眼光不断拓展索引学会交流合作。 中国式现代化是走和平发展道路的现代化。早在三百多年前，我国明代科学家徐光启就提出："欲求超胜，必须会通"。索引学会必须坚持开门开会、世界眼光，积极推动科学与人文的结合、传统与现代的结合、东方与西方的结合，为构建人类命运共同体贡献中国索引智慧。要采取"请进来"与"走出去"相结合的方式，完善全方位、多层次、宽领域的对外交流渠道，搭建新的国际合作平台。加强与国际索引联盟的联系，深化与相关国家索引团体的学术交流，推动课题研究、人才培养等方面的国际合作。科学设置议题，举办国际性的索引学术会议。加快构建中国索引话语和中国索引叙事体系，讲好中国故事、传播好中国声音。深化文明交流互鉴，推动中国索引更好地走向世界，为学会开辟更加广阔的发展空间。

同志们！唯其艰巨，所以伟大；唯其艰巨，更显荣光。回首过去，成就令人鼓舞，索引学会交出了一份厚重答卷。展望未来，新的赶考之路已经开启，需要我们付出长期艰苦的努力。让我们更加紧密地团结在以习近平同志为核心的党中央周围，秉承"求实、开拓、创新、奉献"办会宗旨，围绕推动索引事业高质量发展、建设一流学会、形成中国学派的宏伟目标，致力于新的探索、致力于实际的联系、致力于广泛的联盟、致力于世界的交流，踔厉奋发、勇毅前行，脚踏实地、埋头苦干，奋力谱写全面建成社会主义现代化强国，以中国式现代化全面推进中华民族伟大复兴的"索引篇章"。

最后，我谨代表学会新一届理事会和广大会员，对主管单位中央党史和文献研究院、指导单位中央网信办、挂靠单位复旦大学等多年来的支持表示崇高的敬意！对承担本次会议筹备工作的国家图书馆和学会秘书处表示衷心的感谢！祝愿各位代表和同志们工作顺利，身体健康！希望大家在下午的学术年会上有更多的收获！

谢谢大家！

Speech at the 1ˢᵗ Session of the 7ᵗʰ National Committee of the China Society of Indexers

(October 21, 2023)

Wang Quanchun

Vice President of the History of Chinese Communist Party and Literature-Research Institure/Chairman of the 7ᵗʰ National Committee of the China Society of Indexers

在中国索引学会 2023 年学术年会上的致辞

(2023 年 10 月 21 日)

王全春

(中央党史和文献研究院副院长/中国索引学会第七届理事会理事长)

各位嘉宾，各位代表，同志们：

在这秋风送爽的美好季节，中国索引学会第六次全国会员代表大会圆满闭幕，学会 2023 年学术年会隆重开幕。我谨代表学会主管单位中共中央党史和文献研究院及学会第七届理事会，向莅临年会的各位嘉宾、各位专家以及所有与会代表，表示热烈的欢迎和诚挚的问候！

党的十八大以来，在以习近平同志为核心的党中央坚强领导下，在习近平新时代中国特色社会主义思想科学指引下，新时代宣传思想文化事业取得历史性成就、发生历史性变革，中国索引事业也取得了长足的发展、收获了丰硕的成果，站上了新的更高的历史起点。习近平总书记强调，在新的起点上继续推动文化繁荣、建设文化强国、建设中华民族现代文明，是我们在新时代新的文化使命。前不久召开的全国宣传思想文化工作会议，正式提出和系统阐述了习近平文化思想，对当前和今后一个时期宣传思想文化工作作出重要部署。习近平文化思想是新时代党领导文化建设实践经验的理论总结，是马克思主义文化理论的丰富和发展，是我们党对中国特色社会主义文化建设规律认识的新高度，为我们不断开创中国索引事业新局面指明了前进方向，提供了根本遵循。展望未来，我们深感责任重大，同时更充满信心。

中国索引事业是文化建设的重要领域，对于促进文化事业和文化产业繁荣发展具有不可替代的重要作用。开展索引科学研究，是加快建设中国特色哲学社会科学学科体系的必然要求；普及索引和数据库知识，是提高全社会文明程度的重要标志；提供索引和数据库技术与产品服务，是实施文化惠民工程的有力抓手；促进索引现代化数字化标准化，是实施国家文化数字化战略的重大举措。总之，推动中国索引事业高质量发展，是加快建设中华民族现代文明的题中应有之义。我们要深刻认识索引事业在文化强国建设中的战略地位，坚持以习近平文化思想为指导，更好地担负起新的文化使命，为建设中华民族现代文明贡献索引智慧和力量。

各位代表，以互联网、大数据、人工智能为代表的新一代信息技术日新月异，给经济社会发展、国家管理、社会治理、人民生活带来重大而深远的影响，也给索引事业发展带来了新的机遇。党的十八大以来，习近平总书记多次就推进数字中国建设作出重要论述、提出明确要求，强调要以信息化培育新动能，用新动能推动新发展，以新发展创造新辉煌。党的二十大报告提出要"实施国家文化数字化战略"，党中央、国务院印发的《数字中国建设整体布局规划》，对推进文化数字化发展作出重要部署，中办、国办专门印发了《关于推进实施国家文化数字化战略的意见》。本次年会暨学术研讨会以"数智时代索引与数据库事业的变革"为主题，充分表明我们顺应数字时代新趋势，落实国家文化数字化战略，积极服务数字中国建设的高度自觉。接下来，各位专家将分别就"索引、数据库的编制及其原理""中国索引编撰展望""从数据到结论""数据二十条与数据要素产业实践"等作专题报告，分享研究成果。大家也将围绕会议主题，畅谈行业趋势，交流心得体会。在此，我想就本次会议提出三点期望，与大家共勉。

一是强化问题导向。马克思指出："主要的困难不是答案，而是问题"。问题是时代的声音，发现、回答并指导解决问题是学术研究和理论创新的根本任务。当今世界百年未有之大变局加速演进，新一轮科技革命和产业变革迅猛发展，我们所面临问题的复杂程度、解决问题的艰巨程度明显加大。希望大家切实增强问题意识，以处处是创造之地、时时是创造之时、人人是创造之人的精神，聚焦索引理论和实践中遇到的新问题、突出问题、疑难问题，瞄着问题去、盯着问题走，积极探索真正解决问题的新思路新办法。

二是秉持开放包容。文明如水，润物无声；海纳百川，有容乃大。开放包容是学术繁荣进步的基本条件。深化学术研究，离不开求同存异、交流互鉴。大家都是索引领域的专家，都有自己的学术见解。希望大家各抒己见、取长补短，通过思想交锋、观点碰撞，达到启迪智慧、凝聚共识的目的。希望大家在开展学术争鸣、学术批评的同时，更加注重相互欣赏、兼收并蓄，共同进入"各美其美、美人之美、美美与共"的佳境。

三是坚持守正创新。守正才能不迷失自我、不迷失方向，创新才能把握时代、引领时代。在继承中发展、在守正中创新,是学术繁荣进步的根本途径。希望大家发扬马克思主义学风文风会风,夯实守正的底气,激扬创新的锐气,不断拓展认识的广度和深度,把这次研讨会办成精彩纷呈的"学术大餐"和"思想盛宴"。

各位代表,这次会议得到国家图书馆等单位的大力协助,我们要向为此付出辛勤劳动的所有同志,表示衷心的感谢!

最后,祝会议取得圆满成功!祝大家工作顺利、身体健康!

Speech at the Annual Academic Meeting of the China Society of Indexers of 2023

(October 21, 2023)

Wang Quanchun

Vice President of the History of Chinese Communist Party and Literature-Research Institute/Chairman of the 7th National Committee of the China Society of Indexers

在中国索引学会第六次全国会员代表大会上的工作报告

(2023 年 10 月 21 日)

刘承功

(东华大学党委书记/中国索引学会第六届理事会理事长)

尊敬的各位嘉宾、各位代表：

金秋时节，天高气爽。经报中央领导同志批准，中国索引学会第六次全国会员代表大会在北京隆重召开。这次会议的主要任务是，总结第六届理事会工作，选举第七届理事会，谋划和部署今后一个时期的重点任务。这是中国索引学界的一件大事，也是中国索引学会站在新的历史起点上，承前启后、继往开来的一次重要会议。

学会第六届理事会于 2017 年 11 月选举产生，至今已走过五年多不平凡的发展历程。受学会第六届理事会委托，我向大会报告本届理事会的工作情况，请予审议。

一、第六届理事会的主要工作

(一) 坚持党建引领，增强政治自觉

第六届理事会坚持以习近平新时代中国特色社会主义思想为指导，深入贯彻落实党的十九大、二十大关于创新社会组织管理、推进社会组织高质量发展的精神，认真履职尽责，积极发挥学会作用，全力服务党和国家工作大局。

一是适时修订学会章程。 为适应新形势对学会工作提出的新要求，学会适时对章程进行了修订，在指导思想中增加"习近平新时代中国特色社会主义思想"，在章程中增加党的建设和社会主义核心价值观的有关内容，进一步明确了学会的性质、宗旨、业务范围以及运行管理规则。

二是密切联系业务主管单位。 2018 年党和国家机构改革后，学会由新组建的中央党史和文献研究院主管。业务主管单位对学会工作十分重视，对学会的党建工作和业务发展都提出了新的明确要求。学会密切联系业务主管单位，认真落实业务主管单位指示要求，认真执行重大事件请示报告制度，积极参加业务主管单位组织的教育培训，不断增强政治意识，确保学会始终在党的坚强领导下，保持正确的政治方向。

三是加强支部建设。中国索引学会联合党支部于2016年12月成立，由业务归口管理部门党支部和复旦大学图书馆分党委共建。学会党支部始终坚持党建引领，高度重视理论学习和党员教育，扎实开展了"不忘初心、牢记使命"主题教育、党史学习教育和学习贯彻习近平新时代中国特色社会主义思想主题教育，举行了一系列特色党建活动，积极发展党员，党支部的战斗堡垒作用得到了充分发挥。

（二）完善管理机制，提升运行效能

本届理事会成立后，建立了新的工作班子，制定了新的工作计划，在学会原有组织体系的框架下，初步建立了以理事会为主体，各专业委员会、地方中心为两翼的管理机制。

一是充分发挥理事会和常务理事会的重要作用。本届理事会共召开十次常务理事会工作会议和四次理事会工作会议，广泛听取意见，研究部署学会重要工作。在疫情期间，坚持通过线上会议或线上线下会议相结合的方式开展工作，积极履行工作职责，有效推动了学会各项工作开展。

二是加强专委会建设。2018年1月，学会取消了宣传联络专业委员会，由地方站（即地方中心）承担宣传联络职能；2020年7月，增设数字人文专业委员会。各专业委员会密切联络会员，积极开展课题评审、口述史、索引培训、"数字人文年会"等活动，提升了学会的专业性和学术水平。

三是重视地方与系统联络站工作。自2015年学会恢复地方与系统联络站以来，建立了北京、天津、江苏、上海、四川、山东、贵州、广东、浙江、湖北、云南、甘肃、福建等13个地区联络站和军队、中科院两个系统联络站，形成了学会条块结合、合作互动的办会机制。2018年6月，学会召开"第二届地方与系统联络站负责人会议"，会上举行了联络站及北京索引编纂研究所授牌仪式。各地联络站积极开展索引培训、学术讨论、课题申报讲座等活动，成效显著。

(三) 搭建科研平台，促进学术繁荣

理事会高度重视学会的学术研究工作，积极搭建具有学会特色的学术交流平台，多方筹措经费支持索引课题研究，积极探索设立索引研究机构，学术研究成果丰硕。

一是重视发挥学会年会暨学术研讨会的平台作用，充分展示和交流学术成果。2018年学会承办了主题为"发展中的世界索引事业"的国际索引联盟峰会，有力推动了我国与世界索引学界的交流与合作，扩大了中国索引在世界的影响。2019年召开以"索引与评价：索引学科建设与人才培养"为主题的年会。2020年通过线上方式召开以"当代中国索引学术思想研究"为主题的年会暨学术研讨会。2021年在学会成立三十周年之际，召开以"创新之路：中国索引事业三十年"为主题的年会暨学术研讨会，学会创始人葛永庆先生深情寄语学会，期望学会"成为我国索引事业史上一颗灿烂的明珠，一个光辉的里程碑"。2022年召开了以"迈上新征程的中国特色索引事业"为主题的年会，并得到国家社科基金的资助。

二是努力争取科研项目。学会多方筹措资金，自2020年起设立学会年度规划课题，每年资助索引研究课题10项左右，并逐步完善课题申报、评审、中期检查、结项等管理流程。同时，自2021年起，学会在业务主管单位关心下，参与国家社会科学基金学术活动资助的申请，并于2021年获批资助一项，2022年获批资助两项。这些科研项目的开展，为更好地保持学会学术特色，激励广大索引工作者的学术研究和创新创造了条件。

三是积极探索设立索引研究机构。2018年在北京印刷学院成立了"索引编纂研究所"；2018—2019年在贵阳对设立"中国索引学会大数据与索引研究院"进行了可行性研究和前期筹备工作；现复旦大学图书馆正在积极推动设立"复旦大学索引研究中心"。索引研究机构的设立，对扩展索引学的研究深度和广度具有重要意义，为"中国索引学派"的形成创造了良好的条件。

四是着力办好《中国索引》集刊。《中国索引》自2016年起改为集刊出版，至今共出版10辑，其中1—8辑由复旦大学出版社出版，9—10辑由中央编译出版社出版。此外，集刊还积极与国际索引期刊建立合作关系，经编辑部推荐，《中国索引》集刊第5辑的三篇研究论文先后被英国《索引家》转载。这本集刊，传承了原《中国索引》（季刊）固守学术、开放包容的办刊理念，

又有所超越，成为探索具有"中国索引学"独特品格的重要平台。

（四）注重编制规则，构建标准体系

制定索引标准是学会的一项重要工作，在本届理事会的高度重视和积极争取下，有关起草小组锐意进取、精益求精，这项工作取得重要进展。

一是制定完成《地方志索引编制规则》国家标准。自 2008 年中国索引学会制定第一个国家标准《索引编制规则（总则）》后，学会一直积极筹划，准备推出一系列基于索引编制规则总则的分则。2014 年底，中国索引学会起草国家标准《地方志索引编制规则》的申请获批。起草小组经过多次讨论修改，于 2018 年 3 月底正式上报，由国家标准化管理委员会批准，于 2018 年 10 月 1 日起颁布实施。

二是制定完成《学位论文内容索引编制规则》国家标准。针对学位论文尤其是硕博学位论文规范化和内容价值增值的需求，2015 年学会开始进行学位论文内容索引编制规则的可行性研究，形成建议书和草案上报全国文献工作标准化技术委员会，2018 年正式立项，2019 年通过专家组中期审查，2020 年完成报批稿上报，2021 年 12 月 31 日正式发布国家标准《学位论文内容索引编制规则》，于 2022 年 7 月 1 日正式实施。

三是修订《索引编制规则（总则）》。总则自 2008 年颁布以来，随着索引事业的不断发展，需要吸纳新的研究成果和实践经验。2017 年 10 月学会组织成立修订工作小组，提交《索引编制规则（总则）》修订建议书，2019 年修订项目正式立项并通过专家组中期审查，2022 年 9 月《索引编制规则（总则）》修订通过专家组审查。

（五）积极发展会员，拓展编纂实践

本届理事会积极发展会员、改善会员结构，探索建立创新实践基地和指导成立学生社团，为学会的发展壮大和普及推广创造了条件。

一是积极发展会员。学会非常重视会员发展工作，并通过地方中心密切会员关系、积极开展学术活动。通过努力，本届理事会共发展个人会员 363 人，单位会员 10 家，目前学会共有个人会员 1 600 余人，单位会员 120 家。个人会员和单位会员数量呈良好的增长趋势，会员的区域分布和行业结构进一步改善。

二是探索建立创新实践基地。中国索引学会分别在南京大学和常熟理工学院设立创新实践基地，承担与索引相关的研究、开发、教育、培训、编纂、推广、普及等工作。本届理事会任期内，创新实践基地主要成绩包括：（1）学位论文索引标准的制定；（2）多渠道、多地区宣传标准；（3）开展学位论文索引大赛的组织、培训辅导工作；（4）编辑出版索引教材，并应用于教学实践。

三是指导学生社团推广索引。学会先后指导成立两家学生社团——复旦大学索引学社和四川大学索引学社。自2019年起，由学社在全国范围内连续举办了四次博士学位论文索引编制大赛，吸引了全国多家高校学生参赛。

(六) 坚持开放合作，深化国际交流

学会作为国际索引联盟的成员，积极与英国索引家协会、澳大利亚与新西兰索引家协会、南非索引与书目工作者协会、美国索引协会、加拿大索引协会、德国索引家协会等开展信息交换和人员互访活动，国际间交流与合作取得了一系列成果。

一是成功举办国际索引联盟第七次峰会。2018年10月17—19日，第七次国际索引联盟峰会、"发展中的世界索引事业"国际学术研讨会暨2018年中国索引学会年会在复旦大学举行，海内外百余位索引专家学者受邀出席会议，这是本届理事会在国际合作和交流方面最大的突破。会议期间，地方志索引研究分论坛也受到国外索引学会代表的热切关注。

二是积极参与国际索引学术会议。虽然受疫情影响，国际间交流互访受阻，但秘书处安排专人通过线上方式参与了英国索引家协会、美国索引协会、加拿大索引协会的年会，并且委派代表在2022年10月于德国柏林举办的索引国际会议上进行主题发言，受到国际同行的关注。

三是继续参与国际索引联盟日常会议和信息交换。作为国际索引联盟成员，秘书处通过线上方式定期参加索引联盟日常工作会议，通报和交流各个索引组织的会员情况、学会会议和讲座信息。2022年10月16日，常务副理事长兼秘书长杨光辉代表学会出席第八届国际索引联盟峰会，并参与《国际索引联盟共同协议》的修订，就国际索引联盟的组成、国际索引联盟会议的召开及各国代表的参加方式、出版物的交换、信息交流、The Indexer 杂志的编辑出版工作等作了讨论。此外，秘书处定期与国外同行交换信息，并及时将英国、美国、加拿大等国家索引组织发来的简报在理事会进行分发。

在中央党史和文献研究院的领导和复旦大学的大力支持下，在全体会员的共同努力下，本届理事会履职五年多来，学会各方面工作取得了很大进展，一些困扰学会多年的难题，如经费问题，已经有所改善；还有些工作，如制定标准、开展科研、国际合作等，取得了新的突破。所有成绩的取得，都离不开大家的共同努力！在此，我谨代表学会第六届理事会，向全力支持学会工作的中央党史和文献研究院领导、各位理事会成员，以及广大会员致以崇高的敬意和衷心的感谢！

二、几点工作体会

近年来，我们立足学会自身实际，结合形势任务发展变化，积极探索新时代索引工作的发展规律，积累形成了一些好的经验做法。归纳起来，主要有以下几个方面的体会。

第一，必须聚焦政治建设，切实抓好党建工作。我们深刻认识到，党的领导是学会持续健康发展的政治保障。我们始终坚持把政治建设摆在首位，引导全体会员学懂弄通习近平新时代中国特色社会主义思想，深入贯彻落实党的十九届历次全会、党的二十大精神，深刻领悟"两个确立"的决定性意义，不断增强"四个意识"、坚定"四个自信"、做到"两个维护"，自觉在思想上政治上行动上同以习近平同志为核心的党中央保持高度一致。索引学会在业务主管单位的指导下，认真贯彻落实党中央决策部署，全面加强党的建设，走出了一条以党建为引领、党建与业务工作紧密结合的发展道路。在日常工作中，学会始终坚持以党的创新理论为指导，充分发挥党组织的核心作用，开展了内容丰富的支部活动，对学会各项工作实现新突破产生了有力的引领作用。

第二，必须突出自身特色，倾心打造学术品牌。我们深刻认识到，打造具有鲜明特色的学术品牌是学会持续健康发展的重要抓手。我们始终聚焦主责主业，以学术研究为核心、以科研项目为平台，致力于推动索引科学发展进步。在全体会员的共同努力下，索引学会已成为联系全国索引研究人员的重要纽带，在我国索引事业中发挥着举足轻重、不可替代的重要作用。近年来，学会持续举办"中国索引学会年会暨学术研讨会"，精心设立"中国索引学会规划课题"，制定推广"索引相关国家标准"，编辑出版《中国索引》集刊。这一系列具有自身特色的学术品牌，已经成为引领国内外索引事业发展的亮丽名片。

　　第三，必须坚持系统观念，有序开展各项工作。我们深刻认识到，系统观念是学会持续健康发展的根本性、基础性的思想和工作方法。学会的业务范围包括：组织开展索引研究、加强索引学科建设、促进索引现代化数字化标准化、普及索引和数据库知识、提供索引和数据库技术与产品服务、协助研究制定国家和行业相关标准、主办《中国索引》和学会网站等网络新媒体、加强国际索引交流合作、维护会员合法权益等。我们始终坚持全会一盘棋，注重从系统观念出发，谋划和解决问题，加强前瞻性思考、全局性谋划、战略性布局、整体性推进，不断增强各项工作的整体性、系统性、协同性。

　　第四，必须积极开拓进取，着力推动改革创新。我们深刻认识到，开拓创新是学会持续健康发展的不竭动力。越是伟大的事业，越充满艰难险阻，越需要奋力开拓、锐意创新。我们始终坚持与时俱进，紧跟时代步伐、顺应实践发展，不断拓展学会业务的广度和深度。面对新一轮科技革命和产业变革日新月异的发展态势，我们在慎重研究的基础上，及时增设数字人文专业委员会，深入研究数字人文与索引技术的内在关系，着力把握数字化时代对索引事业提出的新任务新要求。实践启示我们，只要我们顺应时代潮流，勇于改革创新，准确识变、科学应变、主动求变、永不僵化、永不停滞，就一定能够创造出更多更好的成绩。

　　第五，必须强化资源整合，统筹用好各方力量。我们深刻认识到，充分发挥学会各机构和全体会员作用是学会持续健康发展的关键所在。能用众力，无敌于天下；能用众智，无畏于圣人。我们始终坚持开门办会方针，广聚索引人才，努力形成整体合力，使学会永葆蓬勃生机和前进活力。第六届理事会在业务主管单位的指导下，积极发挥专业委员会、地方中心、创新实践基地、索引研究机构等各机构以及会员作用，形成课题研究、业务培训、国际交流等各领域的良性互动，有力促进了学会各项工作繁荣发展。

　　在总结经验的同时，我们也清醒认识到，与学会承担的职责使命相比，与飞速发展的时代相比，与全体会员的期盼相比，我们工作中还存在一些不足之处。例如：政治理论学习的系统性不够，创新业务工作的思路方法还不够多，吸收新会员的力度还不大，等等。在今后的工作中，我们要努力改进。

三、对第七届理事会的工作建议

当前,世界百年未有之大变局加速演进,新一轮科技革命和产业变革深入发展,全球治理体系深刻变革。同时,世界进入新的动荡变革期,经济增长乏力,全球性问题加剧,来自外部的打压遏制不断升级,我国发展进入战略机遇和风险挑战并存、不确定难预料因素增多的时期。在这样一种错综复杂的时代背景下,索引事业既面临着难得的发展机遇,也面临着严峻的挑战考验。但是总体上看,机遇大于挑战。中国索引学会长期致力于推动中国索引与数据事业的健康发展,助力数字中国建设,这是一项长远的事业,需要一代又一代人的不懈努力。值此理事会换届之机,我谨代表第六届理事会,对下一步的工作提出如下建议。

一是强化政治建设,聚精会神抓好党建。在业务主管单位中央党史和文献研究院的领导下,学会要坚定不移地加强党的领导,以党建工作为引领,提高政治站位,善学活用习近平新时代中国特色社会主义思想。切实加强业务主管单位中央党史和文献研究院和挂靠单位复旦大学的联系,开展内容丰富、形式多样的支部活动,充分发挥党支部的战斗堡垒作用。坚持以提升思想认识高度、深化学术研究深度、加强索引宣传力度为重点,引导全体会员不断增强政治认同、思想认同、情感认同,汇聚民族复兴的磅礴伟力。

二是强化规范管理,努力打造一流学会。要充分挖掘自身潜力,着力固根基、扬优势、补短板、强弱项,持续加强自身建设,不断提升学会治理效能。进一步完善学会体制机制,充分发挥学会理事会议和常务理事会议的职责职能,建立学会理事长、常务副理事长、副理事长分工负责的制度,完善学会秘书处运行机制。坚持以高质量发展为主题,完整、准确、全面贯彻新发展理念,主动融入新发展格局,以重点任务为载体,加强专委会、地方中心工作,拓展创新实践基地建设,重视宣传和青年人才培养,全面推进学会的各项工作。

三是强化创新意识,积极拓展业务领域。从既发挥业务主管单位的优势、又体现学会"小而灵"的特点出发,围绕习近平总书记提出的"第二个结合",发挥索引学会会员单位的古籍研究经验和优势,开展一系列围绕"第二个结合"的学术或应用项目;利用网络平台,编制红色经典索引,服务党内教育和大众需求；编制和开发《民法典》索引、商法索引和刑法索引，囊括法典的要义、释义和原文条款。

四是强化实践导向，推进索引标准应用。要大力开展《地方志索引编制规则》和《学位论文内容索引编制规则》的宣传推广，推进制定《古籍索引编制规则》，开展数据库索引标准的可行性论证和立项工作。

五是强化战略布局，深化数字人文研究。2022年3月，中办、国办联合发文，推进实施国家文化数字化战略，为新时代中国数字文化兴起与布局、国家文化大数据建设与应用指明了方向。学会的数字人文专业委员会是国内成立最早、规模较大的数字人文机构联盟。要加快数字人文专委会官网建设工作，加强与海内外数字人文专业组织、专家、用户的交流，实现讲座等资源的开放性共享，积极联络相关学会，形成研究合力，引领国内数字人文研究发展。

六是强化世界眼光，加大国际合作力度。中国索引学会不仅要打造中国索引研究领域的国家队，而且要扩大在国际索引领域的影响力。要采取"请进来"与"走出去"相结合的方式，进一步加强与国际索引联盟的联系，深化与相关国家索引机构的交流，鼓励学会的专家参与国际学术活动，提升学会在专业领域内的国际地位。

各位嘉宾，各位代表，习近平总书记在党的二十大报告中强调要永葆"自信自强、守正创新，踔厉奋发、勇毅前行"的精神状态，以中国式现代化全面推进中华民族伟大复兴。这也为学会今后的发展指明了前进方向，提供了根本遵循。当前，世界之变、时代之变、历史之变正以前所未有的方式展开。我们必须着力转变思想观念，勇于深化改革创新，奋力推动学会实现跨越式发展，在全球索引事业中贡献中国智慧、中国方案、中国力量。相信在新一届理事会领导下，中国索引学会一定会不忘初心、牢记使命，聚力推动中国索引学会高质量发展，繁荣我国索引与数据库事业，为全面建设社会主义现代化国家、实现中华民族伟大复兴的中国梦，做出新的更大的贡献。

谢谢大家！

Work Report at the 6th National Member's Representative Assembly of China Society of Indexers (CSI)

(October 21, 2023)

Liu Chenggong

CPC Secretary of Donghua University/Chairman of the 6th Committee of the China Society of Indexers

学术论坛

论"有实质检索意义"的索引

王彦祥

（北京印刷学院出版学院/索引编纂研究所　102600）

摘　要　索引款目要信息饱满、言之有物，使利用者不仅能节省时间，还可以检索到实质有用的信息内容。本文从何为"有实质检索意义"的索引、编纂"有实质检索意义"索引的意义、如何编纂"有实质检索意义"的索引和如何实现普及"有实质检索意义"索引的目标四方面，阐述了自己的思考和设想。

关键词　有实质检索意义　索引理论　索引编纂　索引质量

一、何为"有实质检索意义"的索引

按照中国知识界都知道的经典工具书《辞海》的解释，索引旧称"通检""备检"或"引得"，是查找图书、期刊或其他文献中的语词、概念、篇目等的检索工具。

我们再查阅刚修订实施的 GB/T 22466-2023《索引编制规则（总则）》中国国家标准得知，索引由一系列索引款目及参照组成，并按异于文献自身次序的排序法进行排序或存储，指向文献中的概念、语词及其他项目的检索工具。

通过索引概念的两个经典解释，我们可以明确一点，索引是文献信息的检索工具。既然是检索工具，必须达到人们认可的、有相当高度的准确性水平，否则就配不上检索工具的称号。为此，笔者20世纪80年代用"有实质检索意义"来概括索引的这一特性，并逐渐被索引界接受也是有一定道理的。

以往索引界和图书情报界提出过"全面标引"观点，20世纪三四十年代还编纂过不少"堪靠灯"式的逐字逐句语词索引，致使索引篇幅越来越大，使用效果却大打折扣。极少部分经典文献编制"堪靠灯"式索引当然是合理的，但大量的书后索引是随书出版的，强调的是检索快捷实用，不占用过多的篇幅，这使得编纂"有实质检索意义"的索引，协助读者节省时间，快速检索和阅读文献就显得很有必要，只有这样，索引在新时代的发展才有生命力。

具体到索引"有实质检索意义"的含义，可以这样简明地解释，即构成索引的索引款目要信息饱满、言之有物，使用者利用索引不仅能够节省时间，还可以检索到实质有用的信息内容，由此杜绝那些冗余的、虚假的、无实质内容的、没有检索意义的无用信息。

因此，要使每一个索引款目充分体现"有实质检索意义"，在索引编纂具体环节，以及索引工作和索引研究的各个方面，都应该实事求是、务实高效，以有实质意义的索引成果，来服务社会需求，促进信息检索事业。

二、编纂"有实质检索意义"的索引有何重要意义

贯彻"有实质检索意义"索引理论，为社会编纂并提供更好的"有实质检索意义"索引，对索引编纂、索引技术、索引研究、索引出版、索引使用等各个方面，都具有重要的意义。

1. 索引编纂必须拿出"有实质检索意义"的索引成果

通过"有实质检索意义"的索引编纂和社会服务，可使现代社会的信息检索高效而实用。随着新技术的不断涌现，索引编纂和服务将越来越强大，淘汰的将是无实质检索效果的"字典式查找"，也将淘汰落后而不具备实质检索意义的"堪靠灯"式逐字逐句语词索引类型。

具体到编纂索引的文献标引环节，要真正做到把有实质检索意义的索引词标引出来，同时杜绝那些无检索意义的词语。编纂索引最核心的一点，就是分析并标引出有实质检索意义的索引词。无论是人名、地名、机构名称，还是主题词、标题词等，在被索引文献中遴选并标引出的索引词（即索引标目），都必须有实质检索意义，这样读者使用索引时才能够查检到真正的、有用的信息。

要达到这一编纂要求，必须选择那些反映实质内容、信息饱满的索引词编入索引，而且要杜绝或剔除那些内容空泛、含义模糊、一带即过、顺带提及、一般罗列，甚至与被索引文献无关的索引词。要在索引编纂工作中做到不失误并拿出"有实质检索意义"的高质量索引成果，索引员必须具备优秀的"工匠精神"，深练索引编纂内功，用扎实而有效的劳动，编纂出符合要求的各类

索引。

随着计算机技术和智能手机普及，人们已经接受了一种叫作"词典式检索"的模式，即输入任一字词或者字符串，计算机或智能手机就会从文献集合中检索出符合要求的字词或者字符串。其实这类似于很多软件可以实现的"查找"功能。但是，这种查找结果往往泥沙俱下，无论有用没用，相关不相关，只要是相同的字词，都汇集并提供给检索者，但很多是无用信息。这样的信息检索不仅耽误时间，而且徒劳无功。索引中要是混杂进没有检索意义的索引词，与"词典式检索"没有什么区别，其后果必然是失去索引的真正作用。

在编纂索引款目时，要求时刻留意和检查索引词的实质检索意义，因此索引员要增加试标引和款目反查工作，提高索引编纂质量。在索引编排环节，通过甄别和实践，把真正有检索意义的索引词列入索引，去除那些无用的、缺乏实际检索意义的词语。例如，那些官话、套话中的信息，口号式的词语，均不适宜列入索引；过度使用主题词表，而不去仔细分析和正确理解被索引文献内容，也会出现标引错误。

2. 索引技术必须为"有实质检索意义"索引编纂服务

随着计算机技术和数字出版技术快速发展，目前编纂索引都在使用索引编制专业软件和计算机软硬件设备和文献电子文件，这些索引编纂新技术的广泛使用，也为提高索引编纂质量提供了条件，编纂"有实质检索意义"索引也越来越方便快捷。而那些只提供全文"检索"字词功能，不做有无实质检索意义内容判断的技术和操作，肯定编纂不出高质量索引。

笔者曾撰文阐述，中国索引已迈入无纸化快捷编纂时代，从索引软件开发应用到索引编纂使用出版书稿电子文件并实施无纸化快捷操作[①]，这些都为"有实质检索意义"的索引编纂与服务带来了诸多便利，也为快捷编纂高质量的索引创造了必备的条件。

但是，索引编纂技术进步了，有些索引编制者不去认真分析和标引被索引文献内容，也不去动脑筋认真制作"有实质检索意义"的索引标目，而是利用计算机的复制粘贴、全文查找等功能，快速获取索引词，快速添加索引地址出处项，致使索引质量缺乏保障，夹杂了不少没有实质检索意义的索引词，或

---

① 王彦祥. 中国索引已迈入无纸化快捷编纂时代——中国索引学会成立30年来索引编纂技术回顾与展望［M］. 中国索引学会. 中国索引（第十辑）. 中央编译出版社，2023：3-20.

者添加无意义的索引地址出处项,这些不良做法必须坚决纠正。

先进的索引技术提高了索引编纂工作效率和索引编纂内容质量,我们应该科学合理地利用这些条件,以此编纂出"有实质检索意义"的索引成果,使索引技术真正发挥出好的作用。例如,提高索引词的快速标引和提取水平,增加索引词的反查和校对次数并减少文字错误,利用索引软件提高索引地址出处项的准确性和索引款目排序的正确性,以此真正提升索引编纂质量。

3. 索引出版必须控制内容篇幅以增加索引"有实质检索意义"

编纂"有实质检索意义"索引的一大好处就是控制了索引内容篇幅,能够解决索引篇幅和索引检索效果这对矛盾,也解决了索引随书出版的难题。尤其是现代出版业很重视成本控制,作为图书"辅文"的索引,只有好用实用,并展现"有实质检索意义"的作用,才能符合现代出版要求。

通过编纂"有实质检索意义"索引,能够排除掉很多虚假的、无意义的索引款目,实质上就是减少了索引篇幅,可以进一步控制索引内容。以《上海府县旧志丛书》为例,该丛书用现代排版技术重新出版后是37卷2.6万页的皇皇巨制,利用现代索引技术编纂完成的人名索引初稿,拥有15万多条索引款目,字数达到220多万字,人名索引与原书配套也要出版上下两卷。地名+机构索引达到7万多条索引款目,字数有90多万字,排版后也需要一卷篇幅。如果按照旧方法编纂索引,不控制索引篇幅,还不知道要增加多少页码呢。

编纂最多的书后索引是有固定篇幅制约的书本式索引,一是要在有限篇幅内提供尽可能多的检索信息,二是要尽量压缩索引内容篇幅,排版到书后尽量少占页码,也就是说索引容量是有限的,不可能也没有必要将所有检索信息列入索引之中,这也是索引查全率与查准率之间的真正矛盾冲突。所以,读者使用索引是要查检有真正检索意义的信息,绝不希望查到空信息、假信息、死信息,这就要求我们用有实质检索意义的索引来解决读者的真正问题。

索引编纂与索引出版存在着一个明显的博弈关系,索引越大越详细,检索内容就越全面,但索引篇幅就膨胀起来。为了解决这一矛盾,就要使索引编纂达到"有实质检索意义",既能起到信息检索的实质作用,又能科学合理地控制索引篇幅,两方面都有利的事情,何乐而不为?为此,现代索引的编辑出版,必须解决好信息检索与索引篇幅的矛盾问题,而最好的解决手段就是编纂和出版"有实质检索意义"的索引。

4. 索引研究要重点关注"有实质检索意义"索引编纂问题

随着现代科学技术迅速普及，电子书、数据库、全文检索、网络搜索、手机阅读充斥生活和学习的信息检索各个方面，也令索引面临着巨大挑战和发展机遇。以"有实质检索意义"的索引来应对新时代挑战，既可使索引焕发出新的生命力，又能解决实际的信息检索需要，这也需要研究并提供新的索引方式方法。

笔者在《新世纪中国索引编纂与研究述评（下）——基于2000—2017年索引成果的定性研究》一文指出[①]，近年我国专题索引和主题索引研究与索引编纂数量相背离、索引标引技术研究成果偏少、索引编纂流程归纳薄弱，直接探讨索引编纂质量，提高索引"有实质检索意义"的论文几乎没有，而索引理论研究、新索引形式研究、索引历史与文化研究成果却层出不穷，这说明我国索引研究相对分散，对编纂高质量索引的指导性不足。

笔者指出索引研究要解决实际问题，索引研究成果要指导索引编纂工作，提出了索引编纂是索引理论发展和技术创新的根本和源泉的鲜明观点，并与《中国索引》辑刊合作，开设《索引编纂丛谈》专栏，以打造讨论索引编纂专题问题的新传播平台，展现索引编纂之风采，集结编纂研究之成绩，提供索引编纂之精品，创造百家争鸣之氛围。其实质就是要推动中国索引编纂事业，以"有实质检索意义"的索引成果来服务社会。[②]

我国著名索引学家张琪玉先生曾经发表《索引服务是中国索引学会走向社会的主要道路》《推广实用性较大的文献索引与数据库》等论文，强调索引及其索引编纂的实用性和科学性，而现代计算机技术、网络技术及数据库技术快速发展，也更加需要索引的实质性支持，以"有实质检索意义"索引成果来帮助人们的信息检索和学习研究。为此，着力研究"有实质检索意义"索引编纂问题刻不容缓，索引界要尽快拿出实际行动和具体成果。

5. 编纂"有实质检索意义"的索引有利于提高索引的利用率

随着"万事万物皆可索引"观点深入人心，人们认识和使用索引的概率

---

① 王彦祥. 新世纪中国索引编纂与研究述评（下）——基于2000—2017年索引成果的定性研究[M]. 中国索引学会. 中国索引（第六辑）. 复旦大学出版社，2019：3-47.

② 王彦祥、温国强. 索引编纂：索引理论发展和技术创新的源泉——关于开设"索引编纂谈丛"专栏的对话[M]. 中国索引学会. 中国索引（第九辑）. 中央编译出版社，2021：211-215.

越来越高，尤其是网络、智能手机的普及和使用，人们检索信息的活动充斥各个方面，这也真正检测和考验着索引有无实质检索意义。因此，过去编纂的逐字逐句语词索引，只提供粗线条信息的篇目索引，甚至只有"词典式检索"功能的索引数据库，都将落伍或被逐渐淘汰。

经过人工辨别和思考，利用人的智力劳动编纂的各类索引，能够很容易地体现出"有实质检索意义"，其存在和使用价值也将更加凸显。从索引词的选择与具体抽词标引，都需要索引员的智力投入和分析判断，如果不认真思考和编纂，索引质量自然下降，也直接影响索引的使用效果，这就给索引编纂提出了更高的要求。

中国年鉴界在进行年鉴编校质量检查评比活动中明确规定，年鉴不编纂索引要扣减5分，也不能参评年鉴编校最高奖项，这只是解决年鉴索引的有无问题。今后索引评价重心必将向有无"实质检索意义"倾斜，以此促进我国索引编纂水平的不断提高。

随着计算机及数据库技术的发展，人们已经习惯了各种形式的信息检索，而索引作为有悠久历史的检索工具，必将焕发出新的作用和魅力。尤其是书后索引，我国新出版图书的编纂比例还停留在个位数水平，随着"有实质检索意义"理论的普及和应用，人们将更加注重书后索引的使用及信息检索质量，这将有利于提高索引的利用率。

三、如何编纂"有实质检索意义"的索引

要使辛辛苦苦编纂出来、提供给人们使用的索引达到"有实质检索意义"，就必须科学、严谨地重新认识索引词和索引词标引工作，使索引编纂与时俱进、科学规范。

我们以人名索引来举例说明此问题，如在现代出版的志书、年鉴文献中，会收录很多的会议信息，文献中会记载不少与会议相关的人名，按照过去编纂索引的通常做法，会将文献中的所有人名标引出来并编入索引，虽然保证了查全率，但使索引篇幅膨胀且检索效果并不理想。依照"有实质检索意义"索引理论来编纂人名索引，则只标引有实质检索意义的人名并纳入索引，那些一笔带过，无实质内容和检索意义的人名则被滤掉，这样处理既控制了索引规模，节省索引篇幅，又提升了查准率，使索引的实质检索意义和检索工具价值

大增。

具体索引标引时，如出版物中记述一个重要会议，往往会罗列出席会议的重要人物名单，但这些人名只是出现了一次姓名而已，并无具体作为。如果将这些人名收入索引，就没有实质检索意义，读者使用索引查检出某个人名，再去查找正文，属于进行一次空泛信息检索，还浪费了宝贵的时间。但如果在参会人物中有作报告者，有具体活动的描述，或者被索引文献中有引用某人讲话或著述的情况，就应将其作为索引词列入索引，这样读者利用索引查找人名信息时，可以检索到具体人物的有用信息和报告、讲话或活动内容，这就符合了"有实质检索意义"的信息检索要求。

笔者20世纪90年代末在编纂《中国石油化工集团公司年鉴》索引时，针对收入年鉴"专文"里面，时任公司总裁李毅中的一篇文稿进行索引词标引，因其引用了一段马克思《资本论》原著的内容阐释，故此书后索引将"马克思"列入其中以方便检索。当年鉴出版后被一位石化老专家看到后，径直打电话到年鉴编辑部，对该人名索引词提出疑问，经过我们仔细核实、认真答复和相互交流，最后双方都理解和接受了"有实质检索意义"的索引。

此事已经过去十几年了，为什么笔者还记忆犹新，就是因为在编纂年鉴书后索引时，我们坚决按照"有实质检索意义"索引理论，在被索引文献中抽取索引词，编纂高质量的索引，当遇到读者质疑时能够实事求是、据理力争，既解决了读者的疑问和索引使用问题，也说明编纂"有实质检索意义"索引能够适应时代发展需要，受到读者的广泛欢迎。

近期编纂《上海府县旧志丛书》人名索引时，又遇到了类似的问题，经过索引编纂研讨并按照"有实质检索意义"索引理论具体操作，同样收到良好的效果。因为在一些旧志书中，罗列有大量的"烈女""贞女""节女"人名，哪些人名作为索引词收录，哪些人名被忽略而不进入索引，这里面也体现着"有实质检索意义"的作用和魅力。

例如，在《上海府县旧志丛书》的《光绪青浦县志》第25卷中，列有一个"完节表"，此表长达几十页，表中列出从明朝弘治年开始记载至清朝道光十七年给予旌表的青浦县完节妇女1 140多位。为了提高人名检索的"有实质检索意义"，在编纂整个丛书人名索引时，采取只有具体事迹的古代节女才被标引进入索引的收录标准，为此该表纳入人名索引作为检索词者总计有325位，占比接近总数的三分之一。如乾隆十年旌表的5人中，经过阅读分析"完节表"列出的"姓氏""年例""事实"3项指标，只有顾氏1人被编入人名索引，因为其余4人缺少实质内容，检索后获得的基本上是空白信息。

表1　乾隆年间《完节表》举例

旌表时间	姓氏	年例	事实
乾隆十年旌。	顾氏监生张叔韬妻	二十六岁寡。	夫殁，抚孤子玉衡成立。
	桂氏费致远妻		
	邬氏钱遂严妻		
	顾氏张玉鸣妻		
	张氏施德宏妻		

为了实现索引更好用、更实用的目的，在编纂该丛书的人名索引时，男性索引款目增加附注项，列入其姓名、字号等信息，女性索引款目增加附注项，列入其夫家姓名或者长辈子女等信息，以此便利读者快速检索到准确的人名款目，然后到文献中获取更多的"有实质检索意义"信息。例如，上面列入人名索引的顾氏，其索引款目完善为"顾氏，张叔韬妻"，这样在索引中就与众多的顾氏款目区分开，也可以快速获得"有实质检索意义"信息。

编纂专题索引时同样会遇到很多地名，根据"有实质检索意义"索引理论，要慎重标引地名，以使进入索引的地名具有与实际情况相符的内容。例如，按照时间、地点、人物的叙事要求，往往一件事情都要交代所在的地点，因此开会、访问、视察、路过等地名在文献中层出不穷。但是，读者在索引中看到地名款目后是要检索到该地名范围内的气候、河湖、物产、经济、人文、历史等具体信息，而不仅仅是一个干巴巴的地名词语。过去编纂的索引中，很多地名都是不具备实质检索意义的虚假索引款目，希望在"有实质检索意义"索引理论约束下，地名索引及其地名索引款目能充实丰满起来。

索引要达到"有实质检索意义"，自然就牵涉"大事记"内容的标引问题。与索引文献性质相同，属于检索信息而撰写并列入文献中的"大事记"内容，按照时序法编排，提供的信息简单明确具体，现今我国编辑出版的年鉴、新志书等，"大事记"作为一种记述内容的"体裁"必须要有。那么，过去编纂的索引，很多都将"大事记"内容列为索引标引对象，新形势下"大事记"内容是否需要标引，便成为一个绕不开的问题。在"有实质检索意义"

索引理论下,"大事记"内容将不做索引标引,以此体现索引的实质检索意义和信息检索的高效和实用性,这主要有以下三个方面的理由。

一是大事记内容在文献的其他位置还会有更加详细的展开和运用,而不像在大事记里面言简意赅地叙述,因此索引标引某一大事在文献其他位置的叙述,其实质检索意义将更加充分;二是即便做索引时标引了大事记内容信息,因这些大事记信息还会在文献其他地方反映出来,在索引地址出处项只会增加一处检索位置而已,读者利用索引检索到两处相同的信息内容,实质是浪费时间,也浪费索引资源,降低了索引的实质检索意义;三是受大事记的行文特点制约,如果索引标引了大事记内容,读者利用索引检索到的信息,可能并不符合信息检索要求,还有可能导致信息紊乱,因此为了信息检索的全面性和准确性,获取有实质检索意义的信息,就可以不标引大事记内容。

笔者编制了30多年索引,编纂最多的就是年鉴索引,但从来不标引年鉴"大事记"内容,并明确在索引"使用说明"中指出这一点,如写明:除大事记外,年鉴中有实质检索意义的内容均予以标引,以便检索使用。多年的索引编纂实践证明,从"有实质检索意义"索引编纂理论出发,大事记内容不做索引受到年鉴编辑者和出版方的认可,也说明了这一做法的正确性。

四、如何实现普及"有实质检索意义"索引的目标

"有实质检索意义"索引理论必将深入索引编纂的各个方面,也促进中国的索引工作迈上新的台阶,使索引人才培养、索引研究、索引学会工作都围绕普及"有实质检索意义"索引的目标展开工作。

全国各个方面的索引编纂工作,今后都将提倡并编纂"有实质检索意义"的索引,并作为评价索引质量的重要指标。张琪玉先生曾经提出,专著索引还是应该随书刊印,以方便使用,从而更好地发挥索引的作用。他还建议集中在一个网站发表专著索引,以便大家容易找到,中国索引学会网站也可以开辟一个供存放专著索引的网站栏目。① 如果这一提议能够实现,必将大量汇集中文索引成果,并使索引使用者获益,还能比较和提高索引编纂质量,使更多"有实质检索意义"的索引脱颖而出。

---

① 张琪玉. 关于专著索引上网 [J]. 中国索引, 2003 (4): 44.

要使索引研究工作能进一步规范并有实质意义，就要提倡务实高效的索引研究，即主动开展各个方面"有实质检索意义"的索引研究。从索引理论到方法、技术，再到中国索引标准体系等，都体现出有实质意义。其实，近些年来我国索引研究已经体现出实质意义的特点，并将"有实质检索意义"的索引理论观点写入新制订的索引国家标准分则。如在 GB/T 36070－2018《地方志索引编制规则》国家标准中，具体到索引编纂操作的"地方志标引"一章中，在人名标引、地名标引、机构标引、会议展览活动标引、事件标引、物产标引、名胜古迹标引、文献题名标引、表格标引、图照标引、主题标引的 11 个分支部分叙述中，其"标引对象"均注明"具有实质检索意义的标引"文字。

同时，索引研究工作要拿出真正的实质成果来支撑"有实质检索意义"的索引编纂和研究，如新研制开发的索引软件，应能够辨别并删除那些虚假的、无实质意义的词语，且不支持简单的字词"查找"功能。对于编纂最多的书后主题索引，要组织索引专家潜心研究，为年轻索引员实施有实质检索意义主题标题，制定并规范出具体可行的索引标引方案和操作对策。

随着"有实质检索意义"索引编纂和各方面工作的开展，中国索引学会工作也要迅速跟上，如开展"有实质检索意义"的索引编纂培训工作、索引项目申报与组织工作、新式索引评比工作、索引成果推荐与推广工作，以及"有实质检索意义"索引理论和索引成果的国内外交流等，以快速推动中国的索引事业。

五、结　论

编纂索引有无"实质检索意义"，提供的索引成果"实质检索意义"程度和水平如何，无疑将成为今后评判索引编纂质量的重要因素，也将成为索引编纂工作的考评指标，以此来促进中国索引编纂事业发展。

随着"有实质检索意义"的索引理论进一步成熟与深入人心，词典式检索等因仅仅是机械运动，缺乏人的主动思考和编纂劳动，将显得苍白也失去应用价值，而使"实质检索意义"的索引更加被人们广泛接受和使用，并为索引编纂创造出新的广阔天地。索引界和索引人要乘势而上，将"有实质检索意义"的索引向各个方面拓展，为人们的生活和学习提供更多更好的索引检索服务。

当中国索引及其索引编纂多方面实现"有实质检索意义",将大大提升索引工作和索引编纂质量,也为现代社会生活提供更好的信息检索服务。为此,我们要积极应对,务实工作,迎接"有实质检索意义"索引时代的到来。

王彦祥 北京印刷学院教授,传播学、新闻学和出版专硕研究生导师,索引编纂研究所所长。中国索引学会教育培训委员会主任,中国地方志学会编辑出版研究会副会长。

On Indexing with Substantial Retrieval Significance

Wang Yanxiang

Abstract: Indexes should be informative and meaningful, so that users can not only save time, but also retrieve the substantively useful information. This paper elaborates on the meaning of substantial retrieval indexing, the significance of compiling substantial retrieval indexing, the methods to compile substantial retrieval indexing and how to realize the popularization of "substantial retrieval" indexing.

Keywords: Substantial Retrieval Indexing; Index Theory; Index Compilation; Index Quality

跨图博档的学术名人特色资源整理与组织研究

——基于索引方法

张 洁[1] 李 芳[2*]

（1 上海交通大学图书馆 200030）

（2 上海交通大学钱学森图书馆 200030）

摘 要 学术名人特色资源收藏跨图博档机构、类型繁多、内容丰富关联，而索引是一种深入内容的知识组织工具，能实现快速定位资源、提取核心信息、规范术语的功能。本文从图书馆、博物馆、档案馆实践经验中提取并融合了适应学术名人特色资源组织的索引项，以"五馆合一"的上海交通大学李政道图书馆捐赠资源为案例，实证索引有助于实现跨机构跨领域资源的知识融通。

关键词 学术名人 特色资源 索引 跨界 知识组织

一、引 言

名人，著名的人物。按活动领域可细分为政治名人、社会名人、学术名人、演艺名人等等。其中，学术名人，顾名思义，是那些在学术领域有所成就的杰出人士。本文的研究内容主要是学术名人特色资源整理与组织的方法和应用实践。

学术名人特色资源是学术名人在学习、工作、社会活动和个人生活中所形成的具有收藏和研究价值的各类资源。近年来，学术名人特色资源受到重视，国外图书馆、博物馆、档案馆（以下简称"图博档"）等文化和社会记忆机构围绕该类型资源积极地开展了整理工作，例如牛顿项目①、爱因斯坦论文

---

* 通讯作者，ORCID 0000-0003-0201-2120，lifang@sjtu.edu.cn。

① The Newton Project [EB/OL]. [2023-02-28] https://www.newtonproject.ox.ac.uk/.

项目①、达尔文手稿项目②;国内也基于学术名人特色资源的收集、整理、保存建设实体馆舍和/或数字馆藏,例如钱学森图书馆、吴健雄纪念馆、李政道图书馆、侯光炯纪念馆、陈翰笙档案资料库等等。这些馆藏项目规模虽有大小,但特点鲜明,记录学术名人的成长过程,见证学科发展演变,传承科学家精神,保存社会记忆,价值突出。

学术名人特色资源收藏跨界、类型繁多、内容丰富关联,需要高效定位信息的组织方法,尤其需要以非线性的方式定位,帮助用户快速查找信息。索引就是一种简单但全面深入揭示内容要点的信息组织方法。③ 本文以学术名人特色资源为研究对象,将传统索引方法引入特色资源整理与组织。一方面,利用索引高效组织和定位信息的功能特点,提升学术名人特色资源的组织与检索效果;另一方面,由于学术名人特色资源本身跨图博档多领域,将索引工作应用到资源跨界融合实践中,积极拓展了索引编制的应用范围。本文提出学术名人特色资源的索引方法,结合上海交通大学李政道捐赠资料进行跨界索引编制的创新实践。

二、学术名人特色资源的特点

学术名人特色资源的最大特点是以"人"为主线,资源分布跨界,但内容关联性强,主要体现在三个方面——收藏机构跨界分散、资料类型多样、内容关联。这三个特点限制了其作用的发挥,从而也对做好学术名人特色资源的知识组织工作提出了更高的要求。

1. 收藏机构跨界分散

一方面,图博档机构从自身馆藏发展需要出发进行建设,都在有针对性地收集学术名人特色资源,体现了收藏机构的跨界性。在图书馆领域,学术名人特色资源是发展特色馆藏的重要方向,国内很多具备条件的图书馆都将其作为特色馆藏建设的重点,开展大量卓有成效的工作。还有专门的学术名人图书馆集藏研究名人史料,以某一学术名人的各种资料为主要收藏对象。在档案馆领

---

① Princeton University Press. The Collected Papers of Albert Einstein [EB/OL]. [2023-03-01]. https://einsteinpapers.press.princeton.edu/.

② American Museum of Natural History. Darwin's manuscripts [EB/OL]. [2023-03-01]. https://www.amnh.org/research/darwin-manuscripts.

③ GB/T 22466-2008 索引编制规则(总则)[S]. 中国标准出版社,2009.

域,名人档案是社会记忆重要组成部分,各省市一直以来都在倡导推动名人档案的建设。有面向个人、面向族群、面向地域、面向领域等多种层次的内容组织方式。① 藏品是博物馆的基石,保护和展示藏品是博物馆最重要的任务之一。学术名人博物馆的藏品特色表现为名人的艺术创作、手稿、信札、书籍及他们的爱好与收藏等。

另一方面,学术名人因其流动多、资源价值高等因素,同一人物的相关资源难以集中收藏在单一机构,同一位学术名人的相关资源往往分散在不同国家、各类机构、社会组织、家庭或个人手中,收藏具有明显的地域分散特点。例如:牛顿手稿资料分散收藏在剑桥大学图书馆、以色列国家图书馆等地;爱因斯坦文字和思想遗产分布在希伯来大学档案馆、加州理工大学等地;达尔文手稿项目由美国自然历史博物馆、剑桥大学图书馆等联合发起。

因此,针对跨界分散的学术名人特色资源的组织方法,需要制定统一的全局标准,使分散的学术名人特色资源得到快速查找与一体化揭示。这也正是本文的重点研究内容。

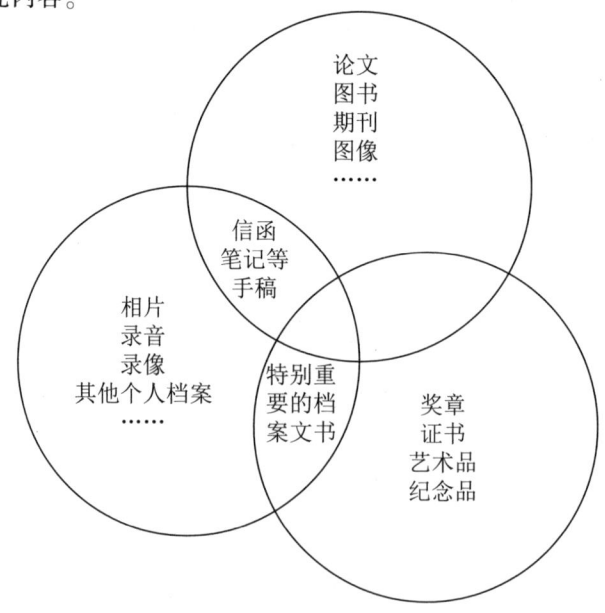

图1 学术名人特色资源被图博档收藏的常见类型

---

① 周耀林,章珞佳,常大伟. 名人档案信息化建设进展、问题与发展趋势 [J]. 中国档案,2017(1):76-78.

2. 类型多样

学术名人特色资源的形成过程决定了它并非单一资源类型，而是多种类型的集合，兼具图博档馆藏类型。

（1）鲜明的图书馆馆藏属性。首先，学术研究之路离不开文献阅读与学术交流，长期的文献阅读使得学术名人特色资源中往往包含大量文献类资源，比如图书、期刊、论文等等，因此学术名人特色资源具有鲜明的图书馆馆藏属性。这些资源或是学习研究过程中阅读参考过的资料，或是自己单独创作或与他人合作的成果，或属于个人收藏。而学术交流往往带来会议记录、科学报告等其他类型文献资料。

（2）天然的第一手档案资料。学术名人的科研和社会实践活动中自然产生了大量第一手资料，这些资料记载了第一手的真实信息，是历史的原始记录，随着时间推移，积累形成了学术名人的档案资料。档案资料具有本源性的特征，这一点不同于图书馆的书刊文献，也不同于博物馆的文物藏品。除了文字形式的档案，音频和视频也是重要的信息记录形式。对于档案来说，音频和视频这两种数字资源具有重要的地位，记录了历史上的真实声音以及影像，是档案非常重要的组成部分，用户通过观看和收听两种方式获取所需要的信息。

（3）经过定级的珍贵藏品是文物。学术名人特色资源也包含了博物藏品，藏品可谓包罗万象，可能来自个人的收藏品，艺术品、科研物品、其他物品等；也可能是学术名人的工作社会生活中使用过的物品，某一件物品因其社会历史价值成为藏品甚至文物。

在现有的图博档实践中，不同类型资源有不同的描述方案。例如：图书馆的机读目录格式（MARC）、都柏林核心元数据（Dublin Core），博物馆行业的概念参考模型（CIDOC-CRM），档案馆使用的档案描述内容标准（DACS）、档案编码方案（EAD），等等。对学术名人特色资源，不论基础数据采用什么方案，更重要的是提取用户需要的核心信息，能将资源按一定的知识逻辑联结在一起。

3. 内容关联

学术名人特色资源在资源内部关联，与外部世界也具有显著的联系，应持有有机关联的视角。

绝大多数科学家不是呆坐在书桌前的书呆子，艺术、体育、音乐等活动，都有他们参与的身影。科学研究领域的变化、业余爱好的发展，都能在资源内容中有所体现。而围绕着某一领域形成的资源很可能来源不同，具有纸质、声像、实物等多样的载体形式。

学术名人特色资源与人物的成长过程、家庭环境、社会变迁等外部世界紧密联系在一起，随求学经历、科研活动的发展而积累。资源之间存在着多维度的关联，家庭背景、求学历程、师承关系、工作经历、国内外学术交往中的关键人物、重点机构、知名项目、重大事件和重要节点等构建了理解学术名人特色资源的原始背景，缺少了这些关联信息，资源孤立存在，会削弱其意义与价值。

三、学术名人特色资源索引的功能定位

如前所述，跨界是学术名人特色资源一大特点，这种跨界同时意味着资源的分散与查找困难，而索引就是一种高效定位信息的查找工具，适应学术名人特色资源的组织与检索。

作为最古老的信息检索方式之一，索引编制始于13世纪的大学兴起，虽然第一次出现的具体时间至今仍有争议，但可以确定，索引已经有数百年的历史。[①] 在我国，索引也被称为"通检""备检""引得"。在国家标准《索引编制规则（总则）》中将索引定义为"指向文献或文献集合中的概念、语词及其他项目等的信息检索工具"[②]。美国国家信息标准组织（NISO）将索引定义为"一种用于指明文件话题或特征的系统性指南，以方便全部或部分文件的检索"[③]。换言之，索引是一种查找性检索工具，对文本进行了深入、全面分析，按照一定规律组织，是结构性、系统化的术语序列。内容上，能揭示资源内部或外部特征，涵盖文中所有信息的综合性要点并注明出处；功能上，结构化编排方便使用者高效定位信息；其价值正在于如何进行组织。

将索引引入学术名人特色资源的组织工作中，利用索引的几个功能——核心特征提取、结构化组织、准确定位信息——帮助用户高效地查找与定位信息。好的索引将帮助用户直接定位到他们所需的信息，从这意义上说，索引就像是实体世界的超文本工具，是一种有效的信息组织方法。学术名人特色资源的索引编制应体现并契合类型多样、收藏跨界、内容有机关联的特点。编制一

---

① Nancy C. Mulvany. 怎样为书籍编制索引（第2版）[M]. 北京：高等教育出版社，2018：8.
② GB/T 22466-2008 索引编制规则（总则）[S]. 中国标准出版社，2009.
③ James D. Anderson. Guidelines for indexes and related information retrieval devices [EB/OL]. [2023-02-07]. https://www.niso.org/sites/default/files/2017-08/tr02.pdf：39.

定数量的索引，使之与藏品目录、档案使用指南配合使用，对于完善名人特色资源的检索系统具有重要意义。

1. 快速定位资源的功能

索引的定位功能由定位符完成。定位符，也称索引出处、索引地址，指索引项中指明文本位置的部分①，起到中介的作用，在涉及同一个对象实体的资源间建立关联。

图书文献索引的定位符通常是页码，连续讨论的主题可能跨越多页，需要使用页码范围来标注。档案文献的定位符需与组织结构相匹配，分为全宗号、案卷号、页号等多个层次。对博物馆藏品而言，定位符是登记号，这是根据藏品入藏时间顺序给出的代号，具有永久的性质，每件藏品都有属于自己的登记号。

表1 图博档中常用的索引定位符

图书馆	页码、页码范围、章节编号、段落编号……
博物馆	编号、登记号……
档案馆	全宗号、案卷目录号、案卷号、页号……

2. 提取核心信息的功能

核心信息的提取通过索引标目实现。索引标目是用来表示资源或资源集合中的某一概念或事项的词语。凡是文献中论及的主题（整体主题或局部主题）和事项，诸如人名、地名、团体名、事件名、物品名、著作名，文献中的字、词、句，文献的某种功用，以及文献与文献之间的关系等，只要具有检索意义，皆可用作索引项，制成索引标目。② 可见索引项的编制，相当于提取出了资源中重要的概念对象及其相互之间的关系。

图博档领域根据最为常用的信息来决定设置哪些索引，需求不同，可以编制不同角度的索引。图书的综合索引收录主题、概念、事件、人名等多种类型索引。博物馆最常用的索引包括：捐赠者的姓名和细节；类别、地点；来源；创作者。③ 在档案界，常用的索引主要有人名索引、地名索引、主题索引、机

---

① Wellisch. Glossary of terminology in abstracting, classification, indexing, and thesaurus construction. 2nd ed. [M] Medford, NJ: Information Today, 2000: 42.
② GB/T 22466 – 2008 索引编制规则（总则）[S]. 中国标准出版社, 2009.
③ 阿姆布罗斯, 佩恩. 博物馆基础 [M]. 南京：译林出版社, 2016: 221 – 222.

构名索引、文号索引等。①

表2 图博档中常用的索引标目

图书馆	主题、事件、人名
博物馆	人名、类别、地点
档案馆	人名、地名、主题、机构名、文号

在人工系统中，每个索引需要制作一套单独的卡片，而计算机系统能编制更为复杂的索引。将索引标目按需进行规则排序，如字母顺序、类别顺序、时间顺序、数字顺序等，使之更符合用户的使用习惯。

3. 规范术语的功能

学术名人特色资源具有跨界的特点，不同领域、不同场合下使用语词也略有差别。索引标引的一致性须借助规范档等权威工具。规范档是为了使未加控制的索引用词规范化而建立的词汇表，涉及各种人名、团体名、地名、专业名称、事件、概念等专有名词或专业术语。使用规范档，将不规范或容易混淆的同义词等作为入口词，能提高索引编制和检索的效率；也可以避免重复录入，通过修改规范档批量操作来更新索引，无须修改所涉及的大量索引项。

图书馆界在人物、机构、地域名称等专有名词上拥有业界通行的规范形式。以名称索引为例，经常遇到的问题是名字有时会发生变化，不仅人名如此，机构名称、地名等也是这样。按照索引工作的法则来看，应以用户最可能查阅的方式来确定名称。可以借鉴图书馆在处理人名时的丰富经验，国内经常使用国家图书馆和高等教育文献保障系统的规范档，国外人名格式的主要权威工具书是《美国国会图书馆名称规范档》（LCNA）。

在博物馆领域，国家文物局发布的《馆藏文物登录规范》《文物藏品档案规范》及2013年国家文物局编撰的《第一次全国可移动文物普查工作手册》第三章"可移动文物普查登录内容"，发布了文物的类别、质地、年代、来源、完残程度、保存状态、入藏时间范围和质量范围的选项菜单和取值范围，但尚未有人名、地名、专业名称、事件、概念等规范专业术语索引档的发布。② 国际

---

① 周铭，黄燕玲. 谈谈几种常用档案索引的编制方法［J］. 云南档案，2007（1）：14-16.
② 贾君枝，史璇. 数字博物馆元数据标准构建研究［J］. 山西大学学报（哲学社会科学版），2015，38（1）：114-119.

上，艺术品、建筑、其他文化作品的概念框架——艺术作品描述目录（CD-WA）中有4个规范词表总称盖蒂词汇（Getty Vocabulary），分别是创作者名称、地名/行政地名、概念词汇、主题词汇[①]，为满足艺术博物馆、视觉资源、档案和艺术图书馆等单位需求而建立，是对艺术、建筑和物质文化等编制索引和相关资源检索的规范词表。

四、跨界融合的学术名人特色资源索引设计

如前所述，学术名人特色资源收藏在不同类型的社会文化记忆馆所中，整合了个人、家族、机构等多个来源的资源，包含多样性的资源类型，涉及较多的人物、机构，因此需要根据这些实体与关系选择索引角度，便于用户查找资源。传统图书馆和博物馆以单件资源为中心进行组织，本质上将历史痕迹从其原始背景中隔开，失去了学术名人特色资源所蕴含的丰富信息及其历史意义；而档案常以案卷为单位揭示的实践无法深入文件级别，缺失细节信息。索引作为一种成熟的信息组织工具，有助于从单件资源转向跨图博档的资源关联，用私人笔记、往来书信、创作手稿等重新构建学术名人的社会生活与研究历程。

本文将图博档中特征相近的索引合并探讨，设计了跨界跨类型的索引方案（表3）。档案馆领域贡献了记录档案来源、维持资源原始顺序的定位符（文号）索引以及体现资源内容事由的事由索引；图书馆领域在编制题名索引、主题索引方面非常有经验；博物馆的实物索引用于细分实物藏品的具体类型；图博档都有人名索引。

表3 跨图博档的学术名人特色资源索引体系

内容	目的	借鉴领域
定位符系统	记录资料来源，保持原始顺序	档案馆
题名索引	标引书刊名称	图书馆
实物索引	划分实物类型	博物馆
人名索引	标引人物名称	图书馆、博物馆、档案馆
主题索引	标引专业和普通主题	图书馆
事由索引	区分资源内容事由	档案馆

---

① 郁健琼，龚玉武，杨培森．藏品信息元数据标准及应用研究——以上海博物馆藏品信息系统为例[J]．都会遗踪，2022（1）：148–158．

学术名人特色资源涵盖信函笔记等大量手稿资料，没有正式出版物的标准编号，如ISBN或ISSN，其定位符系统需要自建。根据档案的来源原则和原始顺序原则，定位符必须能体现资源本身创建和保存的原貌。

人名索引是以资料所涉及的人物姓名作为索引入口的检索工具，是图博档都要编制的一种重要检索工具。它在图书馆中是书刊的责任者，以及内容所涉及的人物；在博物馆中可能涉及捐赠者的姓名和作品的创作者；在档案利用中，查阅人物材料占有相当比重。具体可分为综合性人名索引和专题性人名索引，后者选择常用角度编制专题索引，揭示较为重要的人名。

主题索引是指以文献主题或主题因素为标目、提供内容检索途径的索引，来自图书馆学。在图书馆学中，主题词是对内容进行分析的结果，架构在知识组织体系下，但档案的编排不是以知识体系为纲要的，重视的是来源原则与原始顺序原则，以保持档案产生时就具有的证据意义，因此不能用后天的分类来改变其顺序，应该以原有组织体系中的标题、功能目的、个别事件等来建设适合的主题索引，具有很大的个性化倾向，难以建立适合所有档案使用的统一主题词，这是和图书馆领域的很大差别。

事由索引借鉴了档案学中的事由分类法，按档案内反映的问题进行分类，较好地保持资源在内容方面的联系，使内容相同或相近的文件集中在一起。① 学术名人特色资源是在学习研究社会生活中产生的，带着产生时的意义与目的，对其进行事由的区分是整理和组织的关键环节之一，能体现出整个资源集合的有机体系，便于查找利用特定的资源对象。

五、以上海交通大学李政道捐赠资源为案例的索引实践

李政道图书馆坐落于上海交通大学闵行校区，围绕李政道捐献资料展开建设，馆藏规模大、内容多、类型广，实现了包括图书馆、档案馆、博物馆、科技馆和艺术馆在内的"五馆合一"的功能定位，是跨图博档的学术名人特色资源的代表性案例。

李政道图书馆已完成7.6万件数字化与编目，按载体形式分为纸质文献、声像资料、实物三类。纸质文献是以纸张为载体，以文字说明为主要记录方式

---

① 王云庆. 现代档案管理学［M］. 青岛：青岛出版社，2002：103.

形成的记录，包括信函、手稿、讲义、论文、图书、图像、其他纸质文献等。声像资料是以磁性材料或感光材料等为载体，主要以声音和图像为主要记录方式形成的记录，包括照片、音频、视频等。实物是指除文献和声像资料以外的，具有纪念意义和历史价值的代表性实物，包括奖章、证书、艺术品、纪念品等。

1. 定位系统保留原始顺序

李政道捐赠资料部分直接来自美国哥伦比亚大学，部分来自北京中国高等科学技术中心（China Center of Advanced Science and Technology，简称CCAST），基本按照李政道先生本人思路进行整理和装箱，箱内按文件夹收纳资料，有如图2的四层组织结构。从信息组织的角度来看，李政道捐赠资料整体是为资源集合，文件箱为子集合，单份资料为单件层次。

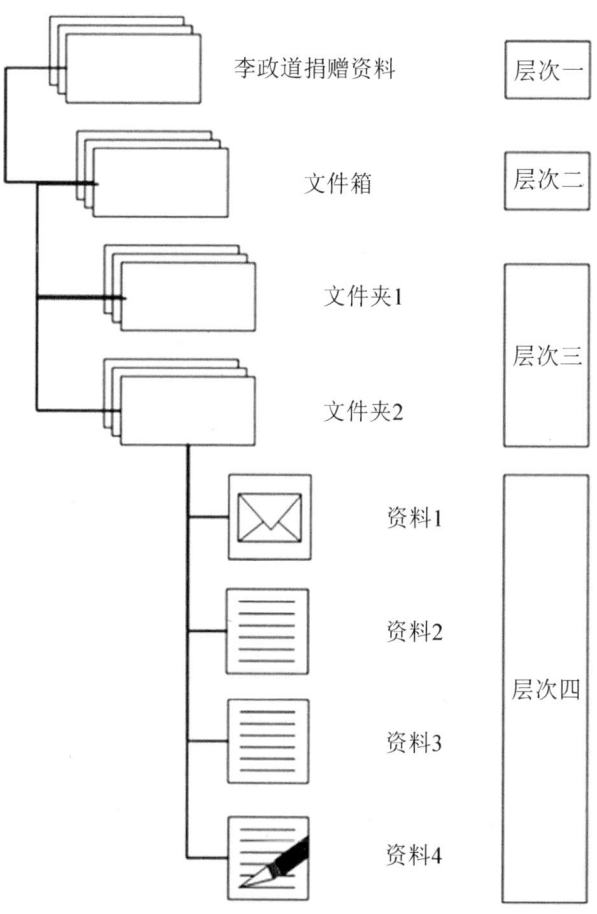

图2 李政道捐赠资料原始组织结构

索引编制遵循档案组织的来源原则和原始顺序原则，为区分不同来源（包括征集渠道）获得的李政道资料，保留文件箱、文件夹和资料具体页面顺序，制定了详细的资料编码体系作为索引定位符系统。采用"资料来源代码—箱代码—文件夹代码—文件代码"的格式为每一件资源制定定位符，维持整个李政道捐赠资料体系内部的组织结构和原始顺序，方便查找和归位，通过定位符代码先找箱子，再找文件夹，直至找到原文件页面。

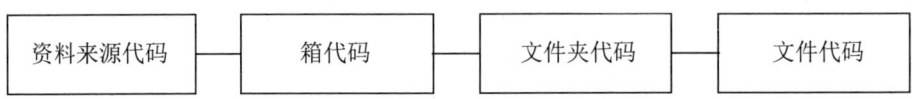

图3　李政道捐赠资料定位符系统

2. 题名索引析出图书文献

李政道先生作为世界知名的科学家，其捐赠资料包含了多类型的图书、期刊，不仅有本人著作的学术刊物、论文集、专著、画集，还有很多学习研究过程中的图书文献，以及反映个人生活爱好的收藏书刊。

在处理图书期刊等文献名称时，遵循了图书馆编目界的操作惯例，按照实物的题名进行照录，即"所见即所得"，并保留了外语标题中的冠词。

表4　李政道捐赠资料题名索引例举

例	类型	题名	责任者	年代	定位符
1	图书	The modern aspect of mathematics	Luciennefelix	1961	06402
2	图书	李政道随笔画选	李政道	2007	42406
3	期刊	文物, 1972, 1	文物编辑委员会	1972	07710

3. 实物索引按类型组织藏品

李政道捐赠资料中的实物分类体系充分参考博物馆系统采用的藏品类型分类方法，主要借鉴国家标准GB/T 14885-1994《固定资产分类与代码》中的文物及陈列品类资产分类与代码（2006修改版），将实物藏品类型体系分为四层。

表5 李政道捐赠资料实物藏品类型体系

层次一	层次一	层次一	层次一	编号	类名
第一层大类				86	文物
	第二层中类			2	可移动文物
		第三层小类		1	传世历史及考古发掘文物
				2	民族文物
				3	外国文物
				4	化石
				9	其他可移动文物
			第四层细类		以材质对藏品进行分类
第一层大类				87	陈列品
	第二层中类			1	标本
				2	模型
				9	其他陈列品
		第三层小类			以对象类型对藏品进行分类

题名索引与实物索引提供了两种按类型查找资源的途径，用户有意了解图书文献或实物藏品时，可直接利用索引获取信息，再根据进一步的需求查看原件。

4. 人名索引析出重要人物

个人名称在学术名人特色资源的组织中是非常重要的内容，有必要梳理人名作为索引入口来加强对资源的检索和利用。李政道捐赠资料的人名索引涉及几个方面：征集资料的来源人、资料的责任者、资料中提到的相关人物。

处理名字时，有时会遇到异名的情况，可能的变化包括：笔名、改名、译名、昵称、冠姓等等。不仅人名如此，组织名称和地名也是这样。这里，需要参考图书馆最重要的编目原则——用户的便利性，选取用户最可能使用的词汇编撰索引。《资源描述与获取》（RDA）、《美国国会图书馆名称规范档》（LC-NA）是处理人名的主要参考工具书，中文人名参考高等教育文献保障系统（CALIS）的《中文名称规范联合数据库检索系统》。

表6　编制了参照的索引入口例举

例	索引入口	见	见
1	李政道,1926—2024	Lee, T. D., 1926—2024	Ли, Цзун-дао, 1926—2024
2	Nagamiya, Shoji	永宫正治	

5. 主题索引标引内容主题

主题索引是针对资料内容的分析，编制主题索引更容易深入内容层面，帮助同主题资料聚合与研究。主题索引直观地反映了学术名人研究的学科领域，以及重要的概念或事项。识别同一概念或事项的索引词，应用了常用的规范档，保证前后标引一致地使用同一个词语。

李政道捐赠资料的主题索引分为专业主题词和非专业主题词两大类。专业主题词是由物理系师生标引的学科主题，非专业主题词则是资料内容涉及的人物名称、机构名称、活动名称、其他普通主题等。

表7　主题索引入口及规范档例举

例	索引入口	规范档
1	coupling constant	LCSH
2	艺术与科学	自建

6. 事由索引区分资源类别

图博档拥有各自领域的分类体系，图书分类主要来源于科学知识分类的体系；博物馆的分类需要体现其藏品的物理特性，通常可以按材质、功能、时代、地区、形制做分类；现代档案分类较多以档案内容作为分类主要标准，主要指内容的职能特性。

整个李政道捐赠资料集合是一个有机整体，之间有着不可分割的密切联系，不同的文件之间既有联系又有区别。为了便于管理和利用，有必要把资源细分成若干类别，体现区别，揭示联系。制定类别索引时，以李政道先生社会、研究活动的领域和职能为基础，结合资料记述和反映的人物、事物关系，并兼顾其他特征。

尊重李政道先生关于捐赠资料类别框架的建议，将资源划分为20多个类别。例如：(1)研究论文、笔记、计算公式、手稿；(2)讲义、研讨会发言；(3)预印本；(4)重版再版；(5)书稿；(6)往来书信；(7)艺术与科学；

等等。

六、小　结

索引的价值在于如何进行组织，索引编制中对概念进行界定和分析的功能，以及构建相互关系网络的做法，与新兴的知识组织的内核是一致的。学术名人特色资源来源多、类型多、关联多，千头万绪，正适合采用索引的方式将单独的信息碎片提取展现出来，让用户能看到不同细节及细节之间的关系，并且将这些关系按照有意义的方式组织起来，实现跨机构跨领域的知识融通。

张　洁　上海交通大学图书馆副研究馆员。研究方向：中西文献编目、特色资源组织。

李　芳　上海交通大学钱学森图书馆执行馆长、研究馆员。研究方向：知识组织、数字资源管理。

The LAM Collation and Organization Approaches for Special Collections of Renowned Scholars Based on Indexing Methods

Zhang Jie　Li Fang

Abstract: Special collections of renowned scholars are held in libraries, archives and museums (LAM) and these collections are usually in a wide range of types, rich in content and closely related and associated; while indexing, a tool for organizing in-depth knowledge, can quickly locate resources, extract core information and standardize terminologies. This paper draws upon the practical experiences of LAM to develop proper indexing items for special collections of renowned scholars. By taking the donated collections in Tsung-Dao (T. D.) Lee Library of Shanghai Jiao Tong University, It also demonstrates this case study of "five libraries in one" as an empirical evidence that the indexing can help to realize the knowledge integration of cross-institutional and cross-domain resources.

Keywords: Renowned Scholars; Special Collections; Index; Cross-domain; Knowledge Organization

面向数字人文的古典小说知识本体构建
——以《水浒传》续作场景为例*

刘英捷　张宏玲

（上海图书馆　200031）

摘　要　古籍是中华传统优秀文化的重要载体，古典小说是古籍的重要组成部分。对古典小说的细粒度知识组织，有利于其内容的深度挖掘，从而促进古典小说数字人文研究的发展。在小说三要素理论与 CIDOC-CRM 模型的基础上，本文对上海图书馆数字人文场景《水浒传》续作所需数据进行梳理，根据其数据特性对 CIDOC-CRM 模型进行调整与扩充，从现实世界信息和虚拟世界信息两个层面进行实体与属性定义，利用属性建立两个世界实体间联系，构建古典小说知识本体模型。实现了 CIDOC-CRM 模型在古典小说领域的应用，提出了应用虚实两个层面构建本体模型，进行了古典小说内容知识组织实践探索。

关键词　本体　CIDOC-CRM　数字人文　古典小说　古籍

一、引　言

在我国数字人文研究中，对古籍文献的研究是其中的重要组成部分。实现古籍数字化、形成机器可处理的结构化数据是古籍数字人文研究的初始目标。随着数字人文研究的进一步推进，该目标发展为依托自然语言处理技术深入挖掘和处理古籍文献资源，从而推进古籍文献的数字化、可用性、关联性、可视

---

* 本文系中国索引学会规划重点课题"历史文献资源中的实体知识组织标准规范研究"（项目编号：CSI22A05）的研究成果之一。

化,实现大规模古籍史料的联通检索和利用。①

2022年4月11日,中共中央办公厅、国务院办公厅印发《关于推进新时代古籍工作的意见》②,明确提出了要"推进古籍数字化"。同年10月,全国古籍整理出版规划领导小组印发《2021—2035年国家古籍工作规划》③,将"国家古籍数字化工程"列为四项重大工程之一。2023年10月,习近平总书记对宣传思想文化工作作出重要指示,明确提出要"着力赓续中华文脉、推动中华优秀传统文化创造性转化和创新性发展"④。古籍作为中华文化的重要载体,从数字人文视角对其开展研究是理所宜然。

唐初《隋书·经籍志》将古籍分为经史子集四大类,清《四库全书总目提要》又在子类中再设小说家类,古典小说是古籍的重要组成部分。⑤ 而《水浒传》代表了中国古代小说语言的最高成就,是第一部典范的白话长篇小说,《水浒传》所创造的这种英雄传奇的体式,对后代小说创作产生了重大影响。⑥ 《水浒传》原典版本众多,同时历朝历代都不断对其进行续写、改编,形成了蔚为壮观的"《水浒》宇宙"。

考虑到《水浒传》及其续作创作时代跨度长、作品情节丰富、文学人物数量庞大,需要选用一个实体与属性定义全面详细的知识本体模型,因此本文尝试选用CIDOC-CRM概念参考模型进行细粒度组织。

CIDOC-CRM本体模型是由国际文献委员会构建的一种概念参考模型。其通过提供定义和框架来描述文化遗产文献中存在的显隐性概念和关系,以满足对文化遗产文献信息检索的普遍需求,从而帮助研究人员、行政管理者与社会

---

① 唐蓓,严丹. 新文科背景下数字人文的跨学科渗透机理与融合模式探索[J]. 图书馆理论与实践,2023(4):113-120.
② 中共中央办公厅、国务院办公厅印发《关于推进新时代古籍工作的意见》[EB/OL]. [2022-04-11]. https://www.gov.cn/zhengce/2022-04-11/content_5684555.htm.
③ 全国古籍办负责人就《2021—2035年国家古籍工作规划》答记者问[EB/OL]. [2022-10-13]. https://news.gmw.cn/2022-10/13/content_36083497.htm.
④ 习近平对宣传思想文化工作作出重要指示[EB/OL]. [2023-10-8]. http://www.news.cn/politics/leaders/2023-10/08/c_1129904890.htm.
⑤ 韩春磊,姚啸华,张宏玲,等. 新时代古籍智慧化服务实践探讨——以古典小说续作研究场景为例[J]. 图书馆杂志,2023,42(12):63-65.
⑥ 《水浒传》价值漫谈[EB/OL]. [2023-2-27]. http://dzb.rmzxb.com/rmzxbPaper/pc/con/202302/27/content_38786.html.

公众解决面临的问题。2024 年 2 月，国际文献委员会更新发布了最新正式版本 CIDOC-CRM 本体模型即 7.1.3 版本。① 国内外众多专家学者利用 CIDOC-CRM 构建了领域实体模型。国内的叶祎珮构建了基于 CIDOC-CRM 的"中国古代可移动文物概念参考模型"（CRM-ACA），在模型基础上形成知识图谱，为故宫博物院"数字文物库"线上藏品平台提供数据服务；② 韩牧哲等从叙事角度使用 CIDOC-CRM 对考古发掘登记资料进行本体构建，实现语义关联；③ 陈雅琳等以 CIDOC-CRM 模型为框架，结合自然语言处理技术构建了先秦典籍《左传》的知识本体，在实体识别的基础上对《左传》所记载的春秋战国时期历史事件和人物进行了分析。④ 国外 Davide 等利用 CIDOC-CRM 描述葡萄牙国家档案记录信息，实现用户浏览归档文件；⑤ Koho 等利用 CIDOC-CRM 模型，重建了整个 WarSampo 知识图（KG），对第二次世界大战中芬兰历史资源进行了再组织。⑥ 对 CIDOC-CRM 模型应用情况进行梳理，可以发现 CIDOC 主要应用在博物馆与历史学领域，虽然在民族传统节日⑦、非遗建筑⑧、传统戏剧⑨等领域也有应用，但尚未有学者利用 CIDOC-CRM 来建构我国古典小说本体模型，存在着研究价值。

基于此，本文选用 CIDOC-CRM 本体描述模型，以《水浒传》主要版本及其续作场景为例，对中国古典小说进行细粒度知识组织，从而方便学界更加深

---

① The authoritative text, official release of CIDOC-CRM. [EB/OL]. [2024 – 02]. https://cidoc-crm.org/versions-of-the-cidoc-crm.

② 叶祎珮. "中国古代可移动文物概念参考模型"构建实践 [J]. 数字人文研究, 2023, 3 (3): 37 – 48.

③ 韩牧哲, 高劲松, 方晓印, 等. 面向叙事的考古发掘登记资料的语义关联模型构建研究 [J/OL]. 数据分析与知识发现: 1 – 19 [2024 – 02 – 07]. http://kns.cnki.net/kcms/detail/10.1478.G2.20230720.1026.002.html.

④ 陈雅玲. 基于 CIDOC CRM 的先秦人物知识本体构建方法研究 [D]. 南京农业大学, 2021.

⑤ Davide V, Dora M, Pimenta R I. A tool to explore the population of a CIDOC-CRM ontology [J]. Procedia Computer Science, 2021, 192: 158 – 167.

⑥ Koho Mikko, Ikkala Esko, Leskinen Petri, etc. WarSampo knowledge graph: Finland in the Second World War as Linked Open Data [J]. Semantic Web, 2021, 12 (2): 265 – 278.

⑦ 严政. 基于知识本体的中秋节知识模型研究 [D]. 武汉: 华中师范大学, 2017.

⑧ 王艺茹, 史东辉. 使用 CIDOC-CRM 构建建筑领域非遗知识本体 [J]. 计算机工程与应用, 2023 (3): 37 – 48.

⑨ 任莉新, 陈喜红, 曲绍燕. 非物质文化遗产信息资源知识本体构建研究——以传统戏剧茂腔为例 [J]. 情报探索, 2023 (7): 36 – 45.

入地开展对古典小说的数字人文研究。

二、《水浒传》原典及续作知识组织的理论基础

知识组织是指对知识客体进行整理、加工、揭示等一系列组织化的过程与方法，从而揭示事物中的知识元与知识元间关系的活动，目的是将无序的知识有序化。要对《水浒传》及其续作进行知识组织，首先要了解古典小说的要素构成，再运用知识组织模型实现知识的结构化和序化。

(一) 小说三要素理论

1924年商务印书馆出版美国人哈米顿所著《小说法程》，将小说三要素理论首次介绍入中国。哈米顿认为小说是"连贯之事实"，并且事实由三个要素组成，包括"所作之事、作事之人、事发生之时地。一件事情的成立必须具备这三个要素，缺一不可"。这三个要素被哈密顿总结为"结构、人物、环境"。① 以贯华堂本《水浒传》第五回 "九纹龙剪径赤松林 鲁智深火烧瓦官寺"为例，运用小说三要素理论进行分析，此回的文本内容可以被分解为：人物为九纹龙（史进）与鲁智深，环境是赤松林与瓦官寺，结构（情节的重点）为剪径与烧寺。

(二) CIDOC-CRM 本体模型的适用性

相较于都柏林核心元数据集（Dublin Core Metadata Initiative，简称 DCMI）与 FRBR 书目本体（FRBR-aligned Bibliographic Ontology，简称 FaBiO）侧重于科技文献的知识组织、"朋友的朋友"词表（Friend Of A Friend，简称 FOAF）侧重于描述以人为中心的人际关系网络，以事件为中心的 CIDOC-CRM 对古典小说文本的描述则表现出较强的适用性，这主要体现在以下几个方面：

1. CIDOC-CRM 模型的重点

CIDOC-CRM 作为一个以事件为中心的模型，旨在帮助数据内容实现历史叙事，CIDOC-CRM 能够使用 E2 时态实体及其子类来描述实体在时间流逝中的演变。CIDOC-CRM 的这一特点与古典小说的揭示要求相契合，即模型有助于展现一定时空内故事情节的发展演进。

---

① 林丽娟. "三要素"理论视域下中国短篇小说的转变形态 [D]. 福州：福建师范大学，2012.

2. CIDOC-CRM 模型的丰富性

最新版本的 CIDOC 模型定义了 81 个类，160 种属性，模型内容十分丰富细致。其中，E2 Temporal Entity、E4 Period、E5 Event、E52 Time-Span、E53 Place、E77 Persistent Item、E39 Actor 等为核心类，核心类关系详见图 1。其所定义的类目在很大程度上可以保证《水浒传》及其续作文本描述的完备与精确。

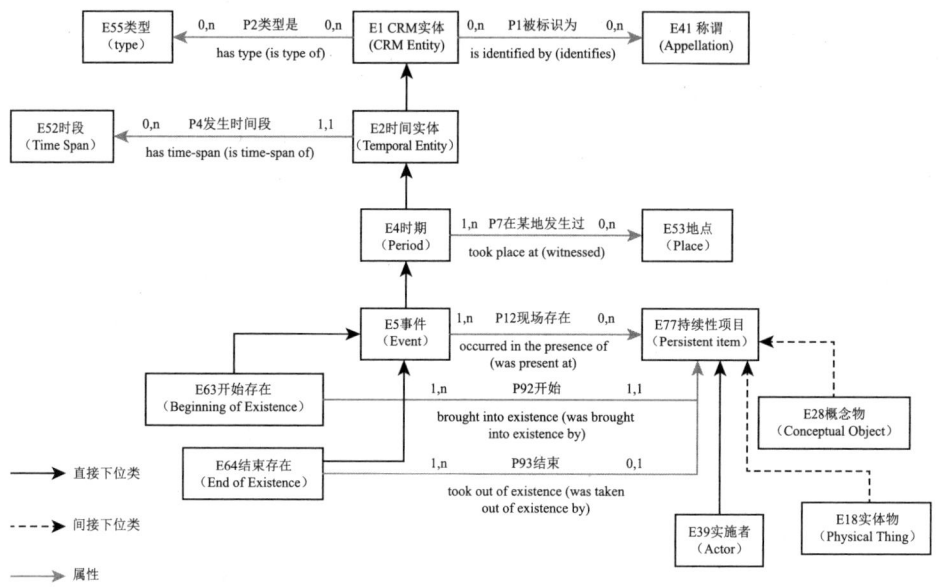

图 1　CIDOC-CRM 模型的核心类及其属性

如图 1 所示，CIDOC 本体模型中核心元素基本涵盖了描述小说三要素理论中所涉及的"人物、环境、结构"。

3. CIDOC-CRM 模型的层次性

CIDOC-CRM 所定义的类层级关系、类属性可以更好地揭示《水浒传》及其续作故事情节。

CIDOC 模型类间层次结构、类与属性间层次结构十分严谨，类的属性所拥有属性情况规定详尽，可以实现对重要历史事件与精彩故事情节更为细致的描述。例如，张恨水创作《水浒传》续作《水浒新传》时正处于抗日战争 1940—1942 年，其间发生了汪精卫伪政权成立、百团大战、国民政府定重庆为陪都、日军发动太平洋战争等重大历史事件，这些历史事件中又由无数个人或组织的历史活动中组成。而 CIDOC-CRM 模型中 E5 Event 及其下位类 E7 Activity 的层级关系可以准确、详细地展现当时的历史背景。

三、《水浒传》续作场景知识本体模型构建

（一）《水浒传》续作场景概况

上海图书馆历史人文大数据平台依托馆藏古籍、近现代报刊等资源，在数字化的基础上追踪国内人文社会科学研究重点与热点内容，开展了多个专题数据库应用场景研究及开发建设。中国古典小说续作研究一直是文学研究的热点，结合馆藏《水浒传》原典珍稀版本与大量续作资源，建设《水浒传》续作研究场景，是其中一项重要的工作。为满足数字人文研究，场景功能主要有：

1. 版本及续作流变展示

《水浒传》自成书以来，便形成了众多版本。广为人知的有贯华堂七十回本《第五才子书施耐庵水浒传》、容与堂一百回本《李卓吾先生批评忠义水浒传》、郁郁堂一百二十回本《忠义水浒传全书》等。在这些版本繁多的原典基础上，后人不断续写、改写，再后来者又在前人续作的基础上继续改编创作，作品间产生了较为复杂的接续关系。这一功能致力于厘清《水浒传》诸多版本情况，考证不同版本接续情况，展现《水浒传》版本源流发展。

2. 文学地理学研究

文学地理学肇始于梁启超，于 20 世纪 80 年代研究热度逐渐攀升。为了便于学者开展这一方向的研究，《水浒传》续作场景将原典与续作及《宋史·地理志》中地名进行实体识别，将相同地名数据相关联，并以北宋时期历史地图为底图，展现小说人物行迹与重要情节发生地的转变。

3. 小说内容研究

这一部分功能包括小说创作背景研究、小说人物形象分析等方向，需要将小说文本内容与创作时期大事年表相关联、小说人物与其出场文本内容相关联。

（二）《水浒传》续作场景本体核心类及属性构建

为实现上文所述的数字人文研究功能，《水浒传》续作场景需要大量不同类型的异构数据进行支撑。主要包括：《水浒传》及续作版本流变数据、中国

历史大事年表、《水浒传》及续作文本数据、《水浒传》及续作图像数据、《水浒传》及续作人物数据、《水浒传》及续作地名数据、宋代地理志数据。①

1. 确定核心实体类

实体是指在知识本体模型中，按照知识类型进行多级分类的所有事物。通过对特有的标识和名称进行识别，并使用语言进行切实的定义，用来表述实体所属的特定子类。②

为了构建《水浒传》续作场景知识本体模型，首先根据《水浒传》续作场景数据情况，从CIDOC-CRM本体模型中选取合适的实体，再参照数据原有的描述规则，来定义《水浒传》续作场景知识本体模型中的实体类。

CIDOC-CRM最初是为了异构博物馆藏品为设计的，适用范围是真实世界的子集③，但《水浒传》续作场景中古典小说的描述与博物馆藏品描述相比，根本区别在于其不仅仅需要对现实世界数据进行描述，对文学文本建构的虚拟世界也需要进行描述。对《水浒传》续作场景数据进行归纳，现实世界数据包括：小说书目数据、小说作者数据、历史事件数据、地理数据。虚拟世界数据包括：小说人物数据、小说地名数据、小说情节数据。

（1）对现实世界数据进行分析。描述小说书目数据，应将作品代号（E42 Identifier）、作品名称（E35 Title）、作品版本（E24 Physical Human-Made Thing）、作品作者（E21 Person）、作品类型（E55 Type）、作品初版时间（E61 Time Primitive）、作品所属朝代（E52 Time-Span）、作品出版机构（E74 Group）、作品回数（E54 Dimension）、作品资料来源（E28 Conceptual Object）这些项表达得完整准确。对小说作者的描述则参考上海图书馆人名规范库相关描述项，包含作者姓名、作者职业、生卒年、朝代、民族、性别、生平、作品、社会关系、别名，上述描述项中职业、民族、性别、生平在CIDOC-CRM模型中未有定义，本文将新建此四项实体，并在下文中使用"O+数字"的形式指代新定义实体，具体表征为：O1 Occupation、O2 Ethnicity、O3 Gender、

---

① 韩春磊，姚啸华，张宏玲，等. 新时代古籍智慧化服务实践探讨——以古典小说续作研究场景为例［J］. 图书馆杂志，2023，42（12）：63-65.

② 陈雅玲. 基于CIDOC-CRM的先秦人物知识本体构建方法研究［D］南京：南京农业大学，2019.

③ The authoritative text, official release of CIDOC-CRM.［EB/OL］.［2024-02］. https：//cidoc-crm. org/versions-of-the-cidoc-crm.

O4 Biography。任何事件都是由人或团体实施的，在某一个或多个具体地点发生的，具有一定目的过程。因此，事件描述离不开参与事件发展的实施者、事件发生的地点以及事件发生的时间以及事件主题。由于事件中实施者可以是人物或者团体，而在 CIDOC-CRM 中 E74 Group 和 E21 Person 都属于 E39 Actor 的下级类，因此选用 E39 Actor 表征人物实体。事件发生的地点可以使用 CIDOC 模型中实体 E53 Place 表征空间范围，代指地球表面上的空间。事件发生的时间实体是 E52 Time-Span，这是因为事件发生存在时间上的持续性，事件是由一个个活动组成的，因此采用 CIDOC-CRM 模型中 E5 Event 描述事件时复用其下位类 E7 Activity。

（2）对虚拟世界数据进行分析。在虚拟世界中，小说情节的描写同样遵循现实逻辑，任何情节的发展都是在一定时间范围内，由具体的人或团体在某种环境下推动发生的。因此，对小说情节发展的实施者、发生的地点以及发生的时间以及情节主题同样需要描述。但在 CIDOC-CRM 本体模型中，E21 Person 的定义是历史上真实存在或被认为曾经存在的人物，而 E74 Group 则将抱有一定目的集合的人群作为实体定义。可见，在 CIDOC 模型中，实施者 Actor 一般为真实存在的人物，要用来描述文学人物，则势必拓宽其定义内涵。对小说人物描述则应包括：人物姓名、人物别名、性别、职业、出场回数、终场回数、人物结局。使用上文新建的实体 O1 Occupation、O2 Ethnicity、O3 Gender、O4 Biography 进行定义。此外，情节发生的地点不能简单使用 CIDOC 模型中实体 E53 Place 表征空间范围，E53 实体仅包括地球表面上的空间，不包括文学文本中塑造的地点。《水浒传》及其续作文学文本中的某些地点如东昌府、涿州等虽然与现实世界存在联系，但未经研究考证并不能简单等同于现实地名，因此本文新建实体 O5 Position 表征文学地名。事件发生的时间是 E52 Time-Span，但《水浒传》及续作文学文本中的时间段如宋徽宗时期并不完全与现实历史相对应，故新建实体 O6 Time Frame；同样地，文学文本中的时期如宣和年间也并不与现实历史完全一致，需另外新建实体 O7 Phase。文学文本中故事情节发生存在时间上的持续性，情节是由一个个活动组成的，如《水浒传》文本中著名的"三打祝家庄"这一重要事件，就是由三次独立的进攻活动组成的，因此采用 CIDOC-CRM 模型中 E5 Event 描述事件时同时复用其下位类 E7 Activity。

结合上述分析，复用 CIDOC-CRM 本体模型分别构建现实世界数据与虚拟世界数据实体层级表，如表1、2所示。

表 1　现实世界实体表

标签							实体名
E1							CRM 实体（CRM Entity）
E2	—						时间实体（Temporal Entity）
E4	—	—					时期（Period）
E5	—	—	—				事件（Event）
E7	—	—	—	—			活动（Activity）
E13	—	—	—	—	—		属性指定（Attribute Assignment）
E17	—	—	—	—	—	—	类型指定（Type Assignment）
E77	—						持续性项目（Persistent item）
E39	—	—					角色（Actor）
E21	—	—	—				个人（Person）
O1	—	—	—	—			职业（Occupation）
O2	—	—	—	—			民族（Ethnicity）
O3	—	—	—	—			性别（Gender）
O4	—	—	—	—			传记（Biography）
E74	—	—	—				团体（Group）
E70	—	—					事物（Thing）
E71	—	—	—				人造物（Human-made Thing）
E28	—	—	—	—			概念物（Conceptual Object）
E55	—	—	—	—	—		类型（Type）
E24	—	—	—	—			人造实体物（Physical Human-made Thing）
E52	—						时段（Time Span）
E53	—						地点（Place）
E54	—						数量规模（Dimension）
E59							原始值（Primitive Value）
E60	—	—					数字（Number）
E41	—	—	—	—	—		称谓（Appellation）
E35	—	—	—	—	—	—	标题（Title）
E42	—	—	—	—	—	—	标识符（Identifier）
E61	—	—	—	—	—	—	时间原始值（Time Primitive）

表 2　虚拟世界实体表

标签	实体名
E1	CRM 实体（CRM Entity）
E2	— 时间实体（Temporal Entity）
O7	— — 时期（Phase）
E5	— — 事件（Event）
E7	— — — 活动（Activity）
E13	— — — — 属性指定（Attribute Assignment）
E17	— — — — — 类型指定（Type Assignment）
E39	— — 角色（Actor）
E21	— — — 个人（Person）
O1	— — — — 职业（Occupation）
O3	— — — 性别（Gender）
O4	— — — 传记（Biography）
E74	— — — 团体（Group）
O6	— 时段（Time Frame）
O5	— 地点（Position）
E59	— 原始值（Primitive Value）
E60	— — 数字（Number）
E41	— — — — 称谓（Appellation）
E35	— — — — — 标题（Title）
E42	— — — — 标识符（Identifier）
E61	— — — — — 时间原始值（Time Primitive）

2. 定义实体间关系——属性

属性用于定义两个实体类之间特定类型的关系。属性的特征是一种内涵，属性的定义通过范围注释来表达。属性扮演着类似于语法中动词的角色，因为它必须参照其域和范围来定义，这与语法中的主语和宾语类似（不像类，可以独立定义）。选择哪一类作为域是任意的，就像语法中主动语态和被动语态之间的选择是任意的一样。①

---

① The authoritative text, official release of CIDOC-CRM. [EB/OL]. [2024－02]. https: //cidoc-crm. org/versions-of-the-cidoc-crm.

本文根据上文建立的实体类，通过属性将实体联系起来，构建《水浒传》续作场景知识本体模型。由于文学文本有现实、虚拟双重世界，这两个世界之间存在联系，而 CIDOC-CRM 本体模型中定义了大量的属性关系，可选用合适的属性分别用来描述现实、虚拟世界的实体间关系。同时，对没有涉及的属性内容与双重世界中存在关联的实体间关系，本文自创属性用以实现同一世界内实体间及两个世界实体的联结，下文中将使用"A+数字"的形式指代新定义属性。现实世界实体属性、虚拟世界实体属性、双重世界间关联属性分别如表3、4、5所示。

表3　现实世界实体属性

属性	说　明	定义域之实体	值域之实体
P20	有特定目的在于（准备活动是） had specific purpose (was purpose of)	E7 活动 Activity	E5 事件 Event
P11	参与者是 had participant (participated in)	E5 事件 Event	E39 角色 Actor
P14	实施者是 carried out by (performed)	E7 活动 Activity	E39 角色 Actor
P4	发生时间段 has time-span (is time-span of)	E2 时间实体 Temporal Entity	E52 时段 Time Span
P7	（某时）在某地发生过（见证过） took place at (witnessed)	E4 时期 Period	E53 地点 Place
P90	数量是 has value	E54 数量规模 Dimension	E60 数字 Number
P81	持续了 ongoing throughout	E52 时段 Time Span	E61 时间原始值 Time Primitive
P102	题名为 has title (is title of)	E28 概念物 Conceptual Object	E35 题名 Title
P42	被指定类型为 assigned (was assigned by)	E17 类型指定 Type Assignment	E55 类型 Type
P56	有……特征 bears feature (is found on)	E21 个人 Person	O3 性别 Gender

(续表)

属性	说　明	定义域之实体	值域之实体
P94	由……创造 was created by	E28 概念物 Conceptual Object	E21 个人 Person
P1	被标识为 is identified by (identifies)	E1 CRM 实体 CRM Entity	E41 称号 Appellation
P139	有其他称号是 has alternative form (is alternative form of)	E41 称号 Appellation	E41 称号 Appellation
A1	属于 belongs to	E21 个人 Person	O2 民族 Ethnicity
A2	从事 is engaged in	E21 个人 Person	O1 职业 Occupation
A3	是关于 is about	O4 传记 Biography	E21 个人 Person
A4	由……出版 is published by	E28 概念物 Conceptual Object	E74 团体 Group
A5	刊登于 is printed in	E28 概念物 Conceptual Object	E28 概念物 Conceptual Object

表 4　虚拟世界实体属性

属性	说　明	定义域之实体	值域之实体
P20	有特定目的在于（准备活动是） had specific purpose (was purpose of)	E7 活动 Activity	E5 事件 Event
P11	参与者是 had participant (participated in)	E5 事件 Event	E39 角色 Actor
P14	实施者是 carried out by (performed)	E7 活动 Activity	E39 角色 Actor
P4	发生时间段 has time-span (is time-span of)	E2 时间实体 Temporal Entity	O6 时段 Time Frame
P7	（某时）在某地发生过（见证过） took place at (witnessed)	O7 时期 Phase	O5 地点 Position

(续表)

属性	说明	定义域之实体	值域之实体
P81	持续了 ongoing throughout	O6 时段 Time Frame	E61 时间原始值 Time Primitive
P42	被指定类型为 assigned (was assigned by)	E17 类型指定 Type Assignment	E55 类型 Type
P56	有……特征 bears feature (is found on)	E21 个人 Person	O3 性别 Gender
P1	被标识为 is identified by (identifies)	E1 CRM 实体 CRM Entity	E41 称号 Appellation
P139	有其他称号是 has alternative form (is alternative form of)	E41 称号 Appellation	E41 称号 Appellation
P107	当前或从前是……的成员 has current or former member (is current or former member of)	E21 个人 Person	E74 团体 Group
A2	从事 is engaged in	E21 个人 Person	O1 职业 Occupation
A3	是关于 is about	O4 传记 Biography	E21 个人 Person
A6	与……有关系 has relationship with	E21 个人 Person	E21 个人 Person

表5 现实世界实体与虚拟世界实体间关系

属性	说明	定义域之实体	值域之实体
P69	与……有关联 has association with (is associated with)	E52 时段 Time Span	O6 时段 Time Frame
P69	与……有关联 has association with (is associated with)	E53 地点 Place	O5 地点 Position
P69	与……有关联 has association with (is associated with)	E4 时期 Period	O7 时期 Phase

062

完成上述步骤后，得到中国古典小说本体模型共分为 8 个层级，其中现实世界本体模型共 29 个类，18 种属性；虚拟世界本体模型共 21 个类，14 种属性；虚实世界间属性关系共 3 种。复用与新建的实体、实体层级及其属性关系如图 2、图 3 所示，图中越左侧的实体层级越高，其概念越抽象。横向连线的实体从左至右存在上下位关系。

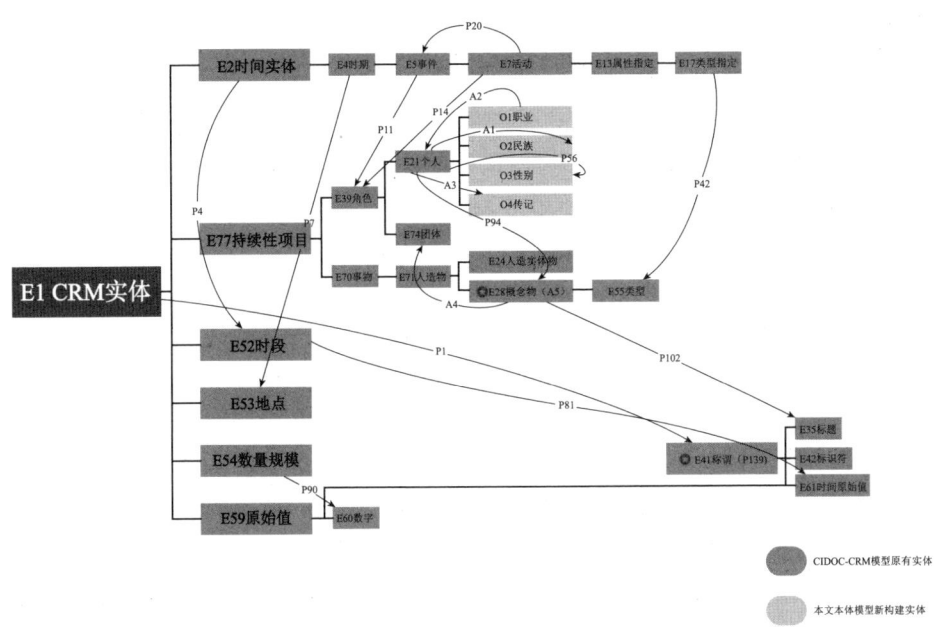

图 2　现实世界实体层级与属性关系表示

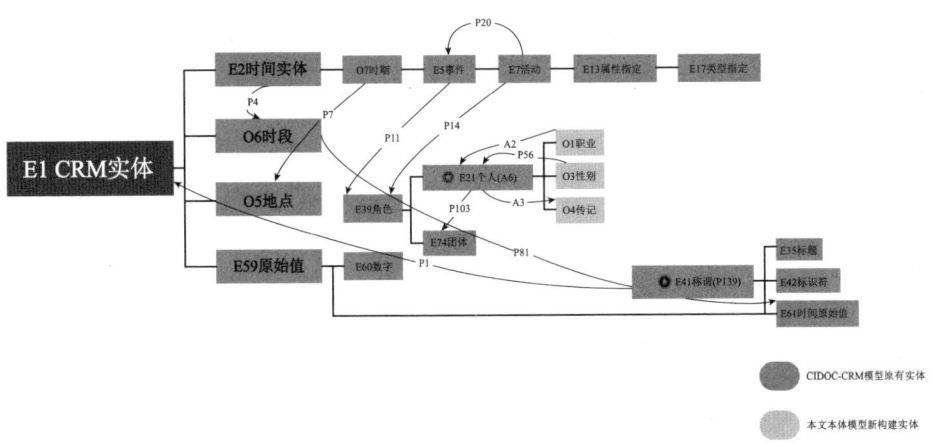

图 3　虚拟世界实体层级与属性关系表示

在本文知识本体模型构建过程中，可以发现古典小说的内容具有虚实二重性，且由于小说续作创作往往受其时代背景与所处地域的影响，小说中的虚拟文本内容与现实内容存在密切关联，对这二者关联的表征也是古典小说领域知识本体必须关注的重点。而目前国际社会应用广泛的文化遗产概念模型 CIDOC-CRM 主要聚焦现实世界本体构建，对于古典小说虚拟世界内容、虚实世界关联的定义没有涉及。本文从现实、虚拟两个层面分别进行了本体建模，并通过在虚实两个世界相关联的实体间（如时期、地点间）构建属性关系来实现《水浒传》及其续作内容的关联，对古典小说知识本体构建进行了初步探索。但由于《水浒传》及其续作属于古典小说中侠义小说，古典小说中又另有神魔小说、人情小说、讽刺小说等类别，本文中所定义实体及属性不能完全适用于其余类别，还需进一步扩充完善。①

四、结　语

中国古典小说作为古籍的一部分，是中华灿烂文化结出的丰硕果实，只有进一步挖掘其价值，才能切实地传播好中华文化，赓续中华文脉。在新文科建设和数字人文研究不断深入的背景下，将古典小说研究与数字人文结合起来，利用地理信息系统绘图、数据可视化和文本挖掘等技术手段，建设专题数据库或场景，可以重构古代文学的历史现场，提供古代文学阅读欣赏的崭新体验。② 而要实现面向数字人文研究的功能，离不开利用知识组织和规范控制方法重组小说典籍数据，探索更为通用的基于知识本体的概念模型，从内容层面实现数据的关联。构建一个古典小说方向下具有一定通用性和拓展性的知识本体模型可以为数字人文研究提供新思路，使中华文化遗产保护和传承产生新成果。

刘英捷　上海图书馆（上海科学技术情报研究所）助理馆员。研究方向：知识组织、数字人文应用研究。

张宏玲　上海图书馆（上海科学技术情报研究所）信息处理中心元数据

---

① 鲁迅. 中国小说史略［M］. 上海：上海古籍出版社，2006.
② 王兆鹏，邵大为. 数字人文在古代文学研究中的初步实践及学术意义［J］. 中国社会科学，2020（8）：108－129，206－207.

制作部主任,副研究馆员。研究方向:元数据、数字资源建设、数字人文。

Constructing the Knowledge Ontology of Chinese Classical Novels for Digital Humanities: Taking the Continuation Scene of "All Men Are Brothers" as an Example

Liu Yingjie　Zhang Hongling

Abstract: The Chinese classical novels are a significant part of ancient books, which are an essential source of great traditional Chinese culture. The fine-grained knowledge organization of Chinese classical novels is conducive to the deep exploration of their content, thereby promoting the development of digital humanities research in classical novels. This article organizes the data needed for the sequel to the digital humanistic scene "All Men Are Brothers" in the Shanghai Library by using the theory of the three elements of novels and the CIDOC-CRM model. It also expands and modifies the CIDOC-CRM model based on the characteristics of the data, defines entities and properties from two levels of real world and virtual world information, uses properties to establish the connection between the two world entities, and builds a classical novel knowledge ontology model. In the area of classical novels, the CIDOC-CRM model has been used to explore the practical organization of knowledge in the content of these novels, as well as to propose the building of ontology models by employing both virtual and real levels.

Keywords: Ontology CIDOC-CRM; Digital Humanities; Classical Novels; Ancient Books

我国索引学研究科学知识图谱分析
——基于 CSSCI 数据库[*]

刘 双[1] 钱澄澄[2] 王德广[1]

（1 徐州医科大学图书馆 江苏徐州 221004）
（2 空军勤务学院图书馆 江苏徐州 221000）

摘 要 为梳理我国索引学研究发展状况，本文以 CSSCI 数据库中收录的 1 214 篇索引学相关文献为研究对象，以发文量、机构、作者、期刊、关键词为研究视角，借助 CiteSpace 可视化知识图谱工具对采集的文献数据进行分析，绘制我国索引学领域的文献共被引知识图谱、机构合作知识图谱、作者合作知识图谱、关键词共现知识图谱、关键词时间线聚类知识图谱、关键词—年代共现知识图谱等，分析得出我国索引学研究领域的代表性论文、主要研究机构、核心作者、主要载文来源以及热点前沿，并从索引学理论、索引学应用、索引相关联学科三个方面深入探索我国索引学研究领域的主题发展脉络与未来方向。

关键词 索引 索引学 知识图谱 发展分析 CiteSpace

一、引 言

索引是对某种或某一文献集合中所涉及的各篇文章、各个主题或者各种事项等以简明的方式分别著录标引，以确定其检索标识和指出其所在位置，并将款目按一定的可检顺序排列和组织，以方便检索的一种工具。① 针对索引的研

---

[*] 本文系 2019 年度江苏省教育厅高校哲学社会科学研究重大项目《大数据图书内容索引价值指标构建研究》（项目编号：2019SJZDA071）阶段性研究成果之一。

① 张琪玉. 图书内容索引编制法——写作和编辑参考手册 [M]. 北京：化学工业出版社，2006：1-2.

究是一个历史悠久而又充满创造活力的学术研究领域。[1][2] 自20世纪20年代开展"索引运动"以来,我国现代索引事业得以迅速发展,索引学作为一门学科最终伴随着1991年中国索引学会的成立而被确立。[3][4] 索引在文献出版领域以及电子信息领域有着广泛应用,可以帮助人们快速找到所需要的信息,是提高人们学术研究能力与科学实践效率的重要工具,在学术研究、科学实践以及日常生活中都有着重要意义。[5] 在信息化、数字化等新技术浪潮的冲击下,我国索引学领域的研究对象、研究内容与研究方法等正在发生变化。[6][7] 因此,有必要全面梳理我国索引学的研究现状,帮助研究者把握索引学未来研究发展趋势以及学科定位,更好地深化理论体系创新,推进我国索引学的发展。

此前,已有学者对我国索引学的研究现状进行了梳理。印永清[8]对中国索引自汉代以来至21世纪初,各个历史时期取得的编制与理论成就进行了详细概括与总结;王知津等[9]采用文献计量法与内容分析法,选取国内《中国索引》专业刊物2000—2010年间发表的文章进行分析,总结了国内索引研究的重点,概括了国内索引研究的未来发展趋势;汪徽志[10]以CSSCI来源期刊库作为数据来源,对1998—2009年我国发表的索引研究相关文献分别从著作者、载文量、经费来源、关键词等角度进行计量分析,以反映我国索引研究发展现

---

[1] 熊静. 索引运动与索引学说的建立 [J]. 图书情报知识, 2016 (4): 27-36.
[2] 印永清. 中国索引发展史略 [J]. 图书与情报, 2007, (01): 19-22.
[3] 王崇良, 余朝晖. 张琪玉索引学思想研究 [J]. 图书馆, 2021 (3): 1-7, 15.
[4] 邱均平, 楼雯. 基于内容分析法的索引研究论文主题分析 [J]. 图书馆工作与研究, 2012, (10): 62-66.
[5] 曹树金, 姚瑶. 中国当代索引学的精髓——张琪玉教授的索引学思想研究 [J]. 图书馆论坛, 2009, 29 (6): 189-193.
[6] 叶继元. 索引研究的现状与走向——记2009年澳大利亚和新西兰索引学会国际研讨会 [J]. 图书情报工作, 2010, 54 (8): 5-9.
[7] 刘双, 钱澄澄, 李荣建, 王德广. 数字阅读时代多种阅读方式下图书内容索引发展研究 [J]. 新世纪图书馆, 2022 (1): 48-52.
[8] 印永清. 中国索引发展史略 [J]. 图书与情报, 2007 (1): 19-22.
[9] 王知津, 刘念, 黄莹莹, 等. 国内外索引研究的比较与展望 [J]. 高校图书馆工作, 2010, 30 (1): 34-38.
[10] 汪徽志. 基于CSSCI的我国索引研究文献计量分析 [J]. 中国索引, 2011 (2): 2-7.

状与趋势,并探讨了索引研究中存在的问题;邱均平等①②③对来源于 CNKI 数据库中 1991—2010 年间收录的索引学研究论文,采用多种计量分析方法,分别对关键词、论文研究主题、发文作者等方面进行了深入分析,探析了我国索引学发展演进、研究热点、研究重点以及研究力量等。虽然上述研究已从多个维度概述了我国索引学研究的现状,深化了对该领域发展的阶段性认识,但这些研究普遍相对较早,有的来源数据质量相对不高,不能持续有效地展现我国索引学研究的现状。因此,本文以 CSSCI 来源期刊库中收录的 1998—2022 年索引学相关高质量文献为研究对象,通过分析索引学的研究现状、研究热点、前沿问题以及发展脉络,探究我国索引学进入 21 世纪以来的发展态势,寻求新的研究增长点,以期对我国索引学发展作出有益探索。

二、数据来源与研究方法

鉴于文献检索式设置为"TI = 索引 or KY = 索引",在利用 CNKI 学术期刊网络数据库作为文献数据检索来源时,发现检索结果中有大量研究文献主题与本文所指索引定义无关,即非索引文献比较多,如篇目、图片、广告、著者等索引,不但人工去除工作量大,而且利用自动化去除程序处理可能会剔除重要文献,最终会影响到索引文献数据分析的真实性和准确性,因此为了保证索引研究文献数据的权威性和代表性,文章选取 CSSCI(中文社会科学引文索引)数据库作为检索来源。检索条件设置为"TI = 索引 or KY = 索引",文献类型为"论文",检索年份范围为"1998—2022",检索时间为"2023 年 2 月 6 日",检索结果 1 849 篇,经过人工按年份逐篇核实,剔除检索结果中包含"搜索引擎""检索引擎""搜集引擎"等信息的无效索引文献,最终形成 1 214 篇文献数据供后续分析使用。基于计量统计与网络图谱的研究方法,本

---

① 邱均平,楼雯. 基于内容分析法的索引研究论文主题分析 [J]. 图书馆工作与研究,2012 (10):62 - 66.
② 邱均平,楼雯. 近二十年索引学发展演进与研究热点探析 [J]. 图书馆杂志,2012,31 (12):12 - 17,112..
③ 邱均平,楼雯. 近二十年来我国索引研究论文的作者分析 [J]. 情报科学,2013,31 (3):72 - 75,81.

文选用目前主流的知识图谱分析工具 CiteSpace[①]，利用其多元、分时、动态的可视化分析技术，从发文量、机构、作者、期刊、关键词等角度出发，对我国索引学领域的研究现状、研究热点以及前沿、发展脉络等问题实施探索。

三、索引学研究现状分析

1. 发文量分析

利用年度发文数量数据，绘制我国索引学从 1998 年发展到 2022 年发文趋势（图 1）。从图中可以看出，我国索引学发文数量总体呈现下降态势，虽然 2001—2005 年期间我国索引学发文数量维持在相对较高水平，但从 2006 年开始索引学发文趋势下降态势明显，发文数量维持在相对较低的水平。利用 CiteSpace 工具中的文献共被引分析识别高被引文献，时间切片选择 1998—2022，数据切片选择 1 年，网络节点选择为 Reference，节点显示阈值设置为 3，用节点的年轮表示法展示节点信息，绘制图 2 所示图谱，由节点大小反映被引次数可知，除了苏新宁教授 2000 年在《情报学报》上发表的《中国社会

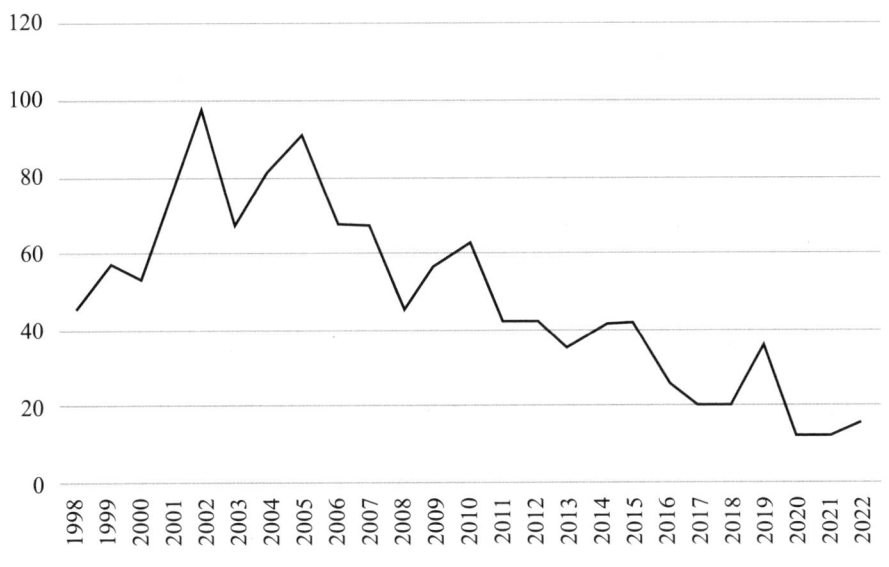

图 1　索引学年度发文趋势

---

① 陈悦，陈超美，刘则渊，等 . CiteSpce 知识图谱的方法论功能［J］. 科学学研究，2015，33（2）：242-253.

科学引文索引设计》一文被引用次数最高外，只有侯汉清教授的著作《索引法教程》、黄恩祝研究员的著作《应用索引学》、潘树广教授的著作《古籍索引概论》等书籍被引用次数相对较高。

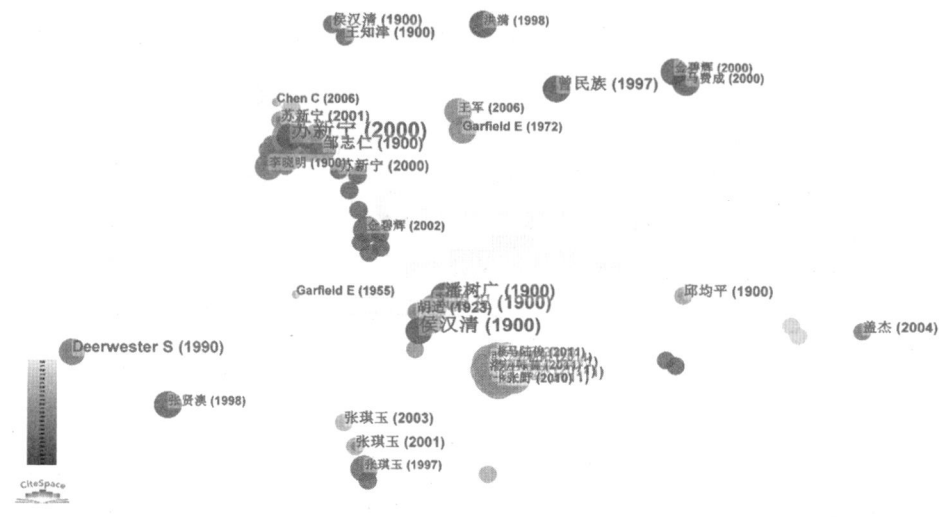

图 2　文献共被引知识图谱

由于论文的发文数量在一定程度上可反映出某学科或领域研究的发展状况与活跃程度，而高被引论文则可以用来衡量某学科或领域的研究质量和学术影响力。虽然我国索引学研究领域取得了一定数量的研究成果和一批较高质量的研究论文，但是我国索引学研究领域，尤其是进入 21 世纪以来，发展现状和质量水平令人担忧，受关注程度持续减少，没有较高影响力论文产出。

2. 研究机构知识图谱分析

分析我国索引学研究领域的发文机构有助于了解该领域的社会网络，如机构的研究现状、机构之间开展合作情况，以期形成机构合作层面上的优势互补。① 在 CiteSpace 工具中将时间切片选择 1998—2022，数据切片选择 1 年，网络节点选择为 Institution，节点显示阈值设置为 10，用节点的年轮表示法展示节点信息，其大小反映研究机构发文数量，节点间连线表示研究机构合作发文程度（如图 3 所示）。

---

① 魏瑞斌. 科学计量学领域科研机构合作网络演化分析 [J]. 情报杂志, 2012, 31 (12)：40 - 45.

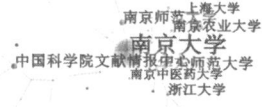

图3 研究机构合作知识图谱

从节点大小可以看出,南京大学、武汉大学、北京大学等机构发文数量较多,并与一些研究机构形成了一定的合作关系,且在统计时间范围内有持续的发文;其他大多节点孤立存在,表现为机构内部发文,对外尚未形成合作团体,并且这些节点多数发文年份较早,不再有持续发文;从节点类型可以看出高校是索引学研究机构的主要力量。由于发文机构较为分散,统计在索引学领域发文不低于10篇的研究机构(见表1)可知,南京大学、武汉大学、北京大学、北京师范大学、中国人民大学、中山大学、中国科学院文献情报中心、华中师范大学、华东师范大学等机构发文量较大,这些机构总发文量为520篇,占比达42.98%,对索引学研究比较重视且有较强的研究能力,可将其视为索引学研究领域的主要机构。另外,由于这些主要的研究机构所在地域较为集中,索引学研究并未在全国引起普遍重视。

表1 索引学研究领域发文不低于10篇的机构

机构名称	发文数量	占比
南京大学	101	8.35%
武汉大学	69	5.70%
北京大学	41	3.39%

(续表)

机构名称	发文数量	占比
北京师范大学	25	2.07%
中国人民大学	18	1.49%
中山大学	18	1.49%
中国科学院文献情报中心	17	1.40%
华中师范大学	17	1.40%
华东师范大学	17	1.40%
南开大学	16	1.32%
南京师范大学	16	1.32%
清华大学	15	1.24%
南京农业大学	14	1.16%
浙江大学	13	1.07%
解放军南京政治学院	13	1.07%
吉林大学	13	1.07%
华南师范大学	12	0.99%
中国科学技术信息研究所	12	0.99%
上海大学	11	0.91%
四川大学	11	0.91%
上海交通大学	11	0.91%
西安交通大学	10	0.83%
南京中医药大学	10	0.83%
大连理工大学	10	0.83%
华中科技大学	10	0.83%

3. 研究作者知识图谱分析

（1）发文作者分析

分析我国索引学领域的发文作者有助于了解该领域的研究主体，如作者的研究现状、作者之间开展合作情况，以期形成作者合作层面上的优势互补，促进科研团体产生与科研成果产出。在 CiteSpace 工具中设置条件同上，绘制图4。其中，网络节点选择为 Author，节点显示阈值设置为2，节点大小反映作者发文数量，节点间连线表示作者合作发文程度。从图中可以看出，叶继元、张琪玉、邱均平、苏新宁、华薇娜、王雅戈、侯汉清、黄建年、钱爱兵、平保兴等是发文数量较多的作者,但近十年这些作者的发文数量都比较少;以叶继元、邱均平、苏新宁为中心节点的核心作者与少数作者形成了一定的合作关系,大多数节点作者都孤立存在,结合上文可得,索引学研究的主体力量较为分散,主要以校内合作为主,跨校合作有待加强。

图4 发文作者合作知识图谱

在检索到的文献中,共有646名作者发表论文,叶继元为发文数量最多的作者,共发表12篇。根据赖普斯理论①,"发表同一主题中的半数论文为一群高生产作者所撰,这一作者群在数量上约等于全部作者总数的平方根",可以得出索引学研究领域的核心作者群数量应为 $\sqrt{646} \approx 25$,但此领域半数论文的撰写者数量远远高于25,因此,我国索引学研究领域尚未形成核心作者群;以及"核心作者的计算公式为 $m \cong 0.749 * \sqrt{n_{max}}$(其中,$n_{max}$ 为发文最多的作者论文数,m为核心作者最低发文量)",可以界定发文3篇及以上的为核心作者,统计得到核心作者共33位(见表2),这些作者是索引学研究领域的精英,为推动我国索引学研究领域的发展做出了重要贡献。

---

① 罗式胜. 文献计量学概论[M]. 广州:中山大学出版社,1994:309-310.

表2 索引学研究领域发文不低于3篇的作者

作者	发文篇数	作者	发文篇数	作者	发文篇数
叶继元	12	姜春林	5	吴江	3
张琪玉	12	付晓霞	4	唐强	3
苏新宁	11	包冬梅	4	夏旭	3
邱均平	11	夏立新	4	宋雯斐	3
华薇娜	10	李晶	4	师俏梅	3
王雅戈	10	杨斐	4	张敏	3
侯汉清	8	袁培国	4	张耀坤	3
钱爱兵	7	刘艳阳	3	张蓓	3
黄建年	7	刘莉	3	李江	3
平保兴	6	向桂林	3	柴英	3
周宁	5	吴振新	3	谢静云	3

（2）被引作者分析

高被引作者是领域内最具影响力的研究群体。在CiteSpace工具中设置条件同上，绘制图5。其中，网络节点选择为Cited Author，节点显示阈值设置为3，节点大小反映作者被引，频次，节点间连线表示引用关系。从图中可知，

图5 作者共被引知识图谱

张琪玉、邱均平、苏新宁、侯汉清、马费成、潘树广、邹志仁等有着较高的被引次数,且在检索时间范围内一直被持续引用,这些作者是索引学领域乃至情报学领域的知名学者,在索引学领域有着重要影响力,高度重视其所发表的研究成果将对我国索引学研究领域创新发展起到至关重要的作用。

(3) 载文来源分析

通过对检索得到的索引学文献来源学科与来源期刊分析,按载文篇数排序,表3列出了我国索引学载文前15名的来源学科与来源期刊。我国索引学文献载文来源学科明显集中于图书馆、情报与文献学,其次是新闻学与传播学,其他学科载文较少,另载文来源期刊以情报学期刊为主,图书馆学期刊也占有相当多份额。总体来说,我国索引学载文来源学科与来源期刊主要集中于图书馆、情报与文献学,这与我国索引学的学科方向与研究方向基本吻合。

表3 索引学载文来源学科与载文来源期刊

载文来源学科	载文篇数	载文占比	载文来源期刊	载文篇数	载文占比
图书馆、情报与文献学	864	71.17%	情报科学	139	11.47%
新闻学与传播学	80	6.60%	情报杂志	120	9.90%
法学	35	2.87%	现代图书情报技术	105	8.65%
经济学	28	2.33%	图书情报工作	78	6.44%
教育学	28	2.33%	情报理论与实践	64	5.25%
管理学	26	2.11%	情报学报	59	4.87%
语言学	16	1.30%	图书馆杂志	52	4.27%
历史学	14	1.14%	图书馆论坛	37	3.08%
哲学	12	0.97%	中国科技期刊研究	30	2.49%
中国文学	12	0.97%	图书情报知识	24	1.95%
艺术学	12	0.97%	图书馆学研究	23	1.89%
社会学	5	0.43%	大学图书馆学报	23	1.89%
心理学	5	0.38%	图书与情报	22	1.84%
民族学	4	0.32%	图书馆理论与实践	22	1.78%
体育学	4	0.32%	图书馆工作与研究	20	1.68%

四、索引学研究热点前沿与发展脉络分析

关键词是一篇论文的核心概括,是能够反映作者发表论文主题内容的词,

因此同一领域的研究人员发表该领域相关论文时所使用的关键词组不会偏离学科领域背景。① 而利用词频分析法和共词分析法对某学科领域相关论文关键词的分布频次与共现特征进行分析,能够识别该学科领域总体内容特征以及演变的内在联系,探究学科领域的研究热点与前沿内容、主题发展脉络与方向等。②

借助 CiteSpace 工具中关键词共现知识图谱分析功能可以将关键词词频、共现特征以及其出现的时间相关联进行析出,用以进一步分析索引学研究热点前沿与发展脉络。设置条件为时间切片选择1998—2022,数据切片选择1年,网络节点选择为 Keyword,节点显示阈值设置为2,用节点的年轮表示法展示节点信息,其大小反映关键词出现频次多少,节点间连线表示关键词的共现关系程度,生成索引学领域关键词共现知识图谱(见图6),并导出频次大于3的具有分析价值的关键词(如表4所示)。可以得出索引学研究领域涉及的高频词汇有信息检索、引文索引、索引、影响因子、信息资源、数据库、工程索引、文献计量、引文分析、全文检索、图书馆等,并围绕这些高频词汇构成了索引学研究领域的关键词共现网络。

图6 关键词共现知识图谱

---

① 邱均平,周春雷,杨思洛. 改革开放30年来我国情报学研究的回顾与展望(三)——情报学的发展阶段及趋势分析[J]. 图书情报研究,2009,2(3):1-9.

② 傅柱,王曰芬,陈必坤. 国内外知识流研究热点:基于词频的统计分析[J]. 图书馆学研究,2016(14):2-12,21.

表4 出现频次大于3的关键词

关键词	频次	首次出现年份	关键词	频次	首次出现年份	关键词	频次	首次出现年份
信息检索	69	1998	学术期刊	8	2000	定量分析	5	1999
引文索引	60	1998	网络资源	8	2000	引文检索	5	1999
索引	57	1998	书后索引	8	1998	文献索引	5	1999
影响因子	30	1999	索引编制	8	1998	地方志	5	1998
信息资源	25	1998	知识图谱	7	2012	大数据	4	2015
数据库	22	1999	倒排索引	7	2005	专利分析	4	2006
工程索引	21	1998	学术评价	7	2004	全文索引	4	2004
文献计量	19	2006	链接分析	7	2002	医学索引	4	2004
引文分析	19	1998	开放存取	6	2008	张琪玉	4	2003
全文检索	18	2000	文本分类	6	2007	情报语言	4	2003
图书馆	18	1998	关键词	6	2004	医学期刊	4	2002
网络信息	17	1999	竞争情报	6	2004	期刊	4	2002
主题索引	13	1998	检索方法	6	2002	统计分析	4	2002
科技期刊	12	1999	信息查询	6	1999	主题法	4	2001
元数据	11	2001	图书馆学	6	1999	人工智能	4	2001
信息服务	11	1999	情报检索	6	1999	数据仓库	4	2001
分类法	11	1999	文献检索	6	1998	互联网	4	2000
检索工具	11	1998	索引性	5	2011	人名索引	4	2000
期刊评价	10	1999	学术影响	5	2010	社会科学	4	2000
信息组织	9	2001	图像检索	5	2004	检索刊物	4	1999
古籍索引	9	1998	web of	5	2003	工具书	4	1998
科研评价	8	2003	信息分类	5	1999	检索语言	4	1998

1. 索引学研究热点前沿知识图谱

高频关键词是某个年段中出现频率最高的关键词，它能很好地反映某一领域的关注热点。① 图6显示了高频关键词以及形成的共现网络，通过进一步对

---

① 邱均平，楼雯. 近二十年索引学发展演进与研究热点探析［J］. 图书馆杂志，2012，31 (12)：12-17，112.

关键词共现网络进行聚类,形成能够反映关键词相互联系的聚类结果,从而归纳总结出一个个主题,更能准确获取可以代表索引学研究领域的研究热点。在图 6 的基础上,通过选择 CiteSpace 工具中的关键词时间线图谱功能绘制图 7,节点显示阈值设置为 1,关键词按年份以节点形势排列在横轴上,并且以能反映该横轴主题内容的高频关键词进行类命名。可以看出,除了搜索引擎不具有分析价值外,我国索引学领域的研究热点有引文索引、索引、网络信息、图书馆、索引编制、文献计量、工程索引、信息检索、医学检索、元数据、本体等,这些研究热点展现了我国索引学研究的传承关系。

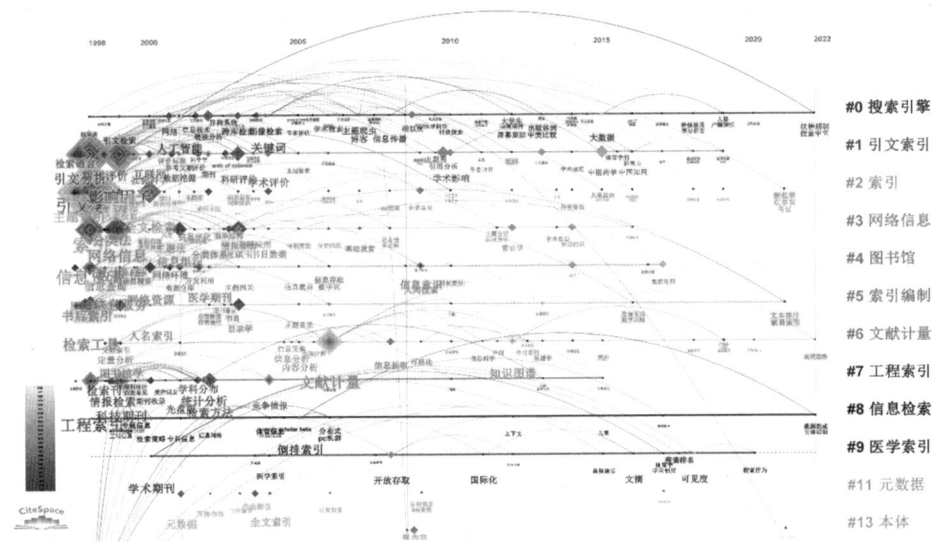

图 7　关键词时间线聚类知识图谱

研究前沿可以揭示一个学科领域高度受关注的研究主题,一定程度上可以用来预测这个学科研究的未来趋势,对该学科领域的研究方向更具有指导意义。① CiteSpace 提供突发词探测功能,该功能利用突破检测算法抽取高频关键词并依据这些关键词的词频变动趋势确定研究前沿词汇。② 在图 6 的基础上选

---

① 黄晓斌,吴高. 学科领域研究前沿探测方法研究述评 [J]. 情报学报,2019,38(8):872-880.

② Chen, C. CiteSpace II: Detecting and Visualizing Emerging Trends and Transient Patterns in Scientific Literature [J]. Journal of the American Society for Information Science and Technology, 2006, 57 (3), 359-377.

取 Burst Detection 功能，显示 8 个高强度的探测词，得到图 8 所示索引学研究突发词探测结果，Year 表示突发词的首次出现年份，Strength 表示突发词探测强度，Begin 表示突发词突发开始年份，End 表示相应突发词突发结束年份。通常研究前沿大都包含在研究热点话题内，并且研究前沿应是结束年份较晚的突发词，即较为新颖的研究话题，因此，结合研究热点和突发词探测结果，我国索引学研究前沿可确定为索引、文献计量等主题，进一步结合图 7 分析，索引主题主要涉及利用索引开展相关领域的应用，文献计量主题主要是利用索引在相关学科开展计量分析。

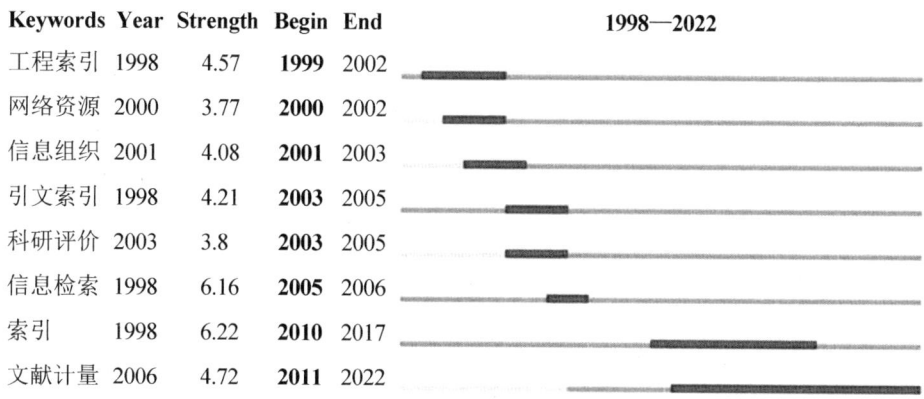

图 8　索引学研究突发词探测

2. 索引学研究发展脉络知识图谱

在图 6 的基础上加入时间因素，利用 CiteSpace 工具中的时区图功能，即关键词—年代共现分析，可以析出我国索引学研究发展的主题脉络（如图 9 所示），节点显示阈值设置为 1。时区图中的每个时间段均是该时间段内所有新出现的关键词，如果与前期关键词共同出现在同一篇文章中将会用表示年代的线联系起来，形成共现关系，并且前期关键词频会增加 1 次，节点变大。借助邱均平教授构建的索引学主题类目表（见表 5），结合高频关键词、关键词首次出现年份、共现关系，可以得出我国索引学研究主要集中于索引学理论、索引学应用以及相关学科等方向。

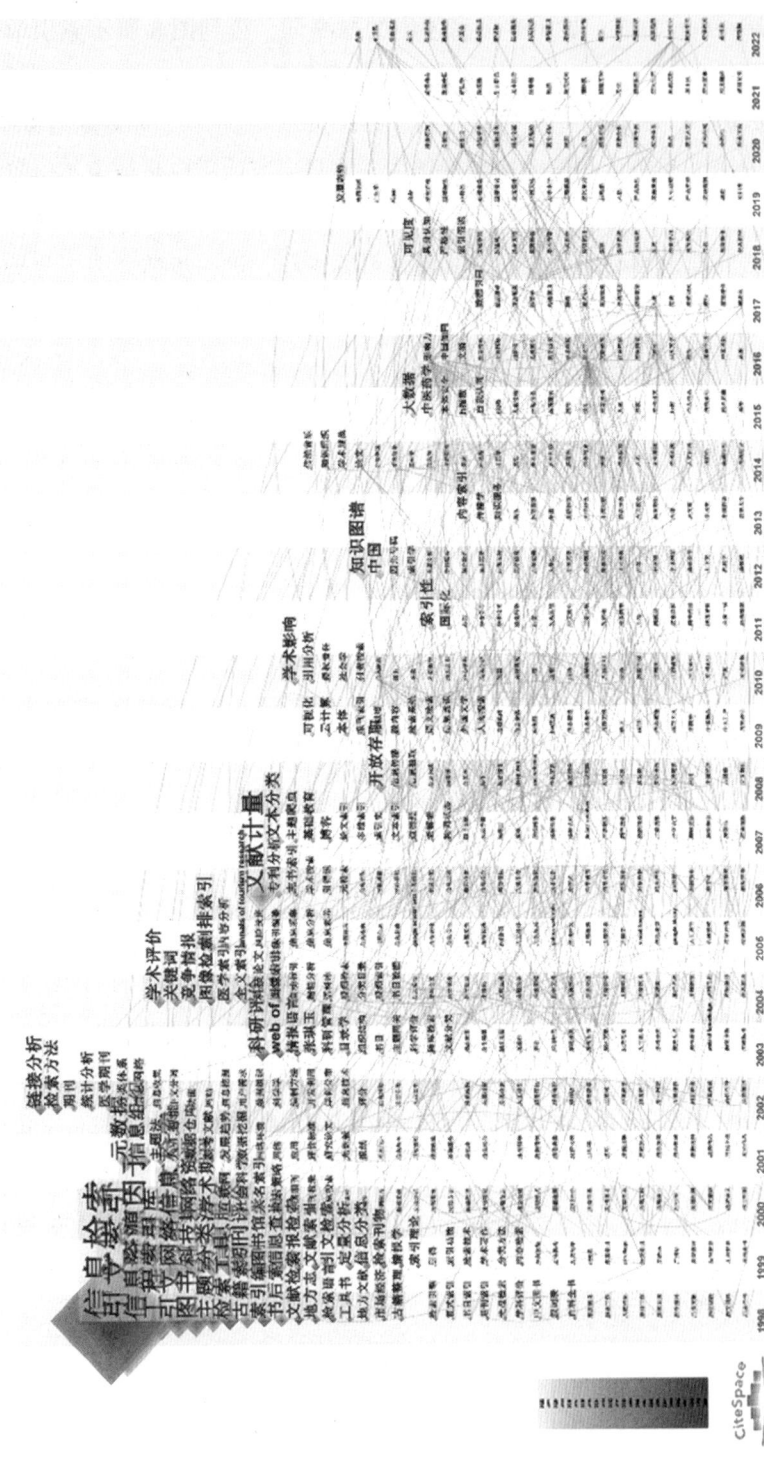

图9 关键词—年代共现知识图谱

表5 索引学主题类目

索引理论	索引编制	索引应用	索引事业	相关学科
历史 索引语言 索引系统	结构 技术 标准	用于检索 数据库与联机检索 信息服务 知识管理 资源开发与利用 用于评价	培训 组织活动	目录学 文献学 图书情报学

（1）索引学理论研究

索引学理论主要涉及索引学历史综述、索引学者传记、索引检索语言、索引编码语言、索引生成与处理系统、数字化索引系统等方面。在2010年以前，得益于文献生成系统、管理信息系统、工程与科学等数字化引文索引系统以及主题分类标记语言、大众分类法等信息技术的出现，我国索引学系统与语言方面一直都是索引学理论研究领域的重点，有一定规模的论文产出；但在2010年以后，限于索引系统、信息技术的成熟与广泛使用，通过共现关系可以看出，针对索引系统与语言方面的研究与产出则相对较少。而索引历史研究在统计时间的初期有一定数量关于索引人物传记方面的产出，往后发展只有少量涉及关于索引综述方面的研究出现，整个统计时间周期内索引历史方面的研究总体较少。

（2）索引学应用研究

索引学应用主要涉及利用索引作为工具进行检索，将数据库看成索引开展联机检索，将索引作为二次文献提供信息服务，利用索引的有序性开展知识管理、进行资源开发与利用、开展评价评估等。在整个统计时间周期内，互联网络、数据库、大数据等技术日益成熟，期刊评价、学科评估、绩效评价等需求日益旺盛，知识服务、情报分析、资源管理等领域日益广泛。通过共现关系以及研究热点前沿可以看出，相关学者利用索引开展联机检索、信息服务、知识管理、资源管理、评价评估等方面的研究不断出现，持续有一定规模的论文产出，其论文所涉及研究的领域不断扩大、研究视角不断拓宽，尤其是2010年以后，索引学应用相关的研究成果在索引学领域占有相当大的比重，将是索引学研究需要持续关注的重要方向。

(3) 索引相关学科研究

索引相关学科主要涉及索引学在保持独立发展的同时,与其他学科进行交叉关联的研究情况。当今多学科交叉关联已成为促进学科发展的重要方向,是科研创新的重要途径。从索引学载文的来源学科与来源期刊可知,图书馆学与情报学是与其进行交叉关联、相互融合的主要学科;从节点大小可以看出,图书馆学与情报学在索引学科相关联中的论文产出相对较多;从共现关系与研究热点前沿可以看出,在信息技术的推动和促进下,以竞争情报、文献计量与知识图谱等为代表的新理论与新方法不断涌现,在促进图书馆学与情报学研究快速发展的同时,已经融入了索引学研究领域的创新发展,并具有相当数量的成果产出。因此,在索引学研究发展形势严峻的背景下,索引学研究及时引入其他学科的新理论与新方法将是推动其发展的重要方向以及促进其成果产出的新增长点。

刘 双 (1985—) 男,硕士,徐州医科大学图书馆副研究馆员。研究方向:领域数据知识图谱分析、图书馆知识与社会化服务。

钱澄澄 (1986—) 女,本科,空军勤务学院图书馆馆员。研究方向:资源建设与阅读推广。

王德广 (1967—) 男,博士,徐州医科大学图书馆教授。研究方向:图书馆管理与资源建设。

Analysis on the Science Knowledge Map of Index Science Research in China based on CSSCI Database

Liu Shuang　Qian Chengcheng　Wang Deguang

Abstract: To map the development of indexing studies in China, this paper takes 1214 indexing-related journal articles included in the CSSCI database as the research object, and looks into the data by their publications volumes, institutions, authors, journals and keywords. With the help of visualization tools CiteSpace, it analyzes the collected journal articles and draws the literature co-cited knowledge map, institution cooperation knowledge map, author cooperation knowledge map, keyword co-occurrence knowledge map, keyword time-line clustering knowledge map and keyword-decadal co-occurrence knowledge map. As a result, this study reveals the representative highly-cited papers, main research institutions, core authors, main publication sources, research focuses and trends in the field of indexing studies in China; and it further explores the mapping of research topics and future directions of indexing studies in China from three aspects, namely indexing theories, indexing practices and application, and indexing-related disciplines.

Keywords: Index; Indexing Studies; Knowledge Map; Trends Analysis; CiteSpace

索引与数据库事业

李政道年谱资料整理与编纂方法探析

陈幼华[1] 李 芳[2]*

(1 上海交通大学图书馆 200240)
(2 上海交通大学钱学森图书馆 200030)

摘 要 科技创新及传扬科学家精神的时代形势,使科学家年谱资料的整理编纂提上日程。李政道是成才经历颇为传奇、科学成就及祖国贡献颇具高度的科学家,其年谱编纂极具学术与现实价值。论文在梳理李政道资料整理研究、年谱编纂研究现状的基础上,提出将索引机理应用到李政道年谱资料收集、整理及编纂环节,探讨新时代科学家年谱编纂的新思路。

关键词 李政道 索引机理 资料收集 资料整理 年谱编纂

一、研究背景

年谱是以年经月纬的方式全面记述一人生平事迹的传记体裁,兴于宋,入清而极盛,自明代以来年谱已在史籍中由附属于传记类、谱系类之下而逐渐取得独立类目的地位。[①] "社会既产一伟大的天才,其言论行事,恒足以供千百年后辈之感发兴奋"[②],"其焜耀史册秩然不紊者,则有赖于年谱表而出之"[③]。自先秦至当代我国人物年谱共有75 900种、涉及谱主近4 030人,[④] 多为政治、文化及经济领域的知名人物;以科学家为谱主的较少,近代有数学家和天文学家的梅文鼎、李善兰,现当代有《翁文灏年谱》(2005年)、《钱学森年谱》(2015年)。科学家年谱是整个体系中较为独特的一类,其资料之收集、整理

---

* 通讯作者,ORCID 0000 - 0003 - 0201 - 2120, lifang@ sjtu. edu. cn.

① 来新夏. 近三百年人物年谱知见录[M]. 上海:上海人民出版社. 1983. 代序.
② 梁启超. 中国近三百年学术史[M]. 武汉:崇文书局,2015:274.
③ 沈津.《顾廷龙年谱》编纂小记[J]. 国家图书馆学刊,2004(3):89 - 90.
④ 黄秀文. 中国年谱大辞典[M]. 上海:上海辞书出版社,2016.

和编纂，是当代弘扬科学家精神、支持科创人才培养及学科发展、开展科普教育的基础，具有重要的时代价值与学术价值。

（一）时代价值

自 2010 年 11 部委启动"老科学家学术成长资料采集工程"，国家出台的相关政策文本越来越多地体现出对科技创新、科学家资料整理和精神传扬，以及科普教育的重视。2012 年十八大报告指出实施创新驱动发展战略必须把科技创新摆在国家发展全局的核心位置。2016 年《国家创新驱动发展战略纲要》出台。2019 年《关于进一步弘扬科学家精神加强作风和学风建设的意见》要求系统采集、妥善保存科学家学术成长资料，挖掘蕴含的学术思想、人生积累和精神财富，弘扬新时代科学家精神。2021 年，"十四五"规划进一步强调科技创新是国家发展的战略支撑，要求大力弘扬新时代科学家精神；同年，国务院印发的《全民科学素质行动规划纲要（2021—2035 年）》，要求开展科普展教品创新研发，打造科学家精神教育基地，大力弘扬科学家精神。二十大报告也要求培育创新文化，弘扬科学家精神。2022 年，中国科协、教育部、科技部等 7 部委联合开展科学家精神教育基地的评选活动，认定了首批 140 家基地。此种发展形势赋予杰出科学家年谱资料整理及编纂以高度的时代价值。

（二）学术价值

从地域跨度、成长经历、科学成就、祖国贡献等方面看，李政道是一位特色极其鲜明的科学巨擘。他 1926 年生长于上海，15 岁时为避战乱开始了颠沛流离的求学生涯。1946 年，尚在西南联大二年级就读的李政道被吴大猷推荐至美国深造。1957 年，李政道因发现弱相互作用中宇称不守恒定律获诺贝尔物理学奖，成为史上最年轻的、以中国人身份获此殊荣的科学家。1972 年起，李政道通过创建中美联合招考物理研究生项目（CUSPEA），推动博士后制度、自然科学基金制度及北京正负电子对撞机设立，捐建"䇹政基金""李政道科艺讲座基金"及个人信函等收藏，为我国科教及科技事业发展做出了开创性的贡献。其年谱资料的整理编纂，对科学史、科艺交叉发展、科创人才培养、科普教育均极具学术价值与启发意义；而李政道图书馆的资料集藏、李政道研究所和李政道物理班世界顶尖科研及人才培养体系之形成，均使得编纂李政道年谱资料成为现实之所需。

(三) 研究现状

探析李政道年谱资料的整理与编纂，需要全面把握关于李政道的研究现状，以及年谱编纂与研究状况。具体为：

1. 李政道本人的讲义、学术论文、报刊文章、重要讲话、科学随笔、画作的整理汇编，与其物理教学和研究相关的有上海科学技术出版社2006年出版的李政道的两部讲义《粒子物理和场论》《统计力学》，以及中国高等科学技术中心2007年出版的《李政道科学论文选》；体现科学与人文交融的作品汇编有：《李政道文录》（1999年）、《宇称不守恒发现之争论解谜——李政道答〈科学时报〉记者杨虚杰问及有关资料》（2004年）、《李政道文选》（科学与人文）（2008年）、《对称与不对称》（2021年）；科学与艺术共融的作品主要有李政道邀请李可染、吴作人、黄胄、华君武、常沙娜等艺术家创作的科艺作品集《科学与艺术》（2000年）及《李政道随笔画选》（2007年）。

2. 传记作品，比较有代表性的有《天语物道：李政道评传》（赵天池，2017年）、《诺贝尔奖中华风云：李政道传》（季承，2010年）、《邓小平的科学家朋友：李政道》（施宝华，2014年），前两书后附有大事记式的李政道简谱。

3. 大事记、纪念文集或集刊，主要有上海交通大学李政道图书馆按主题与时间编排的图文型李政道生平大事记《印象·李政道》（2014年），以及由与李政道有接触往来的科学家、科研机构领导、艺术家、CUSPEA学者、亲友等撰写的纪念性文章编辑而成的文集和集刊，包括《李政道教授八十华诞文集》（2006年）、《心通天宇：李政道教授九十华诞文集》（2016年），为纪念李政道九十五华诞而组稿出版的《现代物理知识》2021年第33卷的专辑。

4. 关于李政道的分析报道类文章，国内探讨的主题涉及李政道创建及实施CUSPEA等的育人实践[①]，对我国科学发展[②]、高能物理事业发展[③]、科艺结合[④]

---

① 李巍等. 育人实践五十载，创新培养全过程——李政道育人实践初析 [J]. 现代物理知识，2021，33（Z1）：90-97.
② 李中清. 父亲与现代中国科学的发展 [N]. 上海：文汇报，2015-01-23（15）.
③ 王贻芳. 李政道先生与中国高能物理发展 [J]. 现代物理知识，2021，33（Z1）：55-60.
④ 柳怀祖，施宝华，季承，等. 开创科学与艺术结合的新天地——试论李政道对科学与艺术结合的贡献 [J]. 科学，2001，53（3）：50-53.

的贡献，关于杰出科学人才培养的思想①，科学研究思想和方法②，李政道与杨振宁的基础和应用之辩及其对中国科技战略的现实意义③。国外对李政道进行人文性探究的文章较少，主要有美国哥伦比亚大学东亚图书馆王成志对该馆收藏的李政道 1963 年的采访口述记录 Reminiscences of Tsung-dao Lee：Oral History 的挖掘分析④，李政道刊载于学术研讨会文集中的 Reminiscences⑤，诺贝尔网站主编史密斯对李政道的采访⑥。

5. 关于人物年谱的编撰，研究者主要探讨了著述资料的范围⑦，以及索引编制问题。武新军认为年谱是资料性的工具书，应该具有目录索引的功能，索引功能是年谱区别于传记、评传等的重要特点。⑧ 鲍国海认为只提供人名索引远远不能满足检索要求，应当增加诸如著作名、事件名、地名、组织名、机构名、专词等词目索引。⑨ 夏南强则强调学术著作书后编制主题（事类）索引的重要性。⑩《邓小平科技思想年谱》的主题索引，采用人工标引的方式，主题词采用《综合电子政务主题词表》及选用有信息价值及检索意义的自由词。⑪ 新近出版的《钱亚新年谱》专请中国索引学会理事王雅戈团队编制了人名、主题、文献名、机构名 4 种索引。⑫

综上所述，目前关于李政道的研究均未探讨其年谱编纂方法，而涉及人物

---

① 顾月华. 李政道关于杰出科学人才培养的思想研究［J］. 江苏高教，2010（6）：136－138.
② 李凤岐. 李政道的科研思想和方法［J］. 北京广播电视大学学报，2008（4）：57－60.
③ 黄庆桥. 基础与应用之辩：李政道与杨振宁对中国科技战略的不同观点及现实意义［J］. 中国科技论坛，2020，285（1）：25－32.
④ 王成志. 鲜为人知的《李政道口述回忆录》探析［J］. 自然科学史研究，2009，28（1）：1－11.
⑤ Lee T D. Reminiscences［A］. Novick R（ed）. In Thirty Years Since Parity Nonconservation：A Symposium for T. D. Lee［C］. Boston：Birkhäuser，1988.
⑥ Tsung-Dao Lee Interview［EB/OL］（2007－12－09）［2023－02－21］. https：//www.nobelprize.org/prizes/physics/1957/lee/interview/.
⑦ 武新军. 中国当代作家年谱编撰的问题与对策［J］. 文艺研究，2020，337（3）：76－86.
⑧ 武新军. 中国当代作家年谱编撰的问题与对策［J］. 文艺研究，2020，337（3）：76－86.
⑨ 鲍国海.《胡适日记全集》《顾颉刚日记》《顾颉刚年谱》三书索引评析［M］//中国索引学会. 中国索引（第六辑）. 上海：复旦大学出版社，2019：180－195.
⑩ 夏南强. 索引的概念与学术著作书后索引的编纂［J］. 中国索引，2015（2）：52－59.
⑪ 盛苏平.《邓小平科技思想年谱》主题索引的编制与使用［J］. 科技编辑研究，2006（1）：47－48.
⑫ 谢欢. 钱亚新年谱［M］. 上海古籍出版社，2021：428.

年谱的研究主要关注了谱后索引的编制问题，并未有文献从索引思想方法的角度来探究便于后续研究利用的年谱编纂方法问题。因此，本文拟基于年谱编纂生命周期，采用索引前置之思路，以李政道年谱资料为例，探究新索引技术下的年谱编纂方法。

二、引入索引机理的编纂方法探析

我国索引理论研究奠定人钱亚新参照 *The Century Dictionary* 的解释，定义索引为"一种检查指定范围内的书报所有特项知识的工具"[①]；侯汉清等起草的国标《索引编制规则（总则）》将索引定义为"指向文献或文献集合中的概念、语词及其他项目等的信息检索工具"[②]。在纸质出版年代，索引以两种形式存在：一是为方便查找指引图书内容而编于书后的人名索引、篇名索引等；二是独立成书的索引，指引查找系列书刊，如《朱子四书集注索引》。在海量信息和资料以数据库方式保存使用的年代，索引表现为一种数据结构，它以记录的特征（通常是一个或多个字段的值）为输入，并能"快速地"找出具有该特征的记录。[③] 此种情境下，索引一方面体现为检索系统提供的多元检索字段路径，如人名、题名、出版物、会议、关键词等；另一方面则成为索引数据库，如 SCIE、EI、中文社会科学引文索引（CSSCI）等。从过去较孤立的书后索引或是索引专书，到而今功能极其强大的检索系统，索引的核心机理在于提取索引项（人名、地名、机构名、主题等）并指向出处，以指引读者查阅包含该索引语词的信息内容，涉及的关键要素包括：索引项、指引机制、索引成果。索引项对于源文献揭示维度的代表性与全面性，决定着索引成果的资料检索、呈现及知识创新之机能。年谱编纂生命周期涉及资料查找、整理与编纂。过去索引与年谱的关联仅限于谱后索引的编制；但若将索引机理应用于整体年谱编纂生命周期，则既提示了索引作为年谱资料查找的有效路径，也便于在资料整理环节即采用多维标引技术，同时更有利于谱后索引的科学编制。如此，既是对年谱编纂模式的优化，也便于对年谱资料的查检、利用与研究。以下将结合李政道生涯历程、成就及贡献，从资料收集、整理及年谱编纂三个方面来

---

① 钱亚新. 索引和索引法 [M]. 商务印书馆，1935：6-7.
② GB/T 22466-2008 索引编制规则（总则）[S]. 中国标准出版社，2009.
③ 何守才主编. 数据库百科全书 [M]. 上海：上海交通大学出版社，2009：655-656.

探讨融入索引思维的编纂模式。

(一) 资料收集途径

广泛全面的资料占有是编制翔实的年谱长编之基础，信函、手稿、讲义、笔记、照片、出版物、档案资料、证书奖章、礼品、书画收藏、实物、个人藏书、口述资料等皆为需要把握的资料类型。多元类型资料的收集，既涉及查找已出版资料，也需要基于了解谱主生平相关的机构及往来人物展开定向性的征集，具体路径为：

一是利用索引工具检索查找公开出版的资料，包括李政道的论述文集汇编，关于李政道的传记、纪念文集、研究报道性文章。同时，李政道与毛泽东、周恩来、邓小平等国家领导人，吴健雄、朱光亚等国内外科学家，吴作人、李可染、黄胄、华君武、张仃、吴冠中、常沙娜、袁运甫、刘巨德等艺术家均有重要的往来活动，定向性查找重要相关人物的传记、年谱及研究资料，也是获取细节史料的有效路径。例如，《毛泽东年谱》详细记载了 1974 年他与李政道会面的过程。

二是到科学家相关的机构去查找档案、手稿、书信、证书奖章等宝贵的一手资料。李政道生平相关资料分散收藏于李政道图书馆，以及他工作过或有过往来关系的机构，包括中国科学院档案馆、国家自然科学基金委、全国博士后管理委员会、芝加哥大学档案馆、哥伦比亚大学档案馆、日本理化学研究所、意大利国家科学院等。这些机构的收藏，能够提供许多支持谱主生平细节编写的史料。

三是汇集口述资料。李政道的相关口述资料主要来自：①对李政道本人的采访，如哥伦比亚大学"中国口述史工程（Chinese Oral History Project）"中哈利特·查可曼（Harriet Zuckerman）女士录音采访李政道的录音；2007 年瑞典诺贝尔奖官网总编辑亚当·史密斯（Adam Smith）采访李政道，他谈及自己战难中求学的经历及牛顿力学三大定律对他的启发；[①] 纪录片《去大后方》中李政道及其哥哥李崇道回忆了战时逃难的情况。②采访与李政道有较多接触及往来的人，如对刘巨德、常沙娜、李可染夫人邹佩珠等的访谈视频，记述了他

---

① Tsung-Dao Lee Interview [EB/OL]. (2007-12-09) [2022-01-06]. https://www.nobelprize.org/prizes/physics/1957/lee/interview/.

对科学和艺术的看法，以及与艺术家合作科艺画作的过程。

四是公开征集。社会上存在大量热心的相关人士，能提供意想不到的史料，对年谱资料的充实及辨别颇具价值。

(二) 资料整理方法

传统的年谱资料整理，主要涉及资料辨伪、谱主生平活动事项析出、统一语种依时记录。引入索引机理，综合分析年谱构成的基础单元、谱主的生平资料特征，以及年谱索引编制情况和本体构建情况，设计适应数字人文语境的富维度索引项，既能有效支持正谱的按年月的史实输出及编排，也有利于谱后多元索引的规范编制，以及进一步的年谱资料挖掘研究与知识开发。

年谱的基础构成单元为按一定规则表述的与谱主相关的事项，涉及人物、事件、时间、地点、机构、主题等特征概念，以及作为佐证的事件来源出处。目前对学人年谱资源进行的本体建构，均提取了人物、时间、地点、事件、著作/成果等概念，以及根据谱主特征另增的诸如职官、项目等。已出年谱索引对象主要涉及人名、机构名、文献篇名等可直接从正谱文本中提取的原名，较少编制需要概括归纳及复用规范主题词表的主题索引。李政道生平涉及大量跨国、跨机构、跨学科、跨领域活动，资料呈现出多类型、多语种、多机构、多人物、多主题之特征。综合这些因素，其年谱资料整理需要标引的事项包括：①时间、②事件、③资料来源、④人物、⑤地点、⑥机构、⑦主题。每一标引事项的录入方法，均需要制订规则以保证史料整理的规范统一性。目前关于时间、地点、人名、资料来源的标引，均有通行的处理规则，但事件与主题涉及面广、相对复杂，需要进行更详细的规定。解析李政道生平相关活动事件，大致可分为：求学类、科研出版类、讲学报告类、人物往来类、相关时事类、家庭生活类。从资料整理角度看，科研出版、讲学报告及人物往来类事件涉及对相关论著及讲话的主题观点的整理、摘录或总结著录，需要制订针对性的标引规则。标示事件主题，一方面便于编制主题索引，另一方面也有利于展开进一步的人物思想及贡献的研究。

李政道生平事件体现出较强的跨学科、跨领域及跨界的特点，涉及 5 类主题特征：

(1) 物理研究，细分领域有高能物理学（即粒子物理学）、量子场论、核物理学、统计物理学、天体物理学、流体动力学（即湍流理论）、多体物理学和固体物理学（后演变为凝聚态物理学）、量子力学以及广义相对论等，可用于整理标引李政道科研活动及成果的涉及领域；

（2）科学与艺术，用以标示李政道捐建科艺基金开展的科艺主题画创作、科艺大奖赛、科艺交叉融合主题研讨会、科艺作品展览等活动，以及李政道与艺术家交流往来推动科艺画作、雕塑、刺绣、动漫等的创作活动；

（3）科教事业贡献，标示李政道建言设立"少年班"、创建及实施中美联合培养物理类研究生计划（CUSPEA）、推动博士后制度及自然科学基金制度建立、捐建"䇹政基金"推动本科生科研、捐赠个人收藏建成李政道图书馆，以及支持上海交通大学李政道研究所及李政道班建设等活动；

（4）高能物理事业贡献，标示李政道推动北京正负电子对撞机建设（BEPC）、北京谱仪实验、上海同步辐射光源、大亚湾中微子实验、中国散裂中子源工程等大科学装置和大型粒子物理实验建设，以及推动中国高等科学技术中心（CCAST）、北京现代物理研究中心、浙江近代物理中心等科学研究基地设立等；

（5）生活人文，标记体现李政道生活雅趣、个性人格、文化观等的活动事件。

确定不同事件的著述规则及主题概念体系，进而对整体年谱资料实施数据库化的标引及管理，则能有效支持智能化的年谱编纂、索引编制，以及年谱资料的开发利用。

（三）编纂规则体例

编纂年谱需要综合年谱编纂技术发展及谱主生平特征来确定年谱之构成及篇章设计方式。年谱本就是工具性极强的个人生平史料汇编类著作，而李政道又是一位跨国、跨机构活动频繁的科学家，故其年谱除正谱外也必须包含索引。

（1）篇章设计。根据谱主生平特征设计年份、岁数以外的篇章，便于读者查阅目录即知谱主不同年份所在的人生阶段。根据李政道的生平特征，其年谱大致可分为四个篇章：一、出生和求学，依年记述李政道1926—1945年间从富商家庭出身及战乱中辗转求学的曲折艰辛历程；二、赴美深造、勇攀高峰，顺年记述李政道1946—1971年间潜心钻研获博士学位、成为哥伦比亚大学史上最年轻的正教授、获诺贝尔物理学奖、不倦探索宇宙奥秘的研究历程；

三、报效祖国、科艺交融，按年记述李政道 1972—2010 年间频繁往来于中美两国、建言献策，创建及实施 CUSPEA 项目，推动少年班、北京正负电子对撞机、博士后制度及自然科学基金制度建设，捐建"秦惠䇹与李政道中国大学生见习进修基金"等，襄助祖国科教及科技事业发展；以及提出科艺相通之思想并探索科艺交叉创新之实践；四、捐赠促学、初心依旧，记述 2011 年以来李政道因身体原因无法坐飞机回国，但通过捐赠个人收藏建成李政道图书馆，捐建科艺讲座基金，支持李政道研究所及李政道班建设等方式，继续推进祖国的人才培养及基础科学研究。

（2）编纂规则。正谱编写须制订统一的规则，以保证行文的一致性与易理解性，涉及：①规定年月日不可考事件的记录方式；②人物称谓的记述规则，包括对外国人名及中国人有字号者等的处理方式；③资料来源的标记方式，如对常用资料来源的简称标记方式，对档案文件、信函等原始资料出处的标记方式等；④规定作脚注说明的内容，如人物、重要事件或资料考辨文字等；⑤引文中的日期、数字书写方式；⑥论著、手稿及演讲的摘录或引述原则；⑦时代背景在文中的记述规则；⑧索引编制说明，包括谱后索引种类、取词及词目说明方式、编制格式等；⑨附录内容说明。这些规则，以及关于年谱资料涉及范围及来源的说明，即构成谱前的"凡例"或编纂说明。

（3）索引。基于多维度的李政道生平事件标引，其年谱可编制人名、机构、篇名及主题索引，以便读者查考他与不同人物、机构间的关联程度及往来活动，其论著分布，以及他在科学、科教、科艺等诸多主题领域的思想和贡献，进而展开相关的资料挖掘、社教服务开发与深度研究。

三、结　语

在创新驱动发展战略下，科技创新成为国家发展全局之核心。围绕科技创新这一时代命题，我国从老科学家资料整理、科学家精神教育基地及科普场馆建设、人才培养、顶尖科学研究机构建设、大科学装置设置等方面进行了全面布局。李政道少年求学经历坎坷而传奇，青年即折桂诺贝尔奖殿堂，中年开始就奔走于推动祖国科教和科技事业发展之宏途，至今不辍，以"细推物理须行乐，何用浮名绊此生"为人生信条，提倡及践行融现代科学精神与中国传统美德于一体的科学家精神。其年谱资料整理与编纂，具备高度的学术价值与现实价值。论文梳理综述了李政道资料整理研究现状，以及当前年谱编纂与研究情况，以李政道年谱资料为例，探讨将索引思想与机理融入年谱资料收集、整理及编纂的生命周期核心环节，探索适应数字人文环境的科学家年谱编纂的新方法。此年谱编纂方法之探索，对科创形势下更多科学家及学人年谱之编纂具有现实借鉴意义，同时对谱牒学及史学领域也具有一定的方法学价值。存史纪念是年谱长编的基本之义，但其编纂价值更在于教育和研究。未来需要进一步研究的问题包括科学家年谱资料数据库建设、应用知识图谱、数字人文方法实现科学家年谱资料的挖掘与知识重构，以及科学家精神可视化呈现等。

陈幼华 博士，上海交通大学图书馆研究馆员。研究方向：图书馆阅读推广、特藏资料研究。

李 芳 上海交通大学钱学森图书馆执行馆长、研究馆员。研究方向：知识组织、数字资源管理。

Exploring the Methods of Organizing and Compiling Tsung-Dao LEE's Chronological Data

Chen Youhua　Li Fang

Abstract: The compilation of scientists' chronological data has been put on the agenda thanks to the technology innovation and the promotion of science spirits. Tsung-Dao LEE is a scientist with legendary experience and great scientific achievements and contributions to Chinese Community, thus his chronicle has significant academic and practical value. Based on sorting out the research status on Tsung-Dao LEE and his chronological information, this paper proposes to apply the indexing mechanisms to the collection, collation and compilation of Tsung-Dao LEE's chronology data, and further explores the new ideas on how to compile scientists' chronological data in the new era.

Keywords: Tsung-Dao LEE; Index Mechanism; Historical Material Collection; Historical Material Sorting; Chronological Compilation

昆曲"同牌异名"曲牌整理与研究*

黄金龙

(江苏师范大学文学院　江苏徐州　221116)

摘　要　昆曲"同牌异名"曲牌整理与研究是基于曲谱以及曲牌名目繁多所做出的一项基础性工作,笔者具体从《九宫大成南北词宫谱》《增定南九宫十三调曲谱》《南曲九宫正始》《北词广正谱》等常用曲谱入手,对"同牌异名"曲牌进行了整理与研究,编制成此索引。

关键词　昆曲　"同牌异名"　曲牌　索引

昆曲曲牌"同牌异名"曲牌索引的编制基于以下几方面的考虑:

一是昆曲曲牌数量繁多。援引俞为民先生对部分曲谱数量的统计如下:①

谱别	总曲调数	变格数	集曲数
元《十三调谱》	492	0	2
元《九宫谱》	523	5	51
明蒋孝《旧编南九宫谱》	501	10	55
明沈璟《南九宫十三调曲谱》	666	555	163
《南曲九宫正始》	922	942	208
《九宫大成》	1513	1260	596

可见随着曲谱编制的不断推进,曲牌的数量增长了3倍左右。曲牌数量的增长既有曲牌本调的不断整理和总结,同时更多地体现为曲牌变体,即曲牌"又一体"和"集曲"数量的增多,甚至于《九宫大成》衍生的集曲数量超过了元《十三调谱》的总曲调数。

---

*　本文为2021年度中国索引学会规划课题"昆曲曲牌索引编纂研究"(项目编号:CSI21B02)阶段性成果。

①　俞为民:《中国古代曲体文学格律研究》,中华书局2012年版,第386页。

二是集中记录曲牌的曲谱，同样数量繁多。在钱南扬的《曲谱考评》一文中，详列了三十二种曲谱的基本情况，这三十二种曲谱基本上涵盖了目前曲谱研究的大部分：①

《乐府混成集》	《南九宫十三调曲谱》	《九宫正始》
《南九宫谱大全》	《十三调南曲音节谱》	《北曲谱》
《清明谱》	《曲谱大成》	《南九宫谱》
《墨憨斋词谱》	《南曲谱》	《南词定律》
《南北九宫谱》	《南词新谱》	《北词广正谱》
《九宫大成南北词宫谱》	《太和正音谱》	《九宫谱》
《谭儒卿谱》	《十二律昆腔谱》	《骷髅格》
《九宫谱定》	《寒山子南曲谱》	《北曲谱》
《杨升庵谱》	《六宫谱》	《北词新谱》
《词曲谱》	《旧编南九宫谱》	《北词谱》
《钦定曲谱》	《南北词简谱》	

三是随着近年来曲谱研究的深入，曲谱的数量和现存曲谱版本的发掘和整理有很大的推进。如曲谱整体研究，有周维培《曲谱研究》（古籍出版社，1999年），魏洪洲《明清戏曲格律谱研究》（黑龙江大学，2016年），毋丹《清代至近代戏曲工尺谱研究》（浙江大学，2016年）；黄仕忠师带领师生所进行的《太和正音谱》版本的搜集与整理研究［相关文章见《戏曲与俗文学研究》（第8—10辑）］。

曲谱版本的陆续发现，有助于对曲谱的源流问题和具体版本曲牌的整理研究形成新的认识。例如：魏洪洲《国图藏〈骷髅格〉文本考述》（《中国社会科学院研究生学报》，2015年第1期）、《"汉唐古谱"〈骷髅格〉真伪考》（《文艺评论》，2015年第2期）、任荣《〈骷髅格〉真伪问题的考辨》（《中国典籍与文化》，2011年第3期）等对于古谱《骷髅格》和国藏本《骷髅格》的考辨，深入曲牌音乐的音乐文献来源，同时揭示了清代以来戏曲曲牌音乐的自我建构过程；李晓芹《〈曲谱大成〉残稿三种研究》（河北大学，2011年）、

---

① 钱南扬：《曲谱考评》，载《汉上宧文存续编》，中华书局2009年版，第201—226页。

黄义枢《〈曲谱大成〉编纂问题辨疑》(《文献》，2019年第1期)是对现存《曲谱大成》编纂问题的重新勘定，证实此谱是乾隆初年官修曲谱，实为《九宫大成》的前期成果。同时，李晓芹进一步撰文《国图藏〈曲谱大成〉所见南戏佚曲辑述》(《文献》，2010年第2期)，对《曲谱大成》中南戏佚曲进行了搜集和整理。

从曲牌索引研究的角度出发，曲谱的再研究有助于从各版本中曲牌收录的变化来具体探讨曲谱的具体形成过程，以及对曲牌源流演变有更深入细致的探讨。许莉莉《论明清曲谱中曲牌名目的裂变》(《南大戏剧论丛》，2019年第2期)是对明清曲谱中的曲牌名目裂变的考察，这也是明清曲谱体量逐渐增大的原因之一。同时，在实际的戏曲文本或者演唱本的曲牌实际使用过程中也可以看到，曲牌与其异名的交叉使用是一个更为普通的现象，这对于戏曲研究者研究曲牌格律等形成一定的挑战。因此，在曲谱索引编纂的过程中，对于"同牌异名"曲牌整理与辨析是一项重要的工作。

本索引所引用的曲谱材料及编纂说明主要有以下几点：

一、针对《九宫大成》曲牌收入最多，以《九宫大成》为"同牌异名"曲牌主要整理对象，同时对《增定南九宫十三调曲谱》《南曲九宫正始》《北词广正谱》等常用曲谱所收"同牌异名"曲牌进行增补；针对曲牌名间有使用讹误的问题，据对此问题有较多讨论的《南曲九宫正始》进行专门整理；曲谱使用的版本情况如下：

1. ［清］周祥钰等编：《九宫大成南北词宫谱》，《续修四库全书》本，上海古籍出版社2002年版。影印中国艺术研究院戏曲研究所藏民国十二年古书流通处影印清乾隆十一年刻本。

2. ［明］沈璟：《增订查补南九宫十三调曲谱》，载王秋桂编：《善本戏曲丛刊》，台湾学生书局1984年版。明末永新龙骧刻本。

3. ［清］云间徐于室辑，茂苑钮少雅订：《汇纂南曲九宫正始》，载王秋桂编《善本戏曲丛刊》，台湾学生书局1984年版。清顺治辛卯精钞本。

4. ［明］李玉：《北词广正谱》，载王秋桂编：《善本戏曲丛刊》，台湾学生书局1987年版。康熙文靖书院刊本。

二、"同牌异名"曲牌的曲牌在民间戏曲本中使用常常有"同音不同字"等"笔误"的情况产生，盖多为民间艺人随手所记，且较为随意繁杂。因此对于这类问题，以曲谱为主做整理，可以较为清晰地判断曲牌的具体使用情况，对于"笔误"的"同牌异名"曲牌整理不作为本索引的编制对象。

三、曲谱多以宫调分类归并，具体宫调归属及宫调排列次序在各曲谱中的次序又有所差异。针对这一问题，索引在具体曲牌宫调归属有出入的时候加以注释说明，不做深入讨论；曲牌索引的检索是一项较为复杂的问题，通常以"宫调"为主要参考标准，可以较为方便检索，因此本索引也采用这一通行方式。

具体索引如下：

表1 《九宫大成》"同牌异名"曲牌

	所属宫调	曲牌名	异名
北曲	仙吕	金盏儿①	碎金盏
	仙吕	忆王孙	画蛾眉
	仙吕	醉雁儿	雁儿
	仙吕	上京马	尚京马
	仙吕	后庭花	玉树后庭花
	仙吕	青歌儿	青哥儿
	仙吕	双雁子	双燕子
	仙吕	瑞鹤仙	一捻红
	仙吕	醉落魄	一斛珠
	仙吕	聚八仙	河传序②
	仙吕	相思会	千年调
	仙吕	庆清朝	庆清朝慢
	仙吕	法曲献仙音	越女镜心
	中吕	红绣鞋	朱履曲
	中吕	朝天子	谒金门
	中吕	苏武持节	山坡里羊③
	中吕	醉高歌	最高楼
	中吕	喜春来	阳春曲

---

① 《北词广正谱》又名【醉金盏】。
② 《正始》仙吕调近词【河传序】后注："此调蒋谱题作【聚八仙】，载置仙吕宫，误甚。"
③ 《广正谱》又名【山坡羊】。

(续表)

	所属宫调	曲牌名	异名
北曲	中吕	齐天乐	台城路
	中吕	普天乐	黄梅雨①
	中吕	道和	道合
	中吕	卖花声	升平乐、煞
	中吕	摸鱼儿	陂塘柳
	中吕	千秋节	千秋岁
	大石调	归塞北	望江南
	大石调	卜金钱	初问口
	大石调	摇鼓体	催花乐
	大石调	女冠子	双凤翘
	大石调	蒙童儿	憨郭郎
	越调	调笑令	含笑花
	越调	秃厮儿	小沙门、耍厮儿
	越调	寨儿令	柳营曲
	越调	雪里梅	雪中梅
	越调	酒旗儿	皂旗令、皂旗儿
	越调	梅花引	贫也乐、小梅花
	高宫	灵寿杖	呆骨朵、灵寿歌
	高宫	醉太平	凌波曲
	高宫	伴读书	村里秀才
	高宫	笑和尚	笑歌赏
	高宫	六么遍	柳梢青、梅梢月
	高宫	菩萨蛮	重叠金、子夜歌
	高宫	黄时雨	普天乐
	小石调	青杏儿	青杏子
	小石调	少年心	添字少年心
	小石调	花心动	好心动

① 《增定》收入"不知名宫调",又名【梅子黄时雨】。《正始》收入"仙吕引子、过曲",引子后注:"【梅子黄时雨】,与道宫调【黄时雨】少异。"《正始》越调过曲【引军旗】注:"或题作【黄梅雨】,俟再查。"

(续表)

	所属宫调	曲牌名	异名
北曲	小石调	甘州曲	甘州子
	小石调	红锦袍①	红衲袄、绵锦袍
	高大石调	念奴娇	百字令、酹江月、古梅曲
	南吕	一枝花	占花魁
	南吕	元鹤鸣②	哭皇天
	南吕	骂玉郎	瑞华令③
	南吕	采茶歌	楚江秋
	南吕	草池春	斗虾蟆、絮虾蟆
	南吕	阅金经	金字经
	南吕	翠盘秋	干荷叶
	商调	上京马	尚金马
	商调	双雁儿	双燕子
	商调	秦楼月	忆秦娥
	商调	皂旗儿	酒旗儿
	商调	满堂红	满堂春
	商调	定风波	定风流
	商调	盖天旗	垂丝钓
	双调	步步娇	潘妃曲
	双调	雁儿落	平沙落雁
	双调	得胜令	凯歌回、破阵赢
	双调	滴滴金	甜水令
	双调	折桂令	秋风第一枝、天香引
	双调	蟾宫曲	步蟾宫
	双调	沽美酒	琼林宴
	双调	银汉浮槎	乔木查
	双调	落梅风	寿阳曲
	双调	天仙令	天仙子

① 《广正谱》列"黄钟调"。
② 《广正谱》一名【玄鹤鸣】,"元"为避帝讳。
③ 《广正谱》一名【瑶华令】。

(续表)

	所属宫调	曲牌名	异名
北曲	双调	拨不断	续断弦
	双调	庆东原	庆东园
	双调	殿前欢	小妇孩儿、凤将雏
	双调	收江南	喜江南
	双调	清江引	江儿水
	双调	太清歌	太平歌
	双调	早乡词	枣乡词
	双调	醉乡春	添春色
	双调	醉娘子	真个醉
	双调	驸马还朝	相公爱
	双调	阿纳忽	阿那忽
	双调	小拜门	不拜门
	双调	慢金盏	金盏子
	双调	忽都白	古都白
	双调	唐古歹	倘古歹、唐兀歹、倘兀歹
	双调	荆山玉	侧砖儿
	双调	蝶恋花	凤栖梧、鱼水同欢
	双调	减字木兰花	减兰、木兰香
	双调	金蛾神曲	神曲缠
	双调	捣练子	胡捣练
	双调	皂旗儿	酒旗儿
	双调	汉江秋	荆襄怨
	双调	御街行	孤雁儿
	黄钟	喜迁莺	烘春桃李
	黄钟	哨遍	稍遍
	黄钟	脸儿红	麻婆子
	黄钟	急曲子	促拍令
	黄钟	瑶台月	瑶池月
	黄钟	苏幕遮	鬓云松令
	黄钟	金字经	阅金经

(续表)

	所属宫调	曲牌名	异名
北曲	黄钟	耍孩儿	魔合罗
	平调	忆汉月	望汉月
	平调	倾杯乐	古倾杯
	平调	添声杨柳枝	贺圣朝影、太平时
		煞	煞尾
南曲	仙吕（引）	鹊桥仙	广寒秋
	仙吕（引）	探春令	景龙灯
	仙吕（引）	天下乐	天下欢
	仙吕（引）	夜行船	夜游湖①
	仙吕（引）	河传	庆同天
	仙吕（引）	卜算子	百尺楼
	仙吕（引）	鹧鸪天	骊歌一叠
	仙吕（引）	唐多令②	南楼令
	仙吕（引）	月中花、疏帘淡月	桂枝香
	仙吕（引、过）	八声甘州	潇湘雨
	仙吕（引）	花心动	好心动
	仙吕（引）	谒金门	垂杨碧
	仙吕（引）	海棠春	海棠花
	仙吕（引）	胡捣练③	捣练子
	仙吕（过）	步步娇	潘妃曲
	仙吕（过）	江儿水	岷江绿
	仙吕（过）	皂罗袍	间花袍、乌衣令
	仙吕（过）	天下乐	天下欢
	仙吕（过）	傍妆台	临镜序
	仙吕（过）	桂枝香	疏帘淡月
	仙吕（过）	掉角儿序④	掉角儿

① 《增订》注："'湖'或作'朝'，非也。"《正始》注："'湖'或作'朝'，谬。"
② 《增定》收入"不知名宫调"。
③ 《增定》收入"南吕调近词"，注："旧谱注云，即【捣练子】，非也。"
④ 《增定》注："'掉'或作'调'调亦通，不可作'皂'。"《正始》注："'掉'今作'皂'，谬。"

(续表)

	所属宫调	曲牌名	异名
南曲	仙吕（过）	园林好	金谷园
	仙吕（过）	月儿高	摊破月儿高
	仙吕（过）	风入松	远山横
	仙吕（过）	解连环	杏梁燕
	仙吕（过）	一封书	秋江送别
	仙吕（过）	蛮江令	銮江令
	仙吕（过）	凉草虫	狼草虫①
	仙吕（过）	木丫牙②	木丫叉
	仙吕（过）	油核桃③	油葫芦
	仙吕（过）	黑麻序④	蛤蟆序
	仙吕（过）	晓行序	夜行船序⑤
	仙吕（过）	锦衣箱	琴家弄
	仙吕（过）	胜葫芦⑥	大河螺
	仙吕（过）	铁骑儿	檐前马
	仙吕（过）	醉翁子⑦	醉公子
	仙吕（过）	佼佼令⑧	彩旗儿
	仙吕（过）	六么令	绿腰
	仙吕（过）	尹令	么遍
	仙吕（过）	桃红菊	莺踏花
	仙吕（过）	双蝴蝶	两蝴蝶

① 《正始》注："或作'狼草'，非。"
② 《增定》注："或作【木丫叉】，或作【长拍】，皆非也。"《正始》注："'丫'或作'牙'，非。"
③ 《增定》注："或作【油葫芦】，非也。"《正始》仙吕调近词【告雁儿】后注："此调今皆错认为【油核桃】，大谬。"
④ 《增定》作【黑蟆序】，或作【斗虾蟆】，或作【斗黑麻】，皆非也。《正始》入"仙吕入双调"，作【虾蟆吟】，注："向曰【黑蟆序】，今从唐谱正。"
⑤ 《增定》入"仙吕入双调"，注："或作【花心动序】，非也。"
⑥ 《增定》又名【大河蟹】。
⑦ 《正始》注："'公'俗作'翁'，谬。"
⑧ 《正始》作【衮衮令】，注："但与双调【侥侥令】不同。"《正始》正宫调近词【衮衮令】后注："又名【侥侥令】，但与双调【侥侥令】不同，又与仙吕宫【衮衮令】不同。"

(续表)

	所属宫调	曲牌名	异名
南曲	仙吕（过）	感亭秋①	撼庭秋
	仙吕（过）	清江引	清河水
	仙吕（过）	皂袍罩金衣	皂袍罩黄莺
	仙吕（过）	皂罗香	天香满罗袖
	仙吕（过）	醉女萝巫云	醉花云
	仙吕（过）	醉罗袍	醉翻袍
	仙吕（过）	醉罗歌	全醉半罗袍
	仙吕（过）	醉归花月渡	醉归花月云
	仙吕（过）	醉花月云转	醉花月红转
	仙吕（过）	月儿映江云	月夜渡江归
	仙吕（过）	桂子佳期	桂月佳期
	仙吕（过）	香归双罗袖	香归罗袖
	仙吕（过）	桂发转佳期	桂香转红马
	仙吕（过）	桂花醉罗歌	桂花罗袍歌
	仙吕（过）	解酲画眉子	解络索
	仙吕（过）	六时理针线②	九回肠
	仙吕（过）	妆台甘州歌	妆台带甘州
	仙吕（过）	临镜解罗袍	妆台解罗袍
	仙吕（过）	长短豆叶栖蝴蝶	丫叉豆叶
	仙吕（过）	安乐高歌	安乐歌
	仙吕（过）	春絮一江云	春絮似江云
	仙吕（过）	十样锦	一片锦
	仙吕（过）	五抱玉郎	五双玉
	仙吕（过）	五月红楼送娇音	五月红楼别玉人
	仙吕（过）	玉山颓③	玉胞供
	仙吕（过）	玉肚莺	王莺儿
	仙吕（过）	海棠沉醉	海棠醉东风

---

① 《增定》收入"不知名宫调"。《正始》注："'撼'或作'感'，误。"
② 《正始》一名【六花衮风前】，注："俗名【九回肠】，误。"
③ 《正始》作【玉山供】，注："俗谓【玉山颓】，大谬。"

（续表）

	所属宫调	曲牌名	异名
南曲	仙吕（过）	川姐姐	拨棹姐姐
	仙吕（过）	姐乐棹侥侥	姐姐棹侥侥
	仙吕（过）	好有余	好不尽
	中吕（引）	好事近	翠圆枝
	中吕（引）	沁园春	洞庭春色
	中吕（引）	菊花新	菊花心
	中吕（引）	青玉案	西湖路
	中吕（引）	定风波	定风波令、定风流、定风流令
	中吕（引）	醉春风	怨东风
	中吕（引）	驻马听	村意远
	中吕（引）	西江月	白蘋香、江月令
	中吕（过）	好事近①	杏坛三操
	中吕（过）	越恁好	走山画眉、滚绣球②
	中吕（过）	红绣鞋	朱履曲
	中吕（过）	千秋岁	千秋万岁
	中吕（过）	扑灯蛾	打火虫
	中吕（过）	麻婆子	罗敷令
	中吕（过）	平湖乐	采莲词
	中吕（过）	凤凰阁	数花风
	中吕（过）	好子乐	好事近
	中吕（过）	榴花好	榴花泣③
	中吕（过）	石榴灯	石榴挂红灯
	中吕（过）	尾锦缠	尾犯锦
	中吕（过）	渔灯雁	南渔听雁
	中吕（过）	银灯花	银灯照锦花

① 《正始》作【泣颜回】。
② 《正始》【越恁好】注："此调首四格此格为正，但直似【滚绣球】句法，致彼久冒此名。"【滚绣球】注："俗为【越恁好】，误；又名【走山画眉】，益非。"
③ 《正始》【榴花泣】后注："一名【载花回】，一名【三犯石榴花】，因【泣颜回】本题又名【杏坛三操】，故非犯三调也。"

(续表)

	所属宫调	曲牌名	异名
南曲	中吕（过）	驻马枪	马蹄花
	中吕（过）	二马普金花	金马乐
	中吕（过）	驻马近	驻马泣
	中吕（过）	驻马玩江风	番马舞西风
	中吕（过）	舞霓戏千秋	霓裳戏舞千秋岁
	中吕（过）	红雁过	芍药挂雁灯
	中吕（过）	两儿带芍药	孩儿带芍药
	中吕（过）	双金圆	缕金嵌孩儿
	中吕（过）	扑红灯	扑灯红
	中吕（过）	两红灯	渔家灯
	大石调（引）	少年游	玉蜡梅枝、小阑干
	大石调（引）	蓦山溪	上阳春
	大石调（引）	烛影摇红	忆故人
	大石调（引）	阳关引	古阳关
	大石调（过）	人月圆	青衫湿
	大石调（过）	沙塞子急①	玉河滚、沙碛子急
	大石调（过）	催拍	急板令
	大石调（过）	竹马儿	竹马子
	大石调（过）	受恩深	爱恩深
	大石调（过）	西河	西湖
	大石调（过）	步醉金莲	步金莲
	越调（引）	祝英台近	燕莺语
	越调（引）	霜天晓角	月当窗、长桥月
	越调（引）	杏花天	杏风天
	越调（引、过）	江神子	江城子
	越调（引）	桃李争春②	桃李争放
	越调（引）	渔歌子	渔父乐

① 《增定》作【沙塞子】。
② 《增定》"李"作"柳"。

(续表)

所属宫调	曲牌名	异名
越调（过）	山麻秸①	麻郎儿
越调（过）	醉娘子②	似娘子
越调（过）	园林杵歌	园中好
越调（过）	铧锹儿	划锹儿
越调（过）	斗黑麻	斗蛤蟆
越调（过）	豹子令③	鲍子令
越调（过）	金人捧露盘	西平曲、铜人捧露盘
越调（过）	玉蝴蝶	玉蝴蝶慢
越调（过）	博头钱	扑头钱
越调（过）	水底鱼儿	泥里鳅、水中梭
越调（过）	清商怨	关河令
越调（过）	桃花山	小桃下山
越调（过）	山桃红	山下夭桃
越调（过）	送江神	送别江神
越调（过）	江神心	别系心
越调（过）	忆梨花	忆花儿
越调（过）	调笑令	含笑花
正宫（引）	七娘子（大石调引）	七娘儿、七娘高
正宫（引）	喜迁莺	万年枝、燕归来
正宫（引）	破阵子	十拍子
正宫（引）	梁州令	凉州令
正宫（引）	普天乐	四块玉
正宫（引）	锦缠道	锦缠头、锦缠绊
正宫（过）	朱奴儿	红娘子
正宫（过）	花药栏④	花压栏

南曲

---

① 《增定》注："又名【麻郎儿】，今作【山麻客】，误也。"【斗黑麻】条注："旧谱作【山麻客】，谬甚矣。"
② 《正始》一名【似娘儿】。
③ 《增定》作【包子令】，注："或作'鲍'，或作'豹'，未知孰是。"
④ 《正始》注："'压'或作'药'，误。"

(续表)

	所属宫调	曲牌名	异名
南曲	正宫（过）	醉太平①	升平乐
	正宫（过）	白练序	素带儿
	正宫（过）	四边静	中央闹
	正宫（过）	划锹儿	划锹令
	正宫（过）	洞仙歌	洞中仙、洞中词、羽仙歌、羽中仙、羽中词
	正宫（过）	安公子	公安子
	正宫（过）	泣秦娥	秦娥泣
	正宫（过）	锦腰儿	细腰儿
	正宫（过）	绿褴衫	绿褴踢②
	正宫（过）	乐近秦娥	乐颜回
	正宫（过）	普山两红灯	普天两红灯
	正宫（过）	芙蓉猫儿坠	芙蓉坠猫儿
	正宫（过）	刷子玉芙蓉	刷子带芙蓉③
	正宫（过）	刷子锦	刷子带天乐
	正宫（过）	太平乐	醉天乐
	正宫（过）	太平重醉	太平小醉
	正宫（过）	双红玉	双红嵌芙蓉
	正宫（过）	春月满江红	春归人月圆
	正宫（过）	倾杯赏芙蓉	倾杯玉
	小石调（引）	如梦令	如意令
	小石调（引）	河满子	何满子
	小石调（引）	相思引	琴挑相思引
	小石调（引）	相思儿令	相思令
	小石调（引）	赞浦子	赞普子
	小石调（过）	锦上花④	锦上添花

① 《增定》注："或作【升太平】，殊可厌。"
② 《增定》注："'衫'旧作'踢'，今改正。"《九宫正始》仅作【绿褴踢】。
③ 《增定》"一名【汲煞尾】"。
④ 《正始》"不知宫调过曲"【青天歌】后注："此调时谱作【锦上花】，置属仙吕入双调，误。"

(续表)

	所属宫调	曲牌名	异名
南曲	小石调（过）	河满子	何满子
	小石调（过）	哨遍	稍遍
	小石调（过）	惜分飞	惜双双、惜芳菲
	小石调（过）	握金钗	戛金钗
	小石调（过）	羊踏菜园	羊入园林
	小石调（过）	渔灯儿	锦渔灯
	高大石调（引）	一落索	洛阳春、一络索
	高大石调（引）	念奴娇	太平欢、无俗念
	高大石调（引）	水仙子	凌波仙子
	高大石调（引）	眼儿媚	东风寒、秋波媚
	高大石调（引）	瑶台月	瑶池月
	高大石调（引）	中兴乐	湿罗衣
	高大石调（过）	恋绣衾	泪珠弹、恋香衾
	高大石调（过）	武陵花	武林花、武陵春、武林春
	高大石调（过）	拗荼蘼①	白荼蘼
	高大石调（过）	汉宫春	汉宫春慢
	高大石调（过）	渡江云	三犯渡江云
	南吕（引、过）	大胜乐	大圣乐
	南吕（引）	挂真儿	蓝桥仙
	南吕（引）	一剪梅	腊梅香
	南吕（引）	哭相思	酷相思
	南吕（引）	满园春	铺地锦
	南吕（引、过）	贺新郎	金缕词、贺新凉
	南吕（引、过）	浣沙溪②	浣溪沙
	南吕（引、过）	石竹花③	石竹子
	南吕（过）	满园春	雪狮子、鹊踏枝
	南吕（过）	梁州序	梁州第七、古梁州

① 《正始》列"中吕"注："一名【绞荼蘼】，又名【荼蘼香】。"
② 《正始》作【浣纱溪】，后注："俗作【浣溪纱】，非"。
③ 《增定》注："旧谱作【石竹子】，非也。"《正始》注："俗名【石竹花】，误。"

(续表)

	所属宫调	曲牌名	异名
南曲	南吕（过）	节节高①	凌霜竹
	南吕（过）	三学士②	玉堂人
	南吕（过）	奈子花	玉梅花
	南吕（过）	浣沙溪	浣溪沙
	南吕（过）	秋夜月	赏秋月
	南吕（过）	东瓯令	金瓯令
	南吕（过）	琐窗寒③	琐寒窗
	南吕（过）	刮鼓令	刮古令
	南吕（过）	风检才④	风简才
	南吕（过）	引驾行	长春
	南吕（过）	孤雁飞	孤飞雁
	南吕（过）	恨萧郎	排遍第五
	南吕（过）	捣白练	捣练子
	南吕（过）	金字经	阅金经
	南吕（过）	梁州四集	梁溪刘大香、梁溪刘大娘
	南吕（过）	宜春序	宜春狮子
	南吕（过）	宜春绛	春太平
	南吕（过）	十二雕栏	十样锦
	南吕（过）	锣鼓令⑤	锣古令
	南吕（过）	锣江怨	罗带风⑥
	南吕（过）	楚江情	罗江怨
	南吕（过）	二集香罗带	香风俏脸儿
	南吕（过）	二集五更转	香遍五更
	南吕（过）	香转更云	香转云
	南吕（过）	懒扶归	画眉扶

① 《增定》注："即【生姜芽】，旧谱又妆【生姜芽】，非也。"
② 《增定》注："或改作【玉堂人】，可恶。"
③ 《增定》注："今作【琐寒窗】，非也。"《正始》注："俗作【琐寒窗】，误。"
④ 《增定》注："【风蝉儿】，或作【风检才】，未知是否。"
⑤ 《增定》注："或作【罗古】。"
⑥ 《增定》注："即别名【楚江情】者。"《正始》作【楚江清】，注："'清'俗作'情'，非。"

(续表)

	所属宫调	曲牌名	异名
南曲	南吕（过）	溪沙花月画郎寒	画梅溪月琐窗郎
	南吕（过）	红衫系白练	红白衫
	南吕（过）	风扑蛾	金灯蛾
	南吕（过）	朝天懒	朝天画眉
	南吕（过）	征胡遍	胡香满
	商调（引）	熙州三台	伊州三台
	商调（引）	绕池游①	绕地游
	商调（引）	集贤宾	接贤宾
	商调（过）	黄莺儿	金衣公子
	商调（过）	满园春	雪狮子、鹊踏枝
	商调（过）	梧桐叶	梧桐花、梧桐枝
	商调（过）	梧叶儿	知秋令
	商调（过）	御林莺	簇林莺
	商调（过）	簇袍黄	簇袍莺
	商调（过）	簇林花木集	玉啄四时宾
	商调（过）	聚十八	闹十八
	商调（过）	莺莺儿	啼莺儿
	商调（过）	莺集御林啭	莺集御林春
	商调（过）	啭调近榴红	林莺泣榴红
	商调（过）	公子穿皂袍	黄莺穿皂罗
	商调（过）	公子送花袍	御林赏皂袍
	商调（过）	莺啄花	莺啄罗
	商调（过）	黄玉莺儿	黄莺玉肚儿
	商调（过）	黄老虎	黄莺啄山虎
	商调（过）	黄猫儿	莺猫儿
	商调（过）	公子簪花	金衣插宫花
	商调（过）	黄莺四序	四犯黄莺儿
	商调（过）	公子集贤宾	黄莺叫集贤

① 《增定》注："或作【绕地游】，谬甚矣。"《正始》注："俗谓【绕地游】，误。"

(续表)

	所属宫调	曲牌名	异名
南曲	商调（过）	黄猫宿芙蓉坡	金衣芙蓉
	商调（过）	猫儿扑公子	猫儿入御林
	商调（过）	十二红①	十二楼
	商调（过）	金络索	金索挂梧桐
	商调（过）	金梧系山羊	梧坡羊
	商调（过）	双梧秋夜雨	梧桐秋夜桂枝香
	商调（过）	金瓯针线解	金瓯线解酲
	商调（过）	梧桐树集	梧桐坠五更
	商调（过）	梧桐秋夜寒	梧桐秋月上寒窗
	商调（过）	梧桐东溪刘大娘	六宫春
	商调（过）	梧桐结子芙蓉红	梧桐半折芙蓉花
	商调（过）	金井水红花	梧蓼金罗
	商调（过）	梧蓼照金江	梧蓼摇金风
	商调（过）	梧蓼映金坡	梧蓼摇金坡
	商调（过）	红罗带	水红梧叶
	双调（引）	宝鼎现②	宝鼎儿
	双调（引）	秋蕊香	秋叶香
	双调（引）	红林檎慢	红林檎近
	双调（过）	荷叶铺水面③	骤雨打新荷
	双调（过）	泛兰舟	兰舟近
	双调（过）	双金令	重叠金水令
	双调（过）	双令江儿水	二犯江儿水
	双调（过）	水金令	金水令④
	双调（过）	孝金经	孝金歌
	双调（过）	孝南儿	孝顺儿

① 《正始》"高平调过曲"【十二时】后注："此调今人或谓【十二红】，谬。"
② 《正始》注："'现'俗多作'儿'字，谬。"
③ 《增定》入"小石调近词"。《正始》越调近词【骤雨打新荷】后注："蒋谱为即【荷叶铺水面】，非。"
④ 《正始》【金水令】又名【金生丽水】。

(续表)

	所属宫调	曲牌名	异名
南曲	双调（过）	锁顺金枝	锁顺枝
	双调（过）	南枝映水清	二犯孝顺歌
	双调（过）	佼佼令①	彩旗儿
	黄钟（引）	天仙子	万斯年
	黄钟（引）	疏影	绿意
	黄钟（引）	瑞云浓	瑞烟浓
	黄钟（过）	画眉序	京兆序
	黄钟（过）	疏影	解佩环
	黄钟（过）	归朝欢	菖蒲绿
	黄钟（过）	黄龙衮	滚遍
	黄钟（过）	早梅芳	早梅芳近
	黄钟（过）	飞雪满群山	扁舟寻旧约、飞雪满堆山
	黄钟（过）	扑蝴蝶	扑蝴蝶慢
	黄钟（过）	龙衔春灯朝天	黄龙捧灯月
	黄钟（过）	滴溜神仗	滴溜儿
	黄钟（过）	滴溜皂莺歌	滴溜莺歌
	黄钟（过）	啄木三歌	啄木三鹂
	黄钟（过）	三段滴溜	三啄鸡
	黄钟（过）	归楼神仗	归朝神仗
	黄钟（过）	双声催	双声催老
	黄钟（过）	漏迟柳梅序	玉绛画眉序
	黄钟（过）	仙灯照画眉	仙灯引京兆
	羽调（引）	清平乐	忆罗月、醉东风
	羽调（引）	庆金枝	庆金枝令
	羽调（引）	喜团圆	兴团圆
	羽调（过）	金凤钗②	锦添花

① 据《正始》增入。

② 《增定》注："谱注云，即【四时花】，今查不同，故将二调并列。"《正始》"【四时花】俗名【四季花】"。《正始》【锦添花】后注："此四曲总题即全套【四时花】，又名【金凤钗】。"

(续表)

	所属宫调	曲牌名	异名
南曲	羽调（过）	庆时丰	庆时登①
	羽调（过）	浪淘沙②	过龙门、练丹砂
	羽调（过）	谢池春	风中柳、玉莲花
	羽调（过）	瑞鹧鸪	舞春风、鹧鸪词、太平乐
	羽调（过）	月宫春	月中行
	羽调（过）	应天长	应天长令、应天长慢
	羽调（过）	花覆红娘子	花犯红娘子
	羽调（过）	四季花盆灯	四季盆灯花
	羽调（过）	庆丰安乐歌	庆丰歌
		赚	不是路
	据仙吕入双调实存情况补充说明：		
	仙吕入双调	园林好	金谷园
	仙吕入双调	江儿水	岷江绿
	仙吕入双调	玉交枝	玉娇枝
	仙吕入双调	好姐姐	美女行
	仙吕入双调	玉胞肚	玉抱肚③
	仙吕入双调	尹令	么遍
	仙吕入双调	急三枪	风入松犯

表2 《增定南九宫十三调曲谱》"同牌异名"曲牌增补

	所属宫调	曲牌名	异名
南曲	不知宫调	犯胡兵	征胡兵
	仙吕（过）	短拍	回文
	仙吕（过）	三叠排歌	道和排歌
	仙吕（过）	安乐神犯	排歌
	仙吕（过）	解三酲	解三酲
	羽调近词	马鞍儿	马鞍子

① 《正始》"羽调近词"【庆时丰】后注："此调古曰【庆时登】，至汉改曰'丰'，今上复古。"
② 《增定》注："谱注云，即【卖花声】，与越调不同。"
③ 《正始》"不知宫调过曲"【鹤冲天】后注："此曲今人改作【玉抱肚】。"

(续表)

	所属宫调	曲牌名	异名
南曲	正宫近词	湘浦云	刷子序①
	中吕过曲	耍鲍老	耍团圆②
	中吕调近词	太平令	荒草地
	南吕（引）	薄媚	薄媚令
	南宫（过）	梁州赚	正宫赚
	南宫（过）	赚	婆罗门赚、薄媚赚
	南宫（过）	滴溜子	双声叠韵、斗双鸡
	越调（过）	蛮牌令③	四般宜
	越调（过）	道和	合笙
	越调（过）	祝英台④	祝英台序
	越调（过）	望歌儿	歌儿⑤
	越调（过）	入赚	竹马儿赚
	商调（引）	高阳台	庆青春
	商调（过）	黄莺学画眉	黄莺唤画眉、黄莺斗画眉

表3 《南曲九宫正始》"同牌异名"曲牌增补

	所属宫调	曲牌名	异名
南曲	黄钟（引）	传言玉女	步虚声
	黄钟（引）	女冠子⑥	双凤翘
	正宫（引）	缑山月	缑山望舒
	正宫（过）	花郎儿	二犯朝天子
	正宫（过）	雁渔序	二犯渔家灯
	正宫（过）	渔家喜雁灯	喜渔灯
	正宫（过）	锦榴花	榴花锦

---

① 《增定》注："旧谱注云，即【刷子序】，今查不到。"
② 《增定》注："一名【鲍老儿】，旧谱注，即【永团圆】，查不同。"
③ 《增定》注："即【四般宜】也，旧谱又妆【四般宜】，误矣。"
④ 《正始》注："古曰【英台序】"。
⑤ 《正始》注："或无'望'字，非。"
⑥ 《正始》"道宫调慢词"【女冠子】后注："又名【蓬莱仙】，但与黄钟宫【女冠子】不同，亦不与般涉调【女冠子】同。"

(续表)

	所属宫调	曲牌名	异名
南曲	仙吕（过）	一封书	秋江送别
	仙吕（过）	皂罗袍	间花袍
	中吕（过）	花犯扑灯蛾	海棠枝上扑灯蛾、鲍老扑灯蛾、麦里蛾
	中吕（过）	渔家雁	鱼雁传书
	中吕（过）	剔灯花	榴花灯
	中吕（过）	大和佛	和佛子
	南吕（过）	香五娘	二香转
	南吕（过）	寄生子	细腰儿
	商调（引）	忆秦娥	秦楼月
	商调（引）	三台令	伊州三台令
	商调（过）	水红花	折红莲
	商调（过）	五羊裘	山羊转五更
	商调（过）	字字锦	字字珠
	越调（过）	水中梭	水底鱼
	越调（过）	黑蛮牌	斗蛮牌
	仙吕入双调（过）	六么令	六么歌
	仙吕入双调（过）	二犯六么令	玉枝歌
	仙吕入双调（过）	雁过枝	雁栖枝、玉雁子
	仙吕入双调（过）	金罗红叶儿	金井梧桐花皂罗
	仙吕入双调（过）	朝天歌	娇莺儿
	正宫调近词	梁州令近	小梁州
	正宫调近词	雁过声	塞鸿秋、大摆袖
	仙吕调近词	孤雁飞①	油葫芦
	南吕调近词	吴小四	吴织机
	南吕调近词	二仙插芙蓉	映水芙蓉、水仙子半插玉芙蓉
	越调近词	碧玉箫	玉箫令

① 《正始》【孤雁飞】后注："即【油葫芦】，与南吕宫【孤飞雁】不同。"

(续表)

	所属宫调	曲牌名	异名
南曲	不知宫调近词	金桂枝	疏帘淡月
	不知宫调近词	清河水	靖河水
	不知宫调近词	载西施	没西施
	不知宫调近词	恨薄情	跟薄情

表4 《南曲九宫正始》牌名存误整理

	所属宫调	曲牌名	异名
南曲	黄钟（引）	双声叠韵	双声子
	黄钟（引）	双斗鸡	滴溜子
	黄钟（过）	画角序	狮子序
	正宫（过）	花郎儿	二犯朝天子
	正宫（过）	小桃花	山桃犯
	正宫（过）	天灯渔雁对芙蓉	山渔灯犯
	正宫（过）	三字令过十二娇	三字令过十二桥
	中吕（引）	剔银灯	贺丰年
	南吕（过）	本宫赚	梁州赚
	双调（过）	月上海棠	海棠令
	仙吕入双调（过）	叠字锦	灞陵桥
	仙吕入双调（过）	朝元歌	朝元令
	仙吕入双调（过）	犯衮	急三枪
	南吕调近词	簇仗	锦簇仗
	越调近词	绵打絮	绵搭絮
	双调近词	武陵春	武陵花
	道宫调近词	应时明近	鹅鸭满渡船
	不知宫调过曲	汉东山	撼动山

表5 《北词广正谱》"同牌异名"曲牌增补

	所属宫调	曲牌名	异名
北曲	黄钟	采楼春	抛球乐
	正宫	黑漆弩	学士吟、鹦鹉曲
	仙吕	村里迓鼓	节节高（黄钟）

(续表)

	所属宫调	曲牌名	异名
北曲	南吕	玉娇枝	玉交枝
	般涉调	耍孩儿	魔合罗
	双调	挂玉钩序	挂搭钩序

黄金龙　男，1987年生，山西应县人，江苏师范大学文学院讲师。主要研究方向：戏曲史与戏曲文学、曲学研究。

The Arrangement and Research of "The Same Qupai Under Different Names" in Kunqu Opera

Huang Jinlong

Abstract: The collation and research of the "same Qupai (opera tune) under different names" of Kunqu Opera is a basic work in the light of the scores and a wide variety of names of Qupai. I have compiled and studied Qupai in kunqu Opera, and indexed them from the commonly-used tune scores such as the *Jiu Gong Da Cheng North South Ci Gong Pu*, the *Zeng Ding South Nine Gong Thirteen Tune QuPu*, the *Nanqu Nine Gong Zheng Shi* and the *Bei Ci Guang Zheng Pu*.

Keywords: Kunqu Opera; "Same Qupai under Different Names"; Qupai Index

试析编制宁波帮专题文献索引之意义*

李文辉

（宁波大学图书馆　浙江宁波　315211）

摘　要　作为颇具地域特色兼具全国意义的学术领域，宁波帮研究已有相当可观的成果，但目前尚无一部综合性、工具性的专题索引可资利用。编制宁波帮专题文献索引，可推动宁波帮研究的深入，为编制其他专题索引提供参考和借鉴，并有助于提升宁波帮研究的知名度和影响力，助力宁波现代化滨海大都市建设。

关键词　索引　宁波帮　专题文献　索引编制

当前，我国哲学社会科学研究领域呈现出前所未有的繁荣之势，各类主题研究层出不穷，作者群体日益庞大，论著数量显著增加。面对"爆炸式"增加的海量文献，如何更好更快地掌握学术动态，推进学术研究高质量发展，成为一个亟待解决的重要问题。编制文献索引，即是一个很好的解决办法。

一、引　言

什么是索引？日本索引家协会编《索引编制工作手册》认为索引包含四个要素：(1) 作为索引，必须由许多叫作索引款目的单位集合起来才能成立；(2) 作为一个索引款目，必须由标目、限定词、地址出处这三个发挥不同功能的要素结合起来才能成立；(3) 针对众多的索引款目，把它们的标目按照一定的排列规则排列起来，才能编制成索引；(4) 已经编成的索引中

---

* 本文是国家社会科学基金重大项目"近代宁波商帮史料收集与整理研究"（项目编号：17ZDA201）、浙江省教育厅一般科研项目"慈善史视阈下的宁波帮商人研究——以曹兰彬为例"（项目编号：Y202248899）、2022年度中国索引学会规划课题"宁波帮研究论著文献索引编制研究"（项目编号：CSI22B03）的成果之一。

的标目,要通过设立参照和赋予上位—下位关系来进行控制,才能方便索引利用者。① 美国国家信息标准组织(National Information Standards Organization)将索引定义为"一种用于指明文件话题或特征的系统性指南,以方便全部或部分文件的检索"②。美国学者南希·C. 穆尔凡尼(Nancy C. Mulvany)在《怎样为书籍编制索引》中,对索引有如下定义:"索引是对文本经过深入、全面分析后编制出的一种结构性术语序列,涵盖了文中所有信息的综合性要点,索引的结构化编排可以方便使用者高效地定位信息。"③ 对以上关于索引的不同论述进行总结,笔者认为,索引是便于读者检寻书刊内容或项目的一种工具。

宁波帮,一般指宁波一地(即旧宁波府所辖鄞县、奉化、慈溪、镇海、定海、象山六县)在外埠经营,以血缘、地缘和业缘为纽带联结而成的商人集团。以1949年新中国成立为界限,宁波帮可分为近代宁波帮和现代宁波帮。众多宁波帮人士,不仅为我国经济的现代化发挥了重要的作用,而且在反帝反封建爱国运动、改革开放、香港回归、宁波经济社会发展等方面做出了巨大贡献。因此,宁波帮研究具有重要的学术价值和现实意义。改革开放以来,针对宁波帮的学术研究日渐兴起,至今已积累了相当可观的研究成果。编制宁波帮专题文献索引,可使相关研究成果有序化,便于研究人员检索、利用。

二、宁波帮专题文献索引的编制基础和主要内容

目前为止,与宁波帮专题文献索引相关的成果主要有以下几种:

2001年出版的金普森、孙善根主编的《宁波帮大辞典》④ 是一本全面反映近300年来旅外宁波籍工商人士历史与现状的专门辞典,主要收录在宁波商帮发展史上具有一定地位与影响力的人物、组织、实业、公益、事件、文献等。该辞典虽说仅是对宁波帮词条的解释,并未收录与之相关的研究论著,但

---

① 日本索引家协会. 索引编制工作手册 [M]. 赖茂生,余惠芳,张国清,译. 北京:北京大学出版社,1988:10.

② Anderson, James D. and National Information Standards Organization (U.S.). 1997. *Guidelines for Indexes and Related Information Retrieval Devices: A Technical Report*. NISO Technical Report 2. Bethesda, MD: NISO Press.

③ [美] 南希·C. 穆尔凡尼. 怎样为书籍编制索引. 2版 [M]. 吴波,尚文博,译. 北京:高等教育出版社,2018:9-10.

④ 金普森,孙善根. 宁波帮大辞典 [M]. 宁波:宁波出版社,2001.

《宁波帮大辞典》的出版，还是为编制宁波帮专题文献索引奠定了基础。

张如安长期致力于浙东历史文化的研究，他在相关研究论著索引方面也进行了探索，先后编制了《宁波古代历史文化研究资料索引：1900—2008》、《宁波古代历史文化研究资料索引续编：1900—2014》（以下简称《续编》）。① 两部索引收录了从河姆渡文化至清末期间以宁波的历史文化为论述对象的研究论文，并适当兼顾报纸等媒体发表的介绍性作品、消息、通讯之类。两部索引的具体内容，以综合卷作为首卷，之后按朝代顺序排列，末卷为近代卷。两书各卷大致按综合、政治、经济、文化、科技、社会生活、宗教、对外关系、考古与文物等类目排列。两书近代卷均设有经济类，该类下的多个主题词，如近代宁波帮总论、同乡组织、四明公所、宁波帮人士等，对应的正是宁波帮研究论著。《续编》则在此基础上更进一步，在目录中的"近代宁波帮人士"主题词之下，罗列了严信厚、叶澄衷、吴锦堂、宋炜臣、朱葆三等著名宁波帮人物，更加方便研究者查找相关研究论著。

万湘容、干亦铃著《民国时期宁波文献总目提要》②（以下简称《提要》）是一部目录学著作，辑录了1912—1949年著述宁波、宁波人著述以及宁波出版发行的图书、报纸、期刊等三类地方文献。该书的出版，为宁波通史研究、专门史研究、地域史研究、名人研究提供了宝贵、便捷的学术路径。该书附有按题名音序排列的索引，分为书名索引和报刊索引两部分，为找寻宁波帮研究的部分原始材料提供了相当的便利，如在"书名索引"部分字母"N"之下，可查到《宁波旅沪同乡会会员题名录》③（以下简称《题名录》）一书在《提要》中的序号和学科类别，继而可在《提要》相应页码获取《题名录》的责任者、版本、出版地、出版者、出版年月、页数、内容提要、馆藏等关键信息，而《题名录》正是研究旅沪宁波帮人士职业、年龄、社会交游、慈善事业等历史细节的重要依据。

红帮出现于19世纪末20世纪初的宁波地区，是在中国服装史上对服装做出巨大贡献的创业群体，是宁波帮的重要组成部分。红帮裁缝专指做西服的宁波裁缝。王以林、李本侹编著的《红帮研究索引》④ 分为人物、商铺、组织、

---

① 张如安. 宁波古代历史文化研究资料索引：1900—2008 [M]. 北京：海洋出版社，2011；宁波古代历史文化研究资料索引续编：1900—2014 [M]. 杭州：浙江大学出版社，2015.
② 万湘容，干亦铃. 民国时期宁波文献总目提要 [M]. 杭州：浙江大学出版社，2015.
③ 万湘容，干亦铃. 民国时期宁波文献总目提要 [M]. 杭州：浙江大学出版社，2015：391.
④ 王以林，李本侹. 红帮研究索引 [M]. 宁波：宁波出版社，2016.

书籍、文章、术语及其他六类，为研究红帮文化提供了便捷的路径。《红帮研究索引》是第一本较全面研究红帮裁缝的专业辞典，但与《宁波帮大辞典》不同，该书的书籍和文章类收录的正是红帮研究论著。因此，该书更像是辞典和文献索引的结合体。

还有一些研究综述类的文章汇总了诸多有关宁波帮的研究成果，亦对宁波帮专题文献索引的编制有所助益。①②③④⑤ 综上所述，学界尚无一部综合性、工具性的宁波帮专题文献索引。

笔者在参考前述成果的基础上，初步编制了一份改革开放至2022年的宁波帮专题文献索引。从内容来看，本索引属于专题索引。通过选取有关宁波帮研究的重要主题词，收集目之所及与该词有关的所有文献，以方便研究者追踪宁波帮研究动态，掌握宁波帮研究现状，提升宁波帮研究水平和影响力。具体来讲，本索引分为著作类、文章类和学位论文类三部分，涉及主题词49个，收录文献2800余条，基本覆盖了当下学界对宁波帮的研究。除了以"宁波帮""宁波人""宁波商帮"和"宁波商人"等作为泛指主题词，还纳入知名度高、影响力大的宁波帮人物、团体、机构、企业等作为专指主题词，如"包玉刚""宁波同乡会""四明公所"和"五洲大药房"等。每类之下的主题词顺序，依主题词首字音序（A-Z）进行排列；音序相同时，从次一位开始排列。主题词下的文献顺序，先按照文献出版时间先后排列；出版时间相同时，则依文献首字音序（A-Z）进行排序，若首字音序相同，则从次一位开始排列，以此类推。

三、编制宁波帮专题文献索引的意义

在编制宁波帮专题文献索引的过程中，笔者对此项工作的意义逐渐产生了如下几点认识和思考：

---

① 乐承耀. 宁波帮研究八十年历史的回顾（之一）[J]. 宁波职业技术学院学报, 2005（1）: 23-26.

② 乐承耀. 宁波帮研究八十年历史的回顾（之二）[J]. 宁波职业技术学院学报, 2005（3）: 26-30.

③ 乐承耀. 宁波帮研究八十年历史的回顾（之三）[J]. 宁波职业技术学院学报, 2005（4）: 35-39.

④ 耿宁飞. 近代宁波商帮研究综述 [J]. 黑河学院学报, 2014, 5（2）: 116-118.

⑤ 孙善根，温跃卫. 近代宁波商帮文献史料整理与学术研究述评 [J]. 宁波大学学报（人文科学版），2019, 32（4）: 10-16.

一是通过梳理现有宁波帮研究论著,了解某一具体学术问题或观点的起源、发展和修正以及最新的研究成果,发现其中的学术热点、盲点乃至生长点,从而推动宁波帮研究走向深入。以下试举二例。笔者在搜集有关宁波帮商人、"火柴大王"刘鸿生(1888—1956)的研究论文时,注意到有多篇论文聚焦刘鸿生在上海开办的章华毛绒纺织公司,主要探讨了该公司的技术引进、危机处理、社会主义改造等问题。[1][2][3][4][5][6] 这些研究,为编纂章华毛绒纺织公司发展史奠定了良好的基础,而宁波帮企业史、行业史的编纂恰是宁波帮研究的薄弱所在,几乎还是空白。[7] 再如,近代上海工商界领袖、上海总商会会长朱葆三(1848—1926)这一宁波帮人物,为近代中国航运、金融、保险事业的发展做出了重大贡献。笔者在中国知网以"朱葆三"为主题词进行检索,发现应芳舟撰有数篇研究论文。[8][9][10][11][12][13][14]

---

[1] 吴静,郑剑顺.技术引进与企业发展——抗战前章华毛绒纺织公司的个案研究[J].中国社会经济史研究,2007(1):99-103.

[2] 赵晋.中共建政之初私营工商业的困境(1949—1950)——以刘鸿生章华毛纺公司为个案的考察[J].史林,2013(5):131-146,191.

[3] 赵晋.新中国初期私营工商业的变革与生存——以刘鸿生家族上海章华毛纺公司为例[J].中共党史研究,2014(11):35-48.

[4] 赵晋.私营工商业的公私合营——以上海刘鸿生章华毛纺公司为中心[J].史林,2015(4):170-179,222.

[5] 赵晋.1952年"五反"运动前后的私营工商业——以上海刘鸿生家族及其章华毛纺公司为中心[J].近代史研究,2015(04):116-134.

[6] 赵晋.20世纪30年代私营企业的危机与变革——以上海章华毛绒纺织公司为例[J].上海师范大学学报(哲学社会科学版),2017,46(3):141-152.

[7] 孙善根,温跃卫.近代宁波商帮文献史料整理与学术研究述评[J].宁波大学学报(人文科学版),2019,32(4):10-16.

[8] 应芳舟.朱葆三慈善事业述论[J].浙江海洋学院学报(人文科学版),2008(1):43-49.

[9] 应芳舟.舟山、宁波朱葆三文物遗存及保护、利用设想[J].宁波职业技术学院学报,2008(3):54-58.

[10] 应芳舟.朱葆三致朱彬绳书札六通考释[J].浙江万里学院学报,2008(4):33-38.

[11] 应芳舟.上海"朱葆三路"考——以地方志为中心[J].宁波职业技术学院学报,2010,14(1):54-59.

[12] 应芳舟.朱祥麟研究——以宣统《镇海虹桥朱氏重修族谱》为中心[J].宁波大学学报(人文科学版),2014,27(4):67-72.

[13] 应芳舟.新见朱葆三致朱彬绳书札十一通考释[J].浙江海洋学院学报(人文科学版),2014,31(6):45-52.

[14] 应芳舟.向道深致朱彬绳书札中的朱葆三史料考释[J].宁波大学学报(人文科学版),2019,32(1):79-87.

后经了解，应芳舟关注朱葆三已近二十年，他从编写朱葆三的年谱开始，然后与钱茂伟合作撰写了首部朱葆三的学术传记①，继而与宁波帮博物馆合作编撰《朱葆三史料集》②，相继研究了朱葆三的生平家世、社会交游、文物遗存、慈善事业等问题，有力推动了朱葆三研究。这样的学术积累，使得出版正式的《朱葆三年谱》，有了合适的人选。可喜的是，《朱葆三年谱》已经作为"近代宁绍名商年谱"系列丛书的一种，被列为浙江文化研究工程（第二期）第六批立项课题，而负责人正是研究朱葆三多年的应芳舟。③百科全书式的近代名人梁启超（1873—1929）曾专门谈到做年谱的益处。他认为，有了年谱，"对于他（按：指谱主）一生的环境、背景、事迹、著作、性情等可以整个的看出，毫无遗憾……做成了年谱，以后做别的历史，便容易多了。"④论文、传记、史料集、年谱汇集到一起，将使朱葆三的人物形象愈加丰满，这样的学术探索过程无疑能够为其他宁波帮人物研究提供良好的示范。

二是通过编制宁波帮专题文献索引，为编制其他专题索引提供参考和借鉴。明清时代我国社会经济出现了一种十分引人注目的现象，即十大商帮的崛起，分别为晋商、徽商、陕西商人、闽商、粤商、江右（江西）商人、洞庭商人、宁波商人、龙游商人及山东商帮。这十大商帮，均有学者进行过研究，但在文献索引方面，仅有针对晋商研究的论文资料索引⑤⑥，且该索引未能涵盖晋商研究相关领域的著作。因此，编制更加完整的商帮研究论著文献索引，就显得十分必要和迫切。在编制宁波帮专题文献索引的过程中，反思遇到的各类问题，例如主题词的类目划分、主题词之下文献的分类以及排序方式、何种索引格式最便于获取信息、设置作者索引的必要性等，总结相关经验，可推广应用于其他九大商帮研究论著乃至更多专题索引的编制，从而促进商会、行会、商帮、绅商等不同类别商人团体的研究及其文献索引工作的高质量发展。

---

① 钱茂伟，应芳舟. 一诺九鼎：朱葆三传［M］. 北京：中国社会科学出版社，2008.
② 宁波帮博物馆编，应芳舟编撰. 朱葆三史料集［M］. 宁波：宁波出版社，2016.
③ 关于公布浙江文化研究工程（第二期）第六批立项课题的通知［EB/OL］. 浙江省社会科学界联合会浙江省哲学社会科学工作办公室.（2020－11－23）［2022－09－08］. https：//www.zjskw.gov.cn/art/2020/11/23/art_1229516288_22421.html.
④ 梁启超. 中国历史研究法 中国历史研究法补编［M］. 北京：中华书局，2014：281－282.
⑤ 张梅秀，陈余. 晋商研究论文资料索引（一）［J］. 晋图学刊，2003（5）：76－80.
⑥ 张梅秀，陈余. 晋商研究论文资料索引（二）［J］. 晋图学刊，2003（6）：71－74.

三是在索引编制过程中，通过挖掘和整理宁波帮研究成果，提升宁波帮文化在海内外的知名度和影响力，吸引众多在外宁波帮人士回馈家乡，建设家乡。明清以来，众多宁波帮商人在经商之余，纷纷投身慈善事业，创建学校、兴办医院、扶危济困、奖教助学，形成了自强不息、勤俭建业、爱国爱乡、回报社会的宁波帮文化，谱写出诚信、务实、开放、创新的宁波帮精神。除了善于经商，崇文重教也是宁波人的显著特征。在中国百余年的现代大学教育历史上，"宁波籍大学校长"已是一种现象级存在。甬江畔走出近300名大学校长，他们不仅自身学识渊博、品德高尚，而且治学严谨、以身率教，用毕生的追求和信念影响着一所所学府和一代代学子。不仅如此，宁波还是著名的院士之乡。时至今日，宁波籍两院院士已达百余人，位居全国所有城市第一。因发现可以有效降低疟疾死亡率的青蒿素、首获科学类诺贝尔奖的中国本土科学家屠呦呦，也是宁波人。众多在外宁波帮人士，可为宁波经济社会发展贡献巨大力量。目前，宁波已成功举行三届世界"宁波帮·帮宁波"发展大会，邀请诸多海内外宁波籍乡贤和帮宁波人士参加，共谋宁波发展。其中在第三届大会上，有26个项目集中签约，项目总投资达350亿元。人才是宁波发展的最大优势，也是宁波最鲜明的城市符号。

显然，为宁波帮研究论著编制文献索引，不仅有助于提升宁波帮研究的学术水平，给予宁波帮群体合理评价，而且对于树立文化自信，激发当代海内外宁波帮人士的自豪感和使命感，进一步动员宁波帮建设宁波，助力宁波现代化滨海大都市建设，也将发挥重要的作用。

四、结　语

近年来，国内出版的一些日记、年谱、方志、资料汇编等文献，编制了书后索引，大大便利了读者查找所需信息，提高了文献利用效率。2021年12月31日，国家标准化委员会发布《学位论文内容索引编制规则》（GB/T 41210－2021），这是全世界首部关于学位论文的索引标准，它对引领我国学位论文内容索引事业发展、提高学位论文的评价效率具有重要意义。[1] 这些现象无不说

---

[1] 孙涵涵，王雅戈，薛春香，杨雪珂. 国家标准《学位论文内容索引编制规则》制定：缘起、作用与展望［J］. 图书馆论坛，2023，43（7）：68－74.

明，索引编制工作大有可为。当前，知识图谱、人工智能、大数据和机器学习等技术先后涌现，推动了现代智能索引技术的发展，为索引编制插上了智慧的翅膀。① 可以说，索引编制正逢其时。笔者不揣浅陋，略述编制宁波帮专题文献索引的意义，希望以该专题索引的编制，引起学界对索引工作的重视，引导众多学者加入编制索引的行列当中，从而推动索引工作乃至中国人文社会科学研究的高质量发展。

李文辉（1992— ）　　男，甘肃天水人，宁波大学图书馆馆员。研究方向：浙江历史文化、中国图书馆史。

The Significance of Indexing the Special Collections of Ningbo Gang

Li Wenhui

Abstract: As an academic field with regional characteristics and national significance, the studies of Ningbo Gang have achieved considerable fruits, but there is no comprehensive and instrumental thematic index available at present. To index the special collections of Ningbo Gang can promote an in-depth research, provide benchmarks for the compilation of other thematic indexes, enhance the global visibility and influence of Ningbo Gang Culture, and further contribute to the construction of a modern coastal metropolis in Ningbo.

Keywords: Index; Ningbo Gang; Special Collections; Indexing

---

① 张思龙，蒋瑛，王兰成. 基于知识图谱的智能索引技术研究 [M]. 中国索引学会. 中国索引（第七辑）. 上海：复旦大学出版社，2020：16 – 24.

虞洽卿公益慈善活动述论*

杨硕培

(复旦大学中华古籍保护研究院 上海 200433)

摘 要 慈善事业是近代中国地方精英重要的活动领域,也是虞洽卿的主要活动之一。本文系统整理虞洽卿参与的慈善组织,其慈善活动可分为收养残弱、教化游民、救护伤兵和救济难民等。虞洽卿等参与慈善事业一方面延续了士绅地方自治的传统,另一方面也通过慈善事业巩固地方事务支配权。进而言之,慈善活动成为化解分歧、凝聚共识的最大公约数。

关键词 虞洽卿 慈善事业 地方自治

一、引 言

自20世纪80年代以来,关于虞洽卿的先行研究多属于政治史、经济史的范畴,在论到"资产阶级""商会史"等课题时多有涉及。在取得巨大商业成功的同时,虞洽卿在地方建设、慈善赈灾等领域也有突出表现。《民国时期宁波慈善事业研究(1912—1936)》系统梳理了民初宁波地区的慈善团体、慈善活动,提及虞洽卿从事的慈善事业。[1]《三北虞洽卿》收录了陶水木、雷会锋合写的《虞洽卿与慈善事业》,是最早一篇专门论述虞洽卿慈善事业的文章,文中叙述了虞洽卿在上海、宁波等地的慈善活动,但缺少系统的梳理与缜密的分析,为进一步研究留下空间。[2]《纪实虞洽卿》记载了与虞洽卿相关的重要人物及主要历史事件,记述了他在慈善、教育方面的部分贡献,如龙山开埠、

---

* 本义为国家社会科学基金一般项目"近代日本对华新闻调查活动研究"(17BXW016)阶段性成果。

[1] 孙善根. 民国时期宁波慈善事业研究(1912—1936)[M]. 北京:人民出版社,2007.
[2] 宁波政协文史委、政协慈溪市委员会编. 三北虞洽卿[M]. 北京:中国文史出版社,2008.

共修灵桥、发起建立宁波同乡会旅沪小学等,从中可看出他爱乡爱国、奉献社会的一面。① 刘彬彬的《虞洽卿的慈善公益活动研究》在先行研究的基础上,从家庭因素、地域环境、传统思想文化、自然灾害冲击及个人商道分析虞洽卿热心公益事业的原因,介绍了虞洽卿在家乡创办的有关教育、交通、水利等慈善公益事业及"孤岛"时期进行的伤兵救护、难民救济、平粜民食等活动,认为虞洽卿的慈善理念为"社会事业、先乡后国;公私兼顾,私不害公;实业为基,慈善爱国"。② 陶水木详细考察了虞洽卿在1939年调节民食中所起的作用,他认为应该给予虞氏客观、积极的评价。③ 另外,与虞洽卿交往密切的沈敦和、朱葆三、徐乾麟等人物的慈善活动也得到了学界关注。④

谢忠强、邱淑娥详细论述了虞洽卿参与发起创办的中国救济妇孺总会的运作情况。⑤ 陶水木的《北洋政府时期旅沪浙商的慈善活动》将旅沪浙商的慈善活动分为两部分:一是在旅沪同乡中开展的资遣同乡、介绍职业、施诊给药等救助善举及参与本省的灾害救济等活动;二是积极在上海创办各种慈善团体,如中国红十字会、中国救济妇孺总会、中华慈善团联合会、闸北慈善团等。他们还参与了全国及海外的慈善活动。⑥ 夏涵以上海绅商为研究对象,分析了李平书、聂云台、王一亭的慈善活动,认为其活动既维护了清末民初的社会稳定,也促进了民间慈善事业的发展和中国慈善事业的近代化。⑦ 陶水木研究了"上海商界"在民国时期的旱灾救济、水灾救济和兵灾救济,认为上海是民国时期的灾荒救济中心,"上海商界"是民国灾荒救济中心的支柱。⑧

20世纪初成立的宁波旅沪同乡会以"集合同乡力量,推进社会建设,发

---

① 慈溪市政协教文卫体和文史资料委员会编. 纪实虞洽卿 [M]. 宁波:宁波出版社,2014.
② 刘彬彬. 虞洽卿的慈善公益活动研究 [D]. 长沙:湖南师范大学,2016.
③ 陶水木. 孤岛时期虞洽卿调节民食述论 [J]. 宁波大学学报(人文科学版),2019 (4) 1-9.
④ 高丹丹. 朱葆三慈善公益活动研究 [D]. 长沙:湖南师范大学,2016;刘晓敏. 徐乾麟慈善活动及慈善思想研究 [D]. 长沙:湖南师范大学,2016;曾宪斌. 近代鄞州人与慈善事业 [D]. 长沙:湖南师范大学,2016.
⑤ 谢忠强. 慈善与上海社会——以中国救济妇孺总会为视角 (1912—1937) [D]. 上海:上海师范大学,2006;邱淑娥. 中国救济妇孺总会研究 [D]. 上海:上海社会科学院,2007.
⑥ 陶水木. 北洋政府时期旅沪浙商的慈善活动 [J]. 浙江社会科学,2005 (6) 177-183.
⑦ 夏涵. 清末民初上海绅商阶层慈善公益思想及活动研究 [D]. 长沙:湖南师范大学,2012.
⑧ 陶水木. 上海商界与民国灾荒救济 [M]. 杭州:浙江大学出版社,2020.

挥自治精神,并谋同乡之福利"①为宗旨,活动主要集中在社会救助和推进办学两大方面。另外,在建设家乡方面也贡献颇多。例如:"1926年起为建造灵桥筹款;1930年为筑鄞慈镇公路筹款;1929年参加'协浚曹娥江委员会';1946年组织'宁波整理东钱湖协赞会',请恢复梅湖,以保障鄞、奉、镇三县之水利;同年7月拨款协助鄞、镇两县防疫等"②。虞洽卿长期主持同乡会工作,同乡会的公益活动是其慈善公益事业的重要组成部分。

先行研究部分呈现了虞洽卿参与慈善活动的史实,限于资料和视角,缺乏系统研究。本文以全国报刊索引、大成老旧刊全文数据库、爱如生数据库、中国知网、超星图书馆等数据库,《上海特别市社会局业务报告》《上海县志》《上海市年鉴》《上海慈善机构概况》等统计资料及上海档案馆、台湾"国史馆"相关档案为基础,系统梳理虞洽卿参与的慈善团体,如机构名称、机构性质、创始人、参与时间、董事名单等;分析其慈善活动的特征与目的。

二、虞洽卿参与慈善组织一览

慈善活动是虞洽卿一生的主要活动之一,以虞洽卿为代表的上海精英阶层为慈善事业投入了大量的精力和资金。自有资金、工商业捐款和个人捐款是善团经费的主要来源。发起创办慈善机构、为其募集资金是虞氏参与慈善事业的重要方式,主要途径为组织慈善义演,分售义演戏票,为义演申请免交捐税等。虞氏参与的慈善团体在提供免费医疗、维护公共卫生、进行妇女救助及游民教养、战地救护和难民救济方面发挥重要作用。

慈善具有整合社会的特殊作用。商人群体捐资兴办慈善事业既是维护、巩固对地方事务的支配权力,也是通过"施善"树立"仁慈"形象,进而为取得商业利益提供便利和支持。"借施善之名,以图扬名之实的做法,显然令包括中小工商业者在内的沪上商人群体乐于捐资创办慈善事业。"③诚然,将"商道"应用于慈善事业是无法回避的现象,对于虞洽卿而言,参与慈善事业

---

① 浙江省政协文史资料委员会编著. 宁波帮企业家的崛起[M]. 杭州:浙江人民出版社,1989:43.

② 浙江省政协文史资料委员会编著. 宁波帮企业家的崛起[M]. 杭州:浙江人民出版社,1989:45-46.

③ 汪华. 慈惠与规控:近代上海的社会保障与官民互动 1927—1937[M]. 上海:上海书店出版社,2013:223.

除了内在驱动外,更是其作为宁波旅沪同乡会会长、上海总商会会长、工部局华董等重要社会法团、行政机构负责人必须承担的责任。特别是南京国民政府成立后,虞洽卿名列多个政府赈灾机构。1928年8月,国民政府赈款委员会成立,虞洽卿被特派为委员。① 1929年2月22日,国民政府召开第二十一次国务会议,决议裁撤赈款委员会,并入赈灾委员会,虞洽卿亦是委员之一。1928年11月,他被指定为豫陕甘赈灾委员会,同年12月特派为两粤赈灾委员会。② 国民政府当局希望利用虞洽卿在上海工商界、金融界的影响力帮助筹款。而缓解社会矛盾、解决社会问题是虞洽卿参与慈善事业的主要原因。这不仅是虞氏作为地方精英阶层的一员主导地方事务的表现,还是其维持在地方社会主导地位的重要手段。

表1 虞洽卿参与慈善组织一览

序号	名称	创办时间	发起/创办人	参与人
1	中国红十字会	1904年	沈敦和	1926年,任名誉副会长 1928年,正会长为颜惠庆,驻京副会长王正廷,驻沪副会长虞洽卿①
2	华洋义赈会②	1910年	沈敦和、福开森	华董:伍廷芳、陈作霖、贝润生、虞洽卿、邵松廷、苏德镳、陈河、胡琪、袁有道、朱葆三 西董:维礼德、轧雷甫、庞神父、墨贤理、庞特斐尔、司考脱、英轧力司、罗先苞、西门、汤末司(1911年)
3	私立上海贫儿院	1909年	曾铸、盛宣怀、施子英等创建	虞洽卿1928年担任主持人
4	上海医院	1909年	李平书、张竹君	梅问羹、李平书、虞洽卿、王一亭、沈缦云、莫子经、周金箴、苏葆笙、顾馨一、严子均

① 《振务机构官员任免(四)》,"国史馆"藏:典藏号001-032107-00051-021。
② 张朋园,沈怀玉编. 国民政府职官年表(1925—1949)[M]. 台北:"中研院"近代史研究所,2015.

(续表)

序号	名称	创办时间	发起/创办人	参与人
5	中国公立医院	1910年	沈敦和	沈敦和、虞洽卿、陈炳谦、贝润生等
6	仁济医院③	1846年	威廉·洛克哈脱	陈炳谦、朱葆三、傅筱庵、王一亭、钟文耀、陆维镛、席鹿笙、虞洽卿、谭海秋、贝润生、张兰坪、陈雪佳、郭标、黄焕南、任筱山
7	上海新普育堂	1912年	陆伯鸿	朱葆三、虞洽卿、傅筱庵、朱志尧、杜月笙、王一亭、林康侯
8	普济善堂	1912年	虞洽卿等	周金箴、虞洽卿、何立卿、贝润生、张延钟、韩山曦、祝华峰
9	中国救济妇孺总会	1913年	徐乾麟、赵晋卿、虞洽卿等	王一亭、虞洽卿、朱葆三、颜惠庆、宋汉章、王晓籁、朱子奎、杜月笙、黄金荣、谢蘅窗、裴云卿
10	普益工艺传习所（普益习艺所）	1914年	张逸槎	虞洽卿、贝润生、田资民、胡桂芳、宋汉章、朱五楼、印锡璋、顾馨一、严渔三、毕云程、许默斋、谢蘅窗、项如松、洪文廷、谢蕙塘、赵芹坡、闻兰亭、徐乾麟、郑锦峰、朱鉴堂、田谷香、陈润夫、周金箴、沈敦和
11	上海中国济生会			陈润夫、虞洽卿、朱葆三、徐乾麟、陆维镛、叶鸿英、项如松、薛文泰、庞竹卿、翁寅初、陈少舟、许松春
12	四明孤儿院	1920年	柳贤栋、徐杰	担任董事
13	镇海同义医院	1919年	叶雨庵、包雨塘、庄云章、叶子衡	1922—1928年担任名誉董事
14	四明医院	1922年	四明公所	院长朱葆三、葛虞臣、周湘云，董事盛竹书、虞洽卿、严子均、方樵苓、方椒伯

(续表)

序号	名称	创办时间	发起/创办人	参与人
15	浦东医院④	1920年	筹备主任曾献廷	王一亭、徐乾麟、姬觉弥、曾献廷、朱葆三、虞洽卿、张贤清、芮玉荇、傅筱庵、朱福田、陈雪佳、陈诘戋、汪薇舟、陈桂春、张锡华、汪安山、蔡织文、许奇松、宋侏、余鲁卿、傅佐衡、顾道在、李庆余
16	鄞县育婴堂			虞洽卿等
17	宁波七邑教养所	1925年	虞洽卿、方椒伯、袁履登、钱雨岚、盛竹书、邬志豪、王才运	张申之、邬志豪、张继光、乌崖琴、楼恂如、孙梅堂、王廉方、洪雁宾、袁履登、何绍庭、秦润卿、许廷佐、董杏生
18	淞沪残废乞丐游民教养院	1925年	张子廉	虞洽卿、王彬彦、王晓籁、邬志豪、张子廉、陈炳谦、范和笙、陈翊庭、陈茂斋、金拜仁、秦润卿、倪远甫、陈子坝
19	上海急救时疫医院⑤	1925年	黄楚九	虞洽卿、黄楚九、叶山涛、庞景周、王晓籁、杜月笙、臧伯庸等
20	工商普济医院	1928年	徐春荣	蔡元培、虞洽卿、褚慧僧、周佩箴、方椒伯等
21	上海平民医院	1929年	冯少山、袁履登、虞洽卿、孙梅堂、王晓籁	褚民谊、许世英、虞洽卿、王晓籁、林康侯、陆凤竹、秦润卿、杜月笙、冯少山、刘道芳、钟廷杏、刁信德、古恩康、孔锡鹏、林炯东、谢其纲
22	中国红十字会时疫医院	1930年	院长王一亭、虞洽卿、钱新之、闻兰亭、王培元	宋子良、黄金荣、朱静安、谢蘅窗、方椒伯、林康侯、冯炳南、袁履登、劳敬修、叶海田、陈炳谦、张天锡、徐庆云、孙梅堂、谭蓉圃、谢韬甫、秦润卿、杜月笙、张啸林、刘鸿生、王晓籁

(续表)

序号	名称	创办时间	发起/创办人	参与人
23	闸北时疫医院	1932年	吴醒亚、杜月笙、虞洽卿、王晓籁等	吴醒亚、王一亭、虞洽卿、潘公展、温宗尧、秦润卿、杜月笙、王延松、顾馨一、王彬彦、朱亚雄、张秉辉、王晓籁、张啸林、林康侯、杨啸天、陈人鹤、何以鸣、陈群、陈炳谦、杨虎
24	上海东北难民救济会	1932年	王晓籁、史量才、杜月笙、张啸林、虞洽卿为理事会主席	
25	宁波仁济医院	1934年	杜月笙、金廷荪出资创办	虞洽卿担任开幕会筹备组正主任
26	上海仁义善会	1934年	张兰坪	理事长张兰坪,常务理事穆子湘、李叔彦、乐赓荣、汤国年,理事孙梅堂、赵竹林、黎润生、劳敬修、叶贤刚、方晓之、傅品圭、陈炳谦、吴性栽 // 监事长虞洽卿,监事徐乾麟、王云甫、贝在荣、王作霖、徐钦葆、虞沧荣
27	洽卿防痨医院	1936年	筹备委员杜月笙、王晓籁、俞佐廷、李大超、李廷安	筹备委员王晓籁、吴铁城、李大超、颜福庆、李廷安、虞洽卿、毛和源、金廷荪、江一平、俞佐廷、张继光、顾毓琦、杜月笙、虞顺懋
28	上海市救护事业协进会	1936年	虞洽卿、钱新之、黄炎培、江问渔	常务理事虞洽卿、陶百川、庞京周、黄炎培、许晓初(虞洽卿为理事会主席,陶百川为副主席)

(续表)

序号	名称	创办时间	发起/创办人	参与人
29	上海难民救济协会	1938年	虞洽卿	虞洽卿、麦克诺登、徐寄顾、马歇尔、凯雪克、卜雷德、米恰尔、唐南、李铭、秦润卿、冯炳南、郭顺、吴蕴斋、奚玉书、江一平、袁履登
30	上海节约救难委员会	1938年		常务委员裴云卿、徐寄顾、陈鹤琴、陈济成、杨怀僧、姚惠泉、许冠群、周邦俊、李文杰、孙璀瑛、胡咏祺
31	沪江妇婴保健会	1940年	虞洽卿、闻兰亭、袁履登、林康侯	王伯元主持医务
32	上海义济善会	1941年		董事长虞洽卿、黄金荣，常务董事范开泰，总干事程锡文，董事闻兰亭、袁履登、王禹卿、张继光、黄延芳、魏伯桢、范开泰、陈世昌、范回春、徐贵生、谢克明、杨顺铨、姚礼笙、谈熹、陈福康、谢葆生

【注释】① 此项任命遭到南京国民政府的否定。但红十字会仍于1929年5月10日举行正副会长就职仪式，正会长颜惠庆代表史悠明。副会长王正廷、虞洽卿，议事长王一亭，前届理事长庄得之，筹赈主任江趋丹、狄楚青、哈少甫、黄涵之、沈联芳、刘鸿生、关炯之、朱吟江等参加。② 学界所言"华洋义赈会"是自晚清以来华洋合组义赈救灾机构的统称，全称为中国华洋义赈救灾会，成立于1921年，1938年停止活动，1949年宣告结束。1906—1907年，英国商人李德立为救济淮徐海三地水灾，曾组织"华洋义赈会"。1910年12月，为应对江皖两省灾荒，朱葆三、沈敦和、福开森等人发起成立苏皖义赈会，该组织至1913年解散。本文的"华洋义赈会"即为这两个组织。③ 关于华人担任董事者，因中文文献不易查考，英文资料介绍简略，完全查考非常困难。根据英文资料记载，长期担任董事的华人有三位，陈辉庭担任董事26年，朱葆三担任董事20年，陈炳谦担任董事18年。此据《申报》整理。④ 据统计，虞洽卿此次劝募经费为780元，此董事会名单由第五次董事会决定。⑤ 该院名誉院长为虞洽卿、杜梅叔、程霖生。

【资料来源】(1) 上海特别市社会局秘书处编：《上海特别市社会局业务报告》(1928年)，编者自刊，1930年；(2) 上海特别市社会局秘书处编：《上海特别市社会局业务报告》(1929年)，编者自刊，1930年；(3) 潘忠甲修、姚文枬纂：《上海县志》卷十，编者自刊，1936年；(4) 上海市通志馆年鉴委员会编：《上海市年鉴》，上海：中华书局，1936年；(5) 许晚成：《上海慈善机构概况》，1941年。

三、虞洽卿慈善活动的特征与目的

我国灾害发生率高，呈现普遍性、继起性、累积性的特点。自公元前1766年起，至1937年止，共发生大型灾害5258次，平均每年两次，随着时间推移，相同时段内，灾害发生频率不断增加。1912—1927年间发生旱、涝、蝗、雹、地震等自然灾害61次。①且一次大灾后，往往又会发生其他灾害。②加之近代以来，政局不稳、战乱频仍，频繁的灾害既造成大量居无定所、无以为生的灾民，又严重影响社会安定。开展慈善活动，无论是出于人道，还是维持治安，都意义重大。

揆诸历史，我国的慈善观念经历了不断丰富和完善的过程，既包含传统的"民本主义""仁""爱""慈悲""因果报应"等思想③，又受到近代西方福利思想、公民意识、责任意识及慈善思想影响。传统的善堂、善会等慈善组织主要以实物和不动产为主，依靠地租维持日常运转；进行济贫救困的社会救助，手段为"施"与"养"，包括修桥、筑路、办学、施药、施粥、施钱、恤嫠、赡老、育婴等，目的为"行善"。近代慈善组织开始摆脱同乡公所、同乡会、同业公所的局限，向功能齐全的慈善组织转变；创办主体包括官方、民间、宗教界等，且民办慈善组织在数量上、规模上超过了官办；救济对象包括婴儿、青年、老年等年龄段，妇女、乞丐、残疾、游民等类型；救济手段主要为"以工代赈"，强调"教养兼施""以教代养"。其资产主要为地产、房产、有价证券、市政公债，依靠基产、捐助、劝募、会员会费、慈善奖券或债券、政府津贴等途径获得经费维持运营。特别的是，城市各阶层居民都开始捐助慈善事业。基于公共性的特点——"善举成为市政的起点，并开始被纳入社会事业中"④，它们普遍采用会员制、董事制、固定的会议制度、投票表决制等运作机制，以提高决策透明度，增加社会信任。⑤

据国民政府内政部统计，抗战前夕，全国各省上报内政部的慈善团体约

---

① 邓云特. 中国救荒史 [M]，上海：商务印书馆，1937：40.
② 邓云特. 中国救荒史 [M]，上海：商务印书馆，1937：49-61.
③ 王卫平. 论中国古代慈善事业的思想基础 [J]. 江苏社会科学，1999 (2)：116-121.
④ [日] 小浜正子；葛涛译. 近代上海的公共性与国家 [M]. 上海：上海古籍出版社，2003：53.
⑤ 李国林. 民国时期上海慈善组织研究 [D]. 上海：华东师范大学，2003.

700家。① 梁元生指出,辛亥革命前上海的慈善组织约50家,到1936年,向社会局登记的慈善组织为199家,未向社会局备案的慈善组织远多于此。② 但上海的200余家慈善组织分布非常不均衡,近二分之一位于租界。具体来看,公共租界69家,占比34.8%,沪南、法租界、闸北次之,分别为56家、23家、21家,占比28.3%、12.1%、10.6%。③ 此种分布状态与慈善团体的收入主要为地产租金和捐款息息相关。除了像慈善团体联合会等大型善团拥有大量不动产提供持续经费外,大部分团体仅有用于办公的地产,运转经费仰赖捐款、其他善团补助、少量政府拨款。

上海的慈善团体在人员、业务和资金方面都形成庞大网络,"自发地向高度组织化的方向发展"④。具体表现为两个方面:一是个人同时负责多家慈善机构的发起与运作,如王一亭、黄涵之、沈敦和、虞洽卿等是慈善界的知名人物;二是慈善团体成立联合组织,提升运作效率,如1912年成立的上海慈善团、1921年成立的华洋义赈会、1927年成立的中华慈善团全国联合会,它们强化了慈善团体之间的联系,增强了慈善组织的协作能力、救济效率与社会影响力,促进了慈善事业的进一步发展。

对以虞洽卿为连接点而形成的慈善活动网络中涉及的参与两个及以上慈善团体的人物进行具体考察可以发现:第一,职业方面,商人30人,帮会分子3人,律师2人,政界1人,占比分别为83.3%、8.33%、5.56%、2.78%,尤其是原上海总商会会员,是发起、创办慈善组织的主体,是参与公益慈善活动的主要力量。"对于经济都市的上海来说,资本家的大本营也就是地方精英们的大本营。"⑤ 第二,地域方面,以浙江籍为主,为22人,占比61.1%。其中,宁波籍17人,占浙江籍的77.27%,在总人数中占比47.44%,如中国救济妇孺总会、四明孤儿院、宁波七邑教养所、四明医院等的成立、运行与宁波

---

① 汪华. 慈惠与规控:近代上海的社会保障与官民互动:1927—1937 [M]. 上海:上海书店出版社,2013:218.

② 梁元生. 慈惠与市政:清末上海的"堂"[J]. 史林,2000 (2) 74-81.

③ 汪华. 慈惠与规控:近代上海的社会保障与官民互动:1927—1937 [M]. 上海:上海书店出版社,2013:149-150.

④ [日] 小浜正子著;葛涛译. 近代上海的公共性与国家 [M]. 上海:上海古籍出版社,2003:103.

⑤ [日] 小浜正子著;葛涛译. 近代上海的公共性与国家 [M]. 上海:上海古籍出版社,2003:38.

旅沪同乡会有着密切联系。江苏籍10人，占比27.78%。江浙两省人士占比将近90%。广东籍4人，占比11.11%。

表2 参与两个及以上慈善组织人员职业、籍贯分析

姓名	虞洽卿	杜月笙	王晓籁	秦润卿	王一亭	陈炳谦	袁履登	朱葆三	林康侯
职业	商	帮会	商	商	商	商	商	商	商
籍贯	浙江宁波	江苏上海	浙江绍兴	浙江宁波	江苏上海	广东中山	浙江宁波	浙江宁波	江苏上海
姓名	沈敦和	徐乾麟	贝润生	方椒伯	孙梅堂	闻兰亭	谢衡窗	张啸林	陈雪佳
职业	商	商	商	商	商	商	商	帮会	商
籍贯	浙江宁波	浙江宁波	江苏苏州	浙江宁波	浙江宁波	江苏常州	浙江宁波	浙江宁波	广东中山
姓名	冯炳南	傅筱庵	顾馨一	黄金荣	江一平	金廷荪	劳敬修	裴云卿	钱新之
职业	商	商	商	帮会	律师	商	商	商	商
籍贯	广东高要	浙江宁波	江苏上海	江苏苏州	浙江杭州	浙江宁波	广东鹤山	浙江绍兴	浙江湖州
姓名	盛竹书	宋汉章	王彬彦	邬志豪	徐寄顾	许廷佐	颜惠庆	张继光	张兰坪
职业	商	商	商	商	商	商	政	商	商
籍贯	浙江宁波	浙江宁波	江苏常州	浙江宁波	浙江温州	浙江宁波	江苏上海	浙江宁波	江苏南京

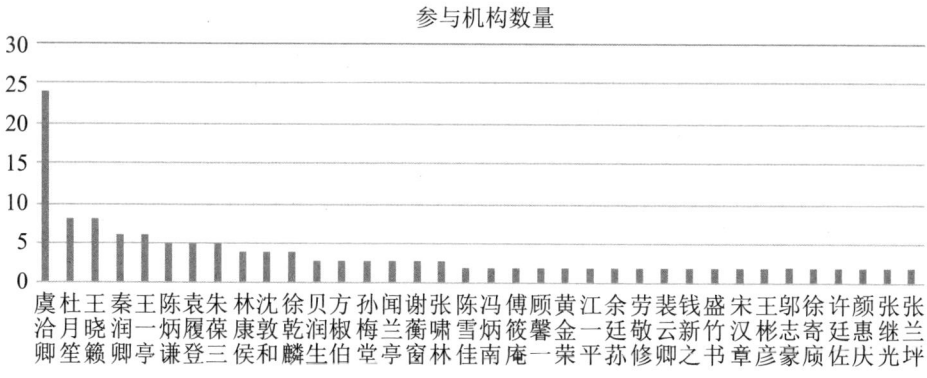

图1 参与两个及以上慈善组织人员

值得一提的是，上海精英阶层对全国各地赈灾事务的投入。1912—1937年，全国各地发生重大灾害77次，水灾24次，旱灾14次，地震10次，蝗灾9次，风灾6次，疫灾6次，遑论各地不断发生的小型灾害。据统计，虞洽卿参与的赈灾组织就有20个。这些机构虽为临时性，但它们的发起群体和资金运作特征与上述慈善组织都很相似。从创办、参与慈善组织的时间点来看，1925年、1932年、1938年是参与数量最多的三年，这与由战争引发的社会动乱密切相关。1925年，江浙战争爆发后成立的宁波七邑教养所、淞沪教养院、上海急救时疫医院；"九一八"事变和"一·二八"淞沪战役后成立的闸北时疫医院、上海东北难民救济会；1938年成立的上海难民救济协会、上海节约救难委员会，其目的都是为了重构社会秩序，维持社会的良性运转，在动荡的政局下维持上海的稳定是中外人士都极为关心的问题。

这正说明解决社会问题、维护社会秩序是虞洽卿等从事慈善活动的主要原因。当然，更应该注意到其主观动机的复杂性，任何一个派系的军队控制地方时，当地商人都需要募款筹资，维持地方秩序与商业市面；蒋介石虽试图建立由其领导的国民党一党独裁统治，但其内部各派系纷争不断，商人的正常投资得不到有效的制度保护，大大小小的捐款于商人而言是一笔额外负担，他们需要通过参与慈善公益事业，达到协调各方、瓦解各种可能出现的风险的作用。

四、结　语

近代中国内忧外患，时局动荡，城市中出现的社会问题不仅仅是城市发展的产物，更是农村危机的结果。"20世纪城市的贫困根本上是农村不景气的结果，城市似乎给了贫困绝望的农民一线希望"[①]。在既无社会保障体系又无政权保护的情况下，虞洽卿等一批商人在赈济、救灾、医疗及家乡建设等公共利益方面的活动，无疑在某种程度上弥补了近代中国政府在社会保障体系中的缺失。夫马进将绅商由传统的"善举"逐步走向"慈善事业""都市行政"的过程置于租界的扩张及其越界筑路的背景中加以解释，勾画出上海绅商体现出的

---

① [美]卢汉超著；段炼，吴敏，子羽译. 霓虹灯外——20世纪初日常生活中的上海[M]. 太原：山西人民出版社，2004：7.

观念重组与价值观重估。① 慈善组织虽不能从根本上解决社会转型带来的问题，但其社会救济功能为近代上海的发展提供了重要保证。近代商人对慈善、医疗、公共卫生等领域的资助与参与，既有个人慈善观念的实践，又有近代中国国家与社会的互动，商人参与地方治理的特征，更体现了民族关怀和国家意识。

虞洽卿不仅通过同乡组织开展各种救助善举，积极参与本省灾害救济，还在上海发起、参与各种慈善团体，其中不乏中国红十字会、中国救济妇孺总会等具有全国影响力的慈善组织。它们大致可以划分为慈善机构、医疗机构两类。慈善机构涵盖难民救济、孤儿收养、游民教养、妇女救助等；医疗机构多以施种牛痘的时疫医院为主，极大地维护了上海的公共卫生。虞洽卿、黄涵之、王一亭等人的影响力和广泛联系，慈善团体构成社团网络，共同发挥维护"地方公益"的职能。公益慈善活动对于缓和社会矛盾、维持社会秩序具有重要作用。正如熊希龄所言：

> 今知慈善一事亦以不忍人之心行不忍人之政耳。南北虽有兵争，吾民仍属一体。美国总统宣言对德宣战系攻其政府，非敌其人民。我南方诸公上年捐助北省赈款将及百万，纯体上天好生之德，实我佛广大之心，甚盼膏霖再滋涸辙，敢为五百余万难民九顿首。②

晚清民国时期，派系复杂，利益主体众多，而利益格局的变化，各派系力量的此消彼长，常使商人承受突如其来的政治风险。公益慈善因其特殊性可淡化虞洽卿的政治倾向，无论何种政治势力登台，都需要维持地方秩序、稳定商业市面，以免危及政权合法性；虞洽卿也可通过公益慈善活动与官方建立合法联系，获得相对稳定的政治环境。

杨硕培　男，复旦大学中华古籍研究院博士后。

---

① ［日］夫马进；伍跃，杨文信，张学锋译. 中国善会善堂史研究［M］. 北京：商务印书馆，2005：617-639.
② 熊督办致上海虞洽卿电. 大公报［N］. 1918-3-15（6）.

On Yu Yha-qing's Philanthropic Activities

Yang Shuopei

Abstract: Philanthropy is an important field of activities for local elites in modern China, and also one of the main activities of Yu Yha-qing. This paper systematically collates the charitable organizations Yu Yha-qing participated in, highlights works of the adoption of the disabled, education of the homeless, rescue of the wounded soldiers and relief of refugees, etc. Yu Yha-qing's participation in charity not only extended the tradition of local autonomy of gentry, but consolidated the right to control local affairs through charity as well. More importantly, those charitable activities had become the essential platform to resolve differences and build consensus.

Keywords: Yu Yha-qing; Philanthropy; Local Autonomy

改革开放以来上海统战人物传记资料研究述略*
——以"20世纪中国人物传记资源整理与数据建设研究"为中心

于翠艳 傅德华

(复旦大学历史系 上海 200433)

摘 要 本文对改革开放以来上海统战人物即在沪八个民主党派及工商联负责人的个人传记进行专门的研究。通过分析学术界对各主委(会长)的研究概况,归纳出这些文献资料的特点及其学术价值。上海统战人物的研究取得了可喜的成果,也存在一些值得进一步研究的问题和提升空间。最后,通过分析研究,得出对上海统战人物研究的几点启示。

关键词 改革开放以来 上海统战人物 民主党派 工商联 传记研究

迄今为止,本选题学术界不曾有学者进行过系统而又全面的研究,尤其是对上海的八个民主党派及工商联负责人的个人传记进行专门的研究,这恐尚属首次。"20世纪中国人物传记资源整理与数据建设研究"(批准号:10&ZD097)是以姜义华教授为首席专家的国家社会基金重大项目,数据库是课题组花费了12年的心血建成的。本文除以此数据库中有关改革开放前20年里的上海八个民主党派主委和工商联主委(会长)的传记资料为中心,还补充了复旦大学图书馆馆藏目录以及数据库中进入21世纪后发表与出版的新的相关研究成果,对其进行简要的梳理和分析,揭示有待进一步研究的短板,以冀求得到同行方家的指教。

---

* 本文系国家社科基金重大项目"20世纪中国人物传记资源整理与数据库建设研究"(10&ZD097)成果之一。

一、学术界的研究概况

自1978年底改革开放以来，截止到20世纪末，先后担任过上海八个民主党派主委和工商联主委（会长）的共有28人。他们分别是：民革的赵祖康、徐以枋、厉无畏；民盟的谈家桢、张圣坤；民建的胡厥文、刘靖基、陈铭珊、黄关从；民进的吴若安、赵宪初、刘恒椽；农工党的周谷城、黄器周、陈灏珠；致公党的董寅初、吴肇光、俞云波；九三学社的卢于道、杨槱、谢丽娟；台盟的许文思、林田烈、郑励志、石四箴；工商联的刘靖基、郭秀珍、任文燕。① 因刘靖基既担任过民建主委，又担任过工商联主委，所以实际上为27人。这27人在我们的数据库中共搜集到135篇传记，其中发表或出版在改革开放后的有119篇。因我们的数据库是根据30余年前积累的卡片或目录整理而成的，所以不免有遗漏。为此，我们又检索了中国知网和其他的有关内容，又检索到209篇（其中包括多篇主委的发言，其实不能算是真正的传记）。这样有关27位主委（会长）的传记资料就达到了368篇。在这27位主委（会长）中，除黄器周外，其余26人都有自己的传记资料。其中，最多的是周谷城，有102篇；其次是谈家桢，有48篇；再次是胡厥文，有38篇；其他在10篇以上的有赵祖康（18）、厉无畏（15）、谢丽娟（14）、刘靖基（13）、卢于道（11）、黄关从（10）和董寅初（10）；5篇以上的有杨槱（9）、吴若安（8）、陈灏珠（6）等，其他人则是在1~3篇不等。

在这368篇传记资料中，专著26部，报刊文章258篇，论文集中的文章84篇（详见表1）。

表1 八个民主党派和工商联主委（会长）的传记资料

出版物 \ 年份	20世纪70年代	20世纪80年代	20世纪90年代	2000—2022年	总计
专著		3	6	17	26
报刊	3	96	136	23	258
论文集		24	60		84
总计	3	123	202	40	368

---

① 本名单以各民主党派主委和工商联主委（会长）出任时间的先后顺序排列。

368篇有关27位主委（会长）的传记资料，大致有以下几种类型：

（一）记述各主委（会长）一生的传记（含简历、传略、小传等），有92篇

代表性的有①：陆象贤等的《胡厥文生涯：从资本家到副委员长》（上海人民出版社1996年版），莫志斌的《周谷城传》（湖南师范大学出版社1997年版），张光武的《史海丹心：周谷城画传》（上海书店出版社、复旦大学出版社2005版）、《新增补的全国政协副主席刘靖基简历》（《人民日报》1984年5月27日），史群的《胡厥文——中国民主建国会主要创始人小传》（《人物》1981年第2期），张世珠的《上海市解放前后历任市长简况——解放前第九任代理市长赵祖康》（《档案与历史》1986年第2期），过桔新的《林田烈一家〔台北人〕（照片八幅）》（《人民画报》1980年4期），中国国民党革命委员会上海市委员会主编的《赵祖康传》（上海交通大学出版社2020版），刘绍唐主编的《民国人物小传：吴若安》（《传记文学》1999年第75卷第6期），《赵祖康（1900—）》（蒋景源主编的《中国民主党派人物录》，华东师范大学出版社1991年版第41页），赵寿元、金力主编的《仁者寿：谈家桢百岁璀璨人生》（复旦大学出版社2008版），赵功民的《谈家桢（1909—）》（《中国现代生物学家》，湖南科学技术出版社1985年版第1卷第372页），金雪娟、陈超怡著《拓医学路 逐中国梦：陈灏珠传》（复旦大学出版社2019版），刘长水著《杨楒传》（学苑出版社2012版）等。

这部分从我们数据库寻找到的95篇有代表性的传记资料，时间从1978—1999年为21年，以及新增的2000年后的资料，涉及记述8个民主党派27人一生有过传记或传略的只有9人，他们是：胡厥文、周谷城、谈家桢、赵祖康、林田烈、吴若安、刘靖基、陈灏珠、杨楒。其中，后面两人是进入21世纪后才有人为他们撰写和出版了传记的。上述研究成果中，以前4人为最多，平均在2篇（本）以上。特点是资料篇目虽多，但涉及的人物面并不广。

（二）总结各主委（会长）各专业方面贡献的文章或专著，有68篇

代表性的有：邵琼的《刘靖基和爱国建设公司》（《世界经济导报》1981

---

① 传记资料的排列顺序为：专著、报纸、期刊、论文集，专著、报纸、期刊。分别以出版时间先后为序。论文集按书名首字的笔画笔顺为序。下同。

年1月19日）、范文通的《勇敢的探索者——记历史学家周谷城教授》（《社会科学战线》1983年第2期,《新华文摘》1983年第8期）、邢战国的《周谷城史学思想研究》（中国社会科学出版社2022版）、林华等的《她从民间来——记新任女副市长谢丽娟》（《现代家庭》1985年第9期）、陈伯强的《赵祖康与上海解放》（《武汉大学学报》1986年第1期）、张志哲的《博大精深周谷城》（《史学月刊》1986年第4期）、傅道慧的《党的挚友、战友周谷城》（《复旦教育》2001年4期）、黄声波的《重评周谷城艺术创作理论》（《嘉应大学学报》2001年第4期）、莫志斌的（论周谷城的教育观）（《湘潭大学社会科学学报》2002年第1期）、武重年的《徐以老的"桥"缘》（《团结》1997年第1期）、李玮颖的《无畏才能有为——记民革中央常委、上海市委主委厉无畏》（《团结》1997年第1期）、叶永烈的《沿着摩尔根的道路——记著名遗传学家谈家桢教授》（《中国科学明星》，河北人民出版社1982年版第97页）、谈向东的《谈家桢与大学科研》（复旦大学出版社、浙江大学出版社2013年版）、东之的《铸世纪辉煌：记民盟中央名誉主席谈家桢院士》（《情系中华》2000年4期、《安徽统一战线》2000年9期、《中国统一战线》2000年10期、《名人传记》2001年1期）、陈达的《谈家桢与基因工程》（《统一战线》2000年11期）、陈达的《中国的摩尔根：谈家桢》（《世纪行》2001年10期）、李建树的《生命科学的领头羊：记谈家桢院士》（《宁波通讯》2003年2期）、徐作生的《耄耋院士杨槱和他的郑和研究》（《郑和研究》2007年2期）等。

在涉及对各主委（会长）专业方面具有代表性的研究成果中，周谷城和谈家桢各5篇（本），同样占居首位。其特点是2000年后新增的20篇（本）研究成果中对他们的研究成果较之其他主委（会长）要多得多。其中，出版的17本个人传记（含画传），有关谈家桢一个人的就有7本，包括发表的研究文章也很多，可谓成果丰硕。原因在于2008年是他百年华诞，而他是一个跨世纪的人物。

(三) 各主委（会长）的访谈的文章，有61篇

代表性的有：施宣圆的《听党的话，走社会主义道路——访刘靖基先生》（《文汇报》1979年5月25日）、包明廉的《高龄岂寻常，桃李满门墙——访吴若安先生》（《光明日报》1979年12月2日）、《辛勤执教五十年——访上海南洋模范中学校长赵宪初》（《人民日报》1981年3月24日）、李礼中等的

《路是人走出来的——访上海市第一位侨眷副市长谢丽娟》(《华声报》1985年8月13日)、庆先友的《荣辱与共春又来——访上海市侨联主席董寅初》(《中国建设》1983年第2期)、邱健的《垂暮欣逢此盛世　愿随青壮赴长征——访胡厥文》(《中国建设》1984年第12期)、董邦安的《经济学家厉无畏谈开发浦东为上海振兴提供良机》(《民主》1990年第10期)、王玉梅的《转变观念，改善管理：厉无畏谈中小企业如何应对入世挑战》(《上海小企业》2002年1期)、崔晓伟的《上海市人大常委会副主任厉无畏：上海引进外资结构将升级》(《上海金融报》2005年1月21日)、叶永烈的《访卢于道教授》(《叶永烈采访手记》，上海社会科学院出版社1993年版第481页)、袁芬的《为了祖国的未来和祖国的统一：记台盟上海市委主委石四箴（医学家）》(《台声》2000年12期)、宗必达《大检察官：走近俞云波》(《浦江同舟》2002年4期)、许怡的《为了一个共同的朗朗乾坤：访致公党中央副主席、二级大检察官俞云波》(《情系中华》2002年5期) 等。

在接受访谈部分，涉及的主委（会长）有：刘靖基、吴若安、赵宪初、谢丽娟、董寅初、胡厥文、厉无畏、卢于道、石四箴、俞云波等10位。其特点为人多面很广，代表的党派亦多，涉及民革、民盟、民建、民进、台盟、致公党、九三学社七个民主党派及工商联。

（四）有关各主委（会长）当选为院士、民主党派主席（或副主席）、政协（或人大）副主席（或副委员长）的报道，有12篇

例如：《刘靖基当选为第七届全国政协副主席》[《中国人物年鉴(1989)》第99页]、《周谷城当选为第七届全国人大副委员长　被推举为中国农工民主党名誉主席》[李方诗等主编《中国人物年鉴(1989)》第251页]、《胡厥文被推举为民主建国会中央名誉主席》[《中国人物年鉴(1989)》第269页]、《遗传学家谈家桢被选为第三世界科学院院士》[李方诗等主编《中国人物年鉴(1989)》第331页]、《董寅初再次当选致公党中央主席》[李方诗等主编《中国人物年鉴(1993)》第393页]、《刘靖基当选第八届全国政协副主席》[《中国人物年鉴(1994)》第116页]、《董寅初当选第八届全国政协副主席》[李方诗等主编《中国人物年鉴(1994)》第395页]、《太平洋机电（集团）有限公司董事长、总裁黄关从被评为第五届全国优秀企业家》[《中国人物年鉴(1995)》第374页]。

在这些主委（会长）中，当选为院士的有：谈家桢、陈灏珠、杨槱和许文思等4人。当选为民主党派中央主席（或副主席）的有：赵祖康（民革中央副主席）、厉无畏（民革中央常务副主席）、谈家桢（民盟中央副主席）、张圣坤（民盟中央副主席）、胡厥文（民建中央主席）、陈铭珊（民建中央副主席）、黄关从（民建中央副主席）、吴若安（民进中央副主席）、周谷城（农工党中央主席）、陈灏珠（农工党中央副主席）、董寅初（致公党中央主席）、俞云波（致公党中央副主席）、卢于道（九三学社中央副主席）、杨槱（九三学社中央副主席）、谢丽娟（九三学社中央副主席）、刘靖基（全国工商联副主席）、郭秀珍（全国工商联副主席）、任文燕（全国工商联副主席）等18人。当选为政协副主席或人大副委员长的有厉无畏（政协副主席）、胡厥文（人大副委员长）、刘靖基（政协副主席）、周谷城（人大副委员长）、董寅初（政协副主席）等5人。（详见表2）

表2 选派到中央任职的主委（会长）列表

姓名	职务一	职务二
赵祖康	民革中央副主席	
厉无畏	民革中央常务副主席	政协副主席
谈家桢	民盟中央副主席	
张圣坤	民盟中央副主席	
胡厥文	民建中央主席	人大副委员长
陈铭珊	民建中央副主席	
黄关从	民建中央副主席	
吴若安	民进中央副主席	
周谷城	农工党中央主席	人大副委员长
陈灏珠	农工党中央副主席	
董寅初	致公党中央主席	政协副主席
俞云波	致公党中央副主席	
卢于道	九三学社中央副主席	
杨槱	九三学社中央副主席	
谢丽娟	九三学社中央副主席	
刘靖基	全国工商联副主席	政协副主席
郭秀珍	全国工商联副主席	
任文燕	全国工商联副主席	

（五）叙述有关主委（会长）人际交往的有23篇

代表性的有：张正惠的《陈毅与赵祖康》（《上海党史研究》1995年第6期）、刘志伟的《难忘泰斗——记与周谷城先生交往的一段小事》（《中州今古》1997年第1期）、杨家润的《毛泽东与周谷城半个多世纪的友情交往》（《湖南档案》1997年第2期）、毕东海的《华罗庚与谈家桢——两位科学泰斗之间的故事》（《世界科学》1997年第6期）、赵功民的《毛泽东与谈家桢》（《出版广角》1998年第2期）、亚张的《中国遗传学奠基人谈家桢与毛泽东的情谊》（《秋光》2002年2期）、张光武的《毛泽东与谈家桢》（华文出版社2012年第2版）、王子韩的《胡厥文与周恩来的交往》（《福建党史月刊》2003年1期）等。其中以写农工党周谷城的人际关系的为最多，有傅德华的《周谷城与毛泽东在上海的几次交往》（《世纪》1998年第3期，《前进论坛》1998年第9期）、刘谷东的《周谷城与家乡的父老乡亲》（《世纪》1999年第4期）、刘奕的《周谷城与三代领导人的交往》（《前进论坛》1999年第10期）、张艳华、章慕荣的《毛泽东主席与周谷城的交谊》（《团结报》2000年8月10日）、吴为的《毛泽东与周谷城：乡情加文谊》（《情系中华》2002年6期等，共17篇，多为叙述他与毛泽东的交往及"乡情"的。除此之外，涉及其他民主党派人物与党和国家领导人毛泽东、陈毅、周恩来等交往的还有赵祖康、谈家桢、胡厥文，但相比周谷城，在这方面的研究成果少了许多。

（六）纪念文章有20篇

代表性的有：胡世孚编的《纪念我的父亲胡厥文》（百家出版社1998年版164页）、孙晓村等的《热爱祖国与时俱进——沉痛悼念胡厥文同志》（《光明日报》1989年5月6日）、施宪章的《缅怀胡厥文先生》（《江苏政协》2000年3期）、宋遂良的《教师的教师——怀念周谷城老师》（《山东教育》1997年第17期）、周洛华的《回忆我的祖父周谷城》（《世纪》1998年第3期）、《真学者无畏无私 好风范垂训后人——纪念周谷城同志诞辰一百周年》（《前进论坛》1998年第10期）、高进勇的《爱国实业家刘靖基》（《龙城春秋》2003年2期）等。其特点是有关民建胡厥文和农工党周谷城的纪念文章为最多。

（七）各主委（会长）的自传有11篇

例如：《周谷城自传》（《晋阳学刊》1980年第2期，《中国现代社会科学家传略》第 1 辑，陕西人民出版社 1982 年版第 241 页）、周谷城的《我怎样研究起史学来的》（《文史知识》1983 年第 10 期）、《我是怎样研究世界史的》（浙江日报编辑部《学人谈治学》，浙江人民出版社 1982 年版第 263 页）、赵祖康的《七天七夜的"代理市长"——回忆上海解放前后的一段亲身经历》（《人物》1986 年第 4 期）、胡厥文的《我在淞沪抗战中》（《文史精华》1995 年第 11 期）、卢于道的《共产党指引我走向光明》（《上海文史资料专辑统战工作史料选辑（2）》第 1 页）、俞云波的《宇下草野烟云路：一位追梦归侨的自述》（上海人民出版社 2014、2016 年版）等。在我们的数据库中能搜索到本人撰写"自传"的党派人物有：周谷城、赵祖康、胡厥文、卢于道、俞云波。几乎每人代表了一个民主党派，即农工党、民革、民建、九三学社、致公党。

二、上海统战人物传记资料的特点及学术价值

改革开放以来以及进入 21 世纪后，关于上海统战人物的这些传记资料，可谓丰富多彩，又各具特色，为学术界进一步开展对他们的研究，提供了不少有价值的资料。其特点是同中有异、异中有同，具体主要表现在以下几个方面：

第一，这些传记资料以写主委（会长）一生的文章最多，多达 92 篇，而这其中又以简历为多，传、传略、小传等较少。基本上每位主委（会长）都有自己的简历性的文章，有的甚至有五六篇以上，但有传、传略、小传的仅有赵祖康、谈家桢、胡厥文、吴若安、周谷城、卢于道、许文思等人。进入 21 世纪新增了徐以枋、刘靖基、石四箴、林田烈、陈灏珠、俞云波等人的传记。

第二，这些资料以报刊、论文集中的资料较多，而专著较少。报刊中的文章多达 258 篇，其中 20 世纪 70 年代有 3 篇，80 年代有 96 篇，90 年代有 136 篇，2000—2022 年新增 23 篇；论文集中的文章有 84 篇，其中 20 世纪 80 年代有 24 篇，90 年代有 60 篇，2000—2022 年新增 10 余篇；而专著原仅有 9 部，其中 20 世纪 80 年代 3 部，90 年代有 6 部，进入 21 世纪有专著新增了 17 部。陶柏康撰写的《赵祖康：中国公路泰斗，旧上海最后一任市长》（复旦大学出版社 1988 年版），吕涛、周骏羽整理的《周谷城传略》（山西人民出版社 1988 年版），胡世华整理的《胡厥文回忆录》（中国文史出版社 1994 年版），陆象贤等的《胡厥文生涯：从资本家到副委员长》（上海人民出版社 1996 年版），赵功民撰写的《谈家桢与遗传学》（广西科学技术出版社 1996 年版），莫志斌

撰写的《周谷城传》(湖南师范大学出版社 1997 年版)、胡世乎编的《纪念我的父亲胡厥文》(百家出版社 1998 年版)、上海社会科学学会联合会编的《周谷城学术思想研究论文集》(上海社会科学院出版社 1998 年版)、陆象贤、卢鸣撰写的《胡厥文》(花山文艺出版社 1999 年版)。有整本个人传记专著的主委只有:胡厥文 4 部;周谷城原 3 部,21 世纪新增 2 部;赵祖康原 1 部,后新增 2 部;谈家桢原 1 部,后新增 7 部。另又新增陈灏珠传 3 部、杨樗传 1 部、俞云波自述 1 部、石四箴传 1 部。①

第三,写与主委(会长)业务有关的文章较多,写其参政议政及对改革开放贡献的文章很少。例如,范文通的《勇敢的探索者——记历史学家周谷城教授》(《社会科学战线》1983 年第 2 期,《新华文摘》1983 年第 8 期)、张志哲的《〈中国通史〉和周谷城教授》(《社会科学》1984 年第 4 期)、陈伯强的《赵祖康与上海解放》(《武汉大学学报》1986 年第 1 期)、王子韩的《从实业救国到社会主义——胡厥文对振兴中华的探索历程》(《党史研究与教学》1992 年第 5 期)、赵功民的《要坚持真理,不要怕——记遗传学家谈家桢》(《科技文萃》1994 年第 1 期)、陶柏康的《赵祖康的"代理市长"生涯》(《沪港经济》1998 年第 2、4 期)、王泽群的《中国第一代桥梁专家徐以枋的大桥梦》(《中华儿女(海外版)》1999 年第 1 期)、徐炎和徐鸣的《记土木工程专家徐以枋》(《复旦教育》2000 年 1 期) 等,都是写与业务有关的。例如,有关厉无畏的文章多是与经济发展有关的访谈,仅有 2 篇即李玮颖的《无畏才能有为——记民革中央常委、上海市委主委厉无畏》(《团结》1997 年第 1 期)、殷之俊的《寸心愿报三春晖——记民革中央副主席厉无畏》(《中国统一战线》1998 年第 8 期) 是写作为统一战线领导人厉无畏的。

第四,写对主委(会长)的访谈的较多,而主委(会长)的自传较少。写对主委(会长)访谈的文章多达 61 篇,这其中有不少是对主委(会长)业务方面的访谈,还有不少是对主委(会长)经历的访谈,也有少量对主委(会长)生活方面的访谈,访谈的面还是比较广的。而主委(会长)的自传仅有 11 篇,且主要集中在赵祖康、胡厥文、刘靖基、周谷城、卢于道等人。21 世纪新增了 5 篇。

第五,写主委(会长)的人际交往关系的文章较少。写主委人际交往关

---

① 因前面已出现,这里不赘。

系的23篇文章，以写周谷城的最多，有12篇，其次是谈家桢4篇，再次是赵祖康2篇。除了周谷城之外，其他主委人际关系的研究还是远远不够的。

第六，这些被研究的统战人物，基本上每个党派（团体）都有2~4人，人数相差不多，但由于每个党派（团体）的主委（会长）影响的大小以及所处岗位不同，其传记的多少还是有很大不同的。其中以对农工党的主委研究文章为最多，有108篇，这主要是由于对周谷城的研究最多；其次是对民建主委的研究，有64篇，其中以对胡厥文、刘靖基的研究较多；再次是民盟，有48篇，其中以对谈家桢的研究为主。对民革和九三学社的研究，也分别有36篇和34篇；而对民进、致公党、工商联的主委（会长）研究则相对较少，分别为14、14、17篇。最少的是对台盟主委的研究，仅有8篇。在这些主委（会长）中，以来自教育界的为最多，有10人，其次是工商界的，有7人，再次是来自医学界的，有6人。

第七，从作者的队伍及出版机构方面分析，学术界关注上海统战人物研究的学者、出版社、报刊杂志及学术团体越来越多。368篇传记资料中，共有184位（含两位作者、学术团体等），其中先后由李维民主编、李方诗等主编、中国人物年鉴编委会等主编的《中国人物年鉴》中收录了21篇，蒋景源主编的《中国民主党派人物录》中收录了15篇，廖盖隆等主编的《现代中国政界要人传略大全》中收录了12篇，张德龙主编的《上海高等教育系统教授录》、《上海高等教育系统教授录（续）》编委会编的《上海高等教育系统教授录（续）》中收录了9篇，汪新主编的《中国民主党派名人录》中收录了5篇。这些大都是学术团体集体编写的，多是以简历性的介绍为主。而其他研究性的多为个人作者，其中撰写传记最多的是赵功民，撰写了10篇，全部是对谈家桢的研究。其次是周谷城本人撰写的有7篇，其中4篇是自传，3篇是会议发言。再次是撰写3篇的有王玉梅、刘谷东、张志哲、胡厥文、陶柏康、傅德华、戴鸿佐等人。

涉及的出版社有25家，其中出版较多的有华东师范大学出版社（22篇）、华艺出版社（14篇）、中国广播电视出版社（12篇）、复旦大学出版社（10篇）、中国社会科学出版社（5篇）。其他还有上海人民出版社（3篇）、上海社会科学院出版社（2篇）、上海教育出版社、同济大学出版社、湖南科学技术出版社、湖南师范大学出版社、上海科学普及出版社、苏州大学出版社等。以出版地计则在上海的为最多，其次是北京。涉及的报刊杂志社有150家，其中发表最多的是《前进论坛》（10 篇），其次是《人民日报》（9 篇）、《复旦学报》（8 篇），再次是《民主》（6 篇）。发表了 4 篇的报刊较多，有《人物》《上海经济》《上海人大月刊》《中国建设》《世纪》《民主与科学》《社会科学》《益阳师专学报》《群言》等 9 家杂志社。值得一提的是，关注上海民主党派人物研究的杂志社还是不少的，这些杂志社以出版地在北京的为最多，其次是在上海的。

三、几个有待进一步研究的问题

自改革开放以来，对上海市八个民主党派和工商联负责人的研究虽取得了一定的成果，但也存在一些问题，对他们的研究也还有很大的空间。

其一，本文收录的有关主委（会长）的传记文献资料的数据主要来源于我们的数据库和中国知网，收录起止时间为 1978—1999 年，尽管新增补了 2000—2022 年的相关内容，但仍有很大的局限性。有的数据库本身并不完善，缺漏在所难免，因而对各主委（会长）传记文献资料的分析，也一定存在不少的局限性。只有资料搜索齐全，方能对上述几个方面做出更符合实际的科学判断。

其二，对各主委（会长）的研究还有不少薄弱的地方，需要做进一步的研究。例如，对周谷城的研究是比较全面的，涉及其一生、专业、生活、人际关系、纪念等多方面的研究，像周谷城有如此多研究传记的，在 27 位主委中，仅为三十分之一，这比例有点严重失衡。而对其他主委（会长）尤其是对于尚健在的主委（会长）研究就有一定的局限性，尤其是对他们所从事的专业特长、生活、人际关系等方面的研究较为薄弱，有待有志于统战人物研究的专家学者予以高度关注。

其三，对由上海提拔进入副国级的领导人以及院士一级主委的研究，除胡厥文一人出版了 4 部传记，周谷城有 7 部传记、谈家桢 8 部、陈灏珠传 3 部、赵祖康 2 部、杨槱和俞云波各 1 部外，余者都有待做进一步的研究。尤其对那些至今尚无整本传记的副国级统战人物，更应组织人力对他们开展撰写专著的研究。

其四，上述成果是国内学术界的 20 世纪后 20 余年里，包括进入 21 世纪后有关上海民主党派的研究概况，但有关海外对八个主委和工商联负责人的传记资料的研究却很少有人关注,这也是国内学术界今后值得予以重点研究的课题之一。

四、几点启示

通过以上对上海统战人物传记资料的分析,我们由此得到今后进一步做好统战人物研究的几点启示:

第一,统战部门应及时将学术界对统战人物传记研究的资料搜集起来,聚沙成塔,以备将来对他们做进一步的跟踪研究。

第二,基于上海统战人物的研究空间很大,统战部门应支持鼓励本部门的年轻人投入一定精力撰写统战对象的传记以及加强对他们研究的力度。

第三,基于对上海统战人物的参政议政及其改革开放贡献的研究较少,有必要加强对这方面的深入研究。同时,对作为统战人物整体的参政议政及其对改革开放所作贡献的研究,也值得投入一定的精力。

第四,作为统战部门,应制定一个对统战人物研究的短期和长期的计划,做到心中有数,常抓不懈,抓而不紧等于不抓。俗话说得好,一分耕耘一分收获,由此才能收到一定的成效。当然,除统战部门外,高校也应积极参与对他们的研究。

于翠艳 复旦大学历史系馆员。
傅德华 复旦大学历史系教授。

A Brief Study of Biographical Data of Shanghai United Front Work Leaders since China's Reform and Opening up: Based on the *Collection and Data Construction of Chinese Biographical Resources in the 20th Century*

Yu Cuiyan　Fu Dehua

Abstract: This paper is a specialized study on the biographies of Shanghai's United Front

Workers (UFW) leaders since China's reform and opening up; and these leaders include the heads of the eight democratic parties of China and the Federation of Industry and Commerce (FIC) in Shanghai. By reviewing the studies of the UFW leaders, we summarized the characteristics and academic value of these documents. The researches of Shanghai United Front Work leaders have achieved promising results, while there are also some problems and considerable rooms for improvements. Through analyzing and further studying, we come up with a few revelations on the research of Shanghai's United Front Work leaders.

Keywords: Post Reform and Opening up; Shanghai United Front Work Leaders; Democratic Parties; Federation of Industry and Commerce; Biographical Research

人物志

图书馆界永远的楷模

——著名分类法和词表专家李兴辉先生学术贡献述略

刘华梅

(中国国家图书馆 北京 100081)

摘 要 李兴辉先生是我国著名的分类法、词表专家,在图书编目及分类法、主题词表等各种情报检索工具的研究和编制方面具有深厚的造诣。本文从早期工作与学习、编制修订词表、研制标准、多方教学四个方面回顾了李兴辉先生的工作经历及对图书馆事业的贡献。

关键词 李兴辉 情报检索语言 分类法 主题词表 学术贡献

李兴辉,男,1914年生于北京,1931年进入北京图书馆(简称北图,即现国家图书馆)工作,到1987年退休,后继续回聘工作,至1992年才正式离开工作岗位。李先生一直本着刻苦钻研业务,不断提高自己,严谨对待工作的精神,在北图兢兢业业地工作了62个春秋。六十多年中,李兴辉先生为北图的基础业务建设做过很大的贡献,特别是在分类法、主题词表等各种情报文献检索工具的研究和编制方面,具有深厚的造诣。当前广泛使用的《中图法》《汉语主题词表》等,都是在李先生的主持或参与主持下编制的。

2016年李先生仙逝。作为词表编辑和维护的后来者,笔者怀着无比崇敬的心情,借此短文回顾李兴辉先生在北图的工作经历及对图书馆事业做出的贡献,缅怀先生精神的同时,勉励自己不忘初心,砥砺前行。

一、工作中学习,不断提高自己

李兴辉先生由于家境贫困,中学生活结束后没有上大学,1931年正值北图落成,招收实习生,他考入北图工作。最初分配在阅览部门的阅览室目录室工作。由于没有受过图书馆专业训练,为了尽快适应工作,先生付出了加倍的努力。在工作之余，积极学习图书馆学的专业知识。新中国成立前，在北图近二十年的工作中，按照业务的需要，先生曾先后在阅览、参考、采访、善本、编目等部门工作，从简单的辅助性工作逐渐转到专业性工作。每到一个业务岗位，他都好学、踏实、勤奋，坚持在工作中不忘学习，在学习中钻研工作。李兴辉先生曾入英文补习学校进修过英文，也曾到打字学校学习打字。在采访部门工作时，为了了解图书、熟悉版本源流，先生曾熟读《书目答问》等目录类书籍。在刘国钧先生的指导下，自学了北京大学图书馆学系的几乎全部课程；在编目部门工作时，他就以北大图书馆学系的课程对照实习。①

十四年抗战时期，北图多数人员留守在北京，李兴辉先生也留在了北京。北图由伪政权派人主持馆务，图书馆的各项业务处于半停顿状态。1949年北京解放后，李兴辉先生继续留在北图，在中文编目组工作。1950年李兴辉先生被保送到"华北人民革命大学"进修学习一年，回馆后仍在图书编目岗位工作。②

1951年李兴辉先生担任中文编目组副组长、组长。通过主持工作，他深深体会到图书馆工作中业务制度、业务规章、业务条例的重要性。因此，在编目工作中，为了加强各项业务环节的制度规范，研究制定和完善了各项业务工作条例，如：制定中文编目工作细则、制定中文目录组织规则、制定外国著者译音表、制定编目加工工作程序、订正编目著录条例等等。③ 各项工序都严格以工作条例为依据进行工作，使得编目业务秩序井然，很少有积压。这不仅对北图业务效率提高起到了很好的作用，对当时图书馆界也产生了积极的影响。

二、编制修订词表，促进情报检索语言的发展

李兴辉先生在图书编目及分类法、主题词表等各种情报文献检索工具的研究和编制方面，具有深厚的造诣，是我国著名的分类法、词表专家之一。李兴辉先生先后担任《中图法》编委会第一届委员，第二届副主任委员，第三届副主编，第四届、第五届顾问。主持编制了《中小型图书馆图书分类表草案》

---

① 周玉玲. 刻苦·严谨·求实——访北图研究馆员李兴辉先生 [J]. 北京图书馆馆刊, 1995 (3、4): 129–132.

② 李兴辉. 回忆我在国家图书馆六十余年工作 [A]. 手稿打印稿, 2009.

③ 同上。

《大型图书馆图书分类法》《汉语主题词表》；主持编制了《中图法》《中图法简本》《中图法期刊表》《中图法使用说明》《中图法索引》等系列版本和辅助工具；参与了《中国分类主题词表》的编制。《中图法》系列版本的出版发行，适应了各类型图书馆和情报研究单位使用的需要，促进了情报检索语言的发展，在我国图书情报事业中起到了重大作用。

1. 主持编制"中小型表""大型法"

在从事编目工作中，为适应业务发展的需要，李兴辉先生重点致力于分类法的研究与实践，主持了多部全国性分类法的编制和修订维护工作。

新中国成立后，我国图书馆界筹备编制一部大型图书分类法，以解决全国图书馆的图书分类问题。在这期间，北图就如何解决图书分类问题，全馆同仁众说纷纭。李兴辉当时是编目组组长，建议对刘国钧分类法加以修订，在新分类法编竣之前过渡使用。当时的冯仲云馆长采纳了这一意见，决定由编目部主任袁涌进主持进行修订，李兴辉也参加了修订任务，于1957年印出修订本。此后北图一直使用此分类法直到《中图法》出版。

1956—1957年，文化部社会文化事业管理局与北图议定编制"中小型图书馆图书分类法"。首先召集了有关专家和代表研讨编制原则和编制结构，李兴辉先生就号码配置、基本大类设置等问题都提出了自己的方案，并被部分采纳。随后成立了编制小组，指派李兴辉先生任组长，负责主持编制小组工作。

图1　李兴辉先生（右一）与中小型分类法编辑小组合影（1957年）

编制过程中，编制小组召开了多次专题会讨论解决问题，咨询了部分省市图书馆的意见，并负责最终的修正、整理工作。经过近一年的努力，依靠集体智慧编成了《中小型图书馆图书分类表草案》，在全国中小型图书馆推广使用，为我国中小型图书馆业务建设起了推动作用。

在编制"中小型表"时，李兴辉先生提出了采用拼音字母与数字组成混合号码的主张。他通过对中外分类法多方面的比较研究，认为用拼音字母与数字编制混合号码的编制方法，虽然在号码形式上显得复杂，但这样编制大大提高了符号的标记性、等级性和助记性。当时曾引起很大的争议，经过专家们认真讨论，最后决定采用。其后在编制"大型法"、《中图法》时都采用了这种混合号码的编制方法，为我国编制分类法的标记符号开辟了一条崭新的途径。[①]

1959年，在文化部主持下，北图组织全国图书馆界和有关专业单位参与编制"大型法"。当时成立了大型分类法编辑工作临时领导小组负责组织此项工作，下设综合工作组和专业工作组。综合工作组由各馆抽调若干人组成，李兴辉先生任组长，协助领导小组研究解决分类法的编制原则、方法及其他总的问题，负责部分类目的编制工作、分类法的汇编工作，以及召开会议、组织

图2　李兴辉（后排右一）与大型分类法讨论会全体同志合影（1960年）

---

① 周玉玲. 刻苦·严谨·求实——访北图研究馆员李兴辉先生 [J]. 北京图书馆馆刊，1995 (3、4)：129 - 132.

联系工作等。1964年完成下册（自然科学部分）编辑任务；1966年正在编辑中的上册（社会科学部分），因"文化大革命"冲击而中断编制，李兴辉先生也被下放到"五七干校"劳动锻炼。①

2. 主持《中图法》编制和修订工作

1971年，北图再次组织全国图书馆界编制《中国图书馆图书分类法》（简称《中图法》），李兴辉先生随之被调回京参与编制。前期，他始终以科学、认真的态度工作，为这部分类法的编制提出了很多合理的意见，如采用从总到分的编制原则，采用字母与数字组合的号码标记符号，大类采用五分法的基本结构，理论类目不按政治观点列类，等等。后期，他作为图书分类编辑组成员主持《中图法》的编制工作。经过广泛征求意见，于1973年印出《中图法》（试用本）。之后相继启动了《中图法》（资料版）、《中图法》（中小型馆试用本）的编制。1974年，又组织在京成员馆对试用本进行修订，于1975年出版《中图法》（第一版）。新分类法编出后，李兴辉先生又参与了北图为使用新分类法进行的一系列准备工作，到第一版出版后，北图中外文图书分类已完全统一到这部分类法上来了。

1979年正式组建《中图法》编委会，李兴辉先生因其在编制分类法方面有丰富的经验，被增补为编委会委员兼学术秘书，1980年又被聘为副主任委员。在此期间，李兴辉先生以《中图法》编委会副主任委员的身份，主持了《中图法》及系列版本的编制、修订和审定，为各类型工具书的编审出版做了大量的工作。

1979年《中图法》（第一版）修订工作启动，李兴辉先生负责修订工作组工作，经过三个月的集中修订，提出了修订草案和修订说明，经过编委会会议审定，于1980年《中图法》（第二版）刊行。与此同时，李兴辉参与编写了《中图法使用说明》，这是使用《中图法》的重要参考工具；进而参与编辑、审定了期刊本、简本、资料本、索引等各种版本和辅助工具。

1983年下半年开始，为了广泛征求意见，《中图法》编委会陆续在西北、华东、华南、西南地区召开修订学术研讨会，了解全国图书馆和情报单位使用《中图法》的情况，为修订做好准备工作。李兴辉先生到各地参加了座谈会，

---

① 李博达. 老骥伏枥 志在千里——图书馆界前辈李兴辉先生记事 [J]. 黑龙江图书馆, 1991(4): 67-68.

并作《中图法》修订、使用情况的学术报告。1984年开始对《中图法》(第二版)进行修订,李兴辉先生作为综合编审组成员,参与了修订工作的计划安排、组织工作的落实以及最后的综合编审工作。

图3　李兴辉在兰州做学术报告(1983年)

1985年《中图法》及其各种版本荣获国家科学技术进步奖一等奖,李兴辉先生作为分类表编制的突出贡献者,参加了授奖大会,受到党和国家领导人亲切接见。

1987年,李兴辉先生到了退休年龄,但因工作需要,领导希望他再辛苦三年,等完成《中图法》第三版修订出版任务后再退休,先生欣然同意。① 之后,先生以70多岁的高龄一如既往地参与《中图法》的研究、修订和管理方面的工作。例如,参加《中图法》(第三版)刊行后在9个地区举办的"《中图法》第三版培训班"讲课,参加审定《中图法简本》修订稿,参加编写《中图法使用手册》,参加修订《中图法期刊表》,参加编制《中国分类主题词表》,以及参加有关《中图法》编制、使用的各种会议。1988年《中图法》(第三版)定稿,1990年出版发行。

---

① 图书馆学研究部. 图书馆园地上的辛勤耕耘者——李兴辉同志的事迹 [J]. 北京图书馆通讯,1986(3):41-42.

3. 主持编制《汉语主题词表》

1974年,为配合我国规划研制"汉字信息处理系统工程"(简称748工程)确定编制一部综合性《汉语主题词表》,由北图和中国科技情报研究所共同组成编辑组,承担编制任务。编辑组首先研制了编制规范、编制计划和工作安排,然后组织全国专业力量参加编制。北图承担社会科学部分的编辑任务,组成社会科学词表综合编辑组,由李兴辉担任组长,主持编辑工作。在编辑过程中,聘请社会科学门类的专业单位起草,综合编辑组集中汇总审定,形成社会科学部分的初稿,最后和自然科学部分进行总的汇编审定,完成定稿。《汉语主题词表》于1980年出版发行。1985年《汉语主题词表》荣获国家科学技术进步二等奖。

图4 李兴辉(后排右二)与《汉语主题表》社会科学编辑组同志合影(1978年)

《汉语主题词表》发行后,李兴辉先生就积极建议和督促领导在统一编目卡片上实行主题标引,建立主题目录。参与编制了"主题标引工作条例",这是使用《汉语主题词表》编制主题目录的必备工具。同时,参加在北图和其他地区省、市馆或学会组织的主题法训练班,积极宣传和讲解《汉语主题词表》的使用,协助各省、市馆建立主题目录。1985年北图开始发行带主题的款目卡片，对图书馆界主题标引工作的开展和主题目录的建立，起到了积极的探讨和推动作用。

三、研制标准，促进文献工作标准化

1979 年，我国借鉴国际标准化技术委员会（ISO – TC46）的工作，成立了我国文献工作标准化技术委员会（简称"文标会"），由北图和中国科技情报研究所负责组织相关工作。李兴辉先生被聘为第五分委会——词表、分类法和标引委员会的主任委员，主持该分会的创编工作。第五分会主要任务是研制我国文献检索方法的标准化。李兴辉先生在主持文标会第五分会第一、二届工作期间，主要开展了下列各项工作：

（1）与 ISO – TC46 – SC5 取得联系，得到该会的大力协助，组织翻译了 ISO – TC46 – SC5 编制的多项标准，如《主题词表指南》《单语种主题词表编制规则》《多语种主题词表编制规则》《文献主题标引规则》等，为我国标准研制工作提供了参考。

（2）1980 年在南宁召开分类法、主题法检索体系标准化会议，积极促进将《中图法》《汉语主题词表》推荐为国家标准。

（3）主持编制并通过了《文献主题标引规则》（GB 3860 – 83），自 1984 年 9 月起实施。

（4）主持编制《汉语叙词表编制规则》（GB 13190 – 91）送审征求意见稿，该标准于 1991 年 9 月发布，自 1992 年 5 月起实施。

李兴辉先生担任全国文标会第五分委会的主任委员后，全力推动了我国文献检索语言标准化工作的进展，受到了中国文献工作标准化委员会的表彰。

四、多方讲学，培养情报语言学人才

李兴辉先生在繁忙的工作中，还参加了图书馆的各项学术活动。1982 年，参加中国图书馆学会组织的西北地区和山东地区学术讲师团。1984 年，被聘为中国图书馆学会学术委员会委员兼文献编目、分类、主题组组长。1985 年参加国家出版局召开的"中国国际标准书号"（ISBN）编制研讨会，参加研制了标准码书号。多年来，李兴辉先生被聘为各系统图书馆、情报研究所讲授"图书编目""图书分类法""主题法"专题业务课，还受聘参加中国科技情报研究所、北京大学图书馆学系和武汉大学图书馆学系、中国科学院图书馆等单位的研究生毕业论文答辩或干部职称评议工作。此外，李兴辉先生还受聘为多种专业分类法和主题词表的编辑顾问，参加一些单位编制专业文献分类法或主题表（叙词表）的评审或研讨工作，如军事科学院编《军用主题词表》、总参通信部编《军用公文主题词表》、环境科学院编《环境科学叙词表》、中国医学科学院图书馆编《中图法医学类与 MESH 对照表》、公安部警察学会编《公安学分类表》、新华社编《新闻实用叙词表》、国家档案局编《档案分类表》、国家科委综合局编《科学分类与代码》等等。①

  李兴辉先生也是一位"桃李满天下"的师长，为我国情报检索语言的宣传、普及和应用，为我国图书情报事业的人才培养和队伍建设，做出了重要贡献。从 1955 年起，李兴辉先生多年来曾先后在北图业余大学、北大图书馆学系、武大图书情报系以及各系统图书馆和情报部门干部业余学校授课，讲授分类法与主题法业务课。② 李兴辉先生还在北京多所院校、情报单位讲解分类法业务课和主题词表编制问题，对《中图法》《汉语主题词表》这两种检索用工具做了积极的宣传工作。

  生活工作中，李兴辉先生最大的优点是和蔼可亲、平易近人、乐于助人。不管谁在工作中遇到了困难，他都给予热情的帮助，大家遇到分类中的问题都愿意请教他，先生会耐心细致地帮助解答。先生另一个优点是工作中出勤率很高，平时极少请假，永远在不知疲倦地埋头工作。③

  李兴辉先生 1982 年被评为副研究馆员，在工作中多次被评为全馆先进工作者和优秀共产党员。1986 年 7 月 19 日，北图为祝贺李兴辉先生从事图书馆工作五十五周年召开了茶话会，很多同志撰写了纪念文章，表达了对李先生的敬仰之情。④⑤ 1987 年先生退休返聘，因其在分类表编制领域的杰出贡献，于 1988 年被北图破例评为研究馆员。1992 年李兴辉先生受文化部表彰并授予政

---

 ① 李兴辉. 回忆我在国家图书馆六十余年工作 [A]. 手稿打印稿，2009.
 ② 丘峰. 我国情报检索语言建设的组织者——李兴辉同志 [J]. 北京图书馆通讯，1987（4）：66-69.
 ③ 钟开杰. 李兴辉同志是我学习的榜样 [J]. 北京图书馆通讯，1986（3）：47.
 ④ 许培基. 我所尊敬的李兴辉同志 [J]. 北京图书馆通讯，1986（3）：43-44.
 ⑤ 张厚生. 诲人不倦后辈师表——记北京图书馆李兴辉老师 [J]. 北京图书馆通讯，1986（3）：45-46.

府特殊津贴奖。

  李兴辉先生从事图书馆工作六十余年,从不懂到懂、从学习到研究,深深地热爱着图书馆事业。先生勤勤恳恳、踏踏实实的工作作风,甘为事业鞠躬尽瘁的精神,循循善诱、诲人不倦的高尚品德,为我们后辈树立了楷模师表,值得我们永久敬佩学习。

  刘华梅 中国国家图书馆副研究馆员,主要从事分类法、主题词表等知识组织工具相关工作及研究,发表论文多篇。

A Forever Model of Library Community
—An Introduction of the Academic Contributions of Mr. Li Xinghui, a Renowned Expert in Classification and Thesaurus

Liu Huamei

Abstract: Mr. Li Xinghui is a famous expert in classification and thesaurus in China with profound attainments in book cataloguing and the research and compilation of various information retrieval tools such as classification, thesaurus and so on. This paper reviews Mr. Li Xinghui's work experience and contributions to the library science from four aspects: his early work and study, the compilation and revision of thesaurus, development of standards, and teaching career.

Keywords: Li Xinghui; Information Retrieval Language; Classification; Thesaurus; Academic Contributions

索引编纂丛谈

提高年鉴索引检索效果的七大手段

太行燕

(北京印刷学院索引编纂研究所 102600)

摘 要 本文针对提高年鉴索引检索效果的核心问题，依据有实质检索意义的索引编纂新理论，提出并阐释了编纂综合性主题索引，年鉴特载、专文内容做轮排处理，大事记内容不做索引标引，图表内容增加内容性质标识，分级标引提升索引检索精度，规范处理索引词，撰写使用说明等七大实施手段。

关键词 年鉴索引 索引编纂 索引检索效果

年鉴是汇辑一年内的重要时事、文献和统计资料，按年度出版的工具书。作为每年连续出版，知识信息更新快、出版最为活跃的现代工具书，目前我国年鉴品种已突破5000种，成为世界上编辑出版年鉴最多的国家。

作为年鉴的必要组成部分，年鉴书后索引发挥着重要的内容信息检索作用，并成为"前有目录，后有索引"所建立的年鉴信息检索系统的典型代表。笔者从20世纪80年代后期开始编纂年鉴索引，已历经30多年，编纂随书出版的年鉴索引有千余种，按照"有实质检索意义"索引编纂新理论，提高年鉴索引检索效果的主要手段，可以总结归纳为以下七项。

一、编纂一个"综合性主题索引"

年鉴是一种工具书，篇幅往往达上百万字，编纂年鉴书后索引以利于读者快速检索年鉴信息，节约宝贵时间是理所应当的，但读者对于索引类型并不是很清楚，出版单位又希望索引不要占据过多页数。为此，经过编纂实践，我们打破专题索引和主题索引界限，并形成不做参照款目的新式索引编纂法，即"综合性主题索引"，这已成为中国年鉴索引编纂的普遍做法，也成为年鉴索引编纂的第一特色。①

综合性主题索引的编纂实质是把主题索引和专题索引合二为一，把构成主题索引款目的主题词和构成专题索引款目的专有人名、地名、篇名、机构名、图表名称等统一编排，一起排序，进而形成一个"综合性"索引以方便读者使用。这一做法既减少了几个索引同时附于年鉴书后的累赘，也适当减少了索引篇幅，利于读者检索和使用年鉴索引。

二、特载、专文内容做轮排处理

针对年鉴特有行文体例，我们贯彻"有实质检索意义"的索引编纂思想，对年鉴各种体例内容进行区别性标引，使构成年鉴索引的每一个款目都信息饱满、言之有物，读者利用索引不仅能够节省时间，还可以检索到实质有用的信息内容，摒弃那些冗余的、虚假的、无实质内容的、没有检索意义的无用信息。

每部年鉴都有的特载、专文内容，一般都是重要文献或者领导讲话，篇幅长且不易进行主题标引，为了充分展现这些信息的重要性和检索的多重性，通常采取索引词轮排技术进行处理。换言之，就是将特载、专文内容标引出的索引词，在索引二级款目中排列和展现一次，而以文献题目做排序的一级款目，以揭示信息的文献来源和信息专指性；然后，根据一般索引词的排列方法，将这些索引词作为一级索引词再做一次轮排，以此增加内容检索点，展现特载、专文内容信息的普遍意义和信息重要性。当然，重要的年鉴内容均可用轮排处理来增加检索途径，从而提高索引的标引深度和检索概率。

三、大事记内容不做索引标引

每部年鉴均有的"大事记"内容，采用大事记这一工具书类型，收录信息往往是以时序法进行编排的大事要事，但这些信息内容在年鉴其他位置还会有更加详细的展开和叙述，而不像在大事记里面言简意赅地叙述，故此年鉴索引标引的大事在年鉴其他位置的叙述，其实质检索意义更加充分。假如标引大

---

① 王彦祥. 综合性主题分析年鉴索引的编制——从创编《中国法律年鉴》累积索引，谈一种新索引模式的建立 [J]. 年鉴信息与研究，1997 (3)：17-32.

事记内容信息，只不过是在索引地址出处项增加一处检索位置而已，读者利用年鉴索引检索到两处相同的信息内容，实质是浪费时间，也降低了年鉴索引的实质检索意义。

按照"有实质检索意义"索引编纂理论，年鉴"大事记"内容将不做索引标引，并在索引"使用说明"中注明这一点，这是因为读者利用年鉴索引检索到的大事记信息，并不符合信息检索要求，还有可能导致信息紊乱。为了年鉴信息检索的完整性和准确性，获取有实质检索意义的信息内容，编纂年鉴索引时就不需要标引大事记内容。这已成为年鉴索引编纂的普遍做法，并形成中国年鉴索引编纂的一大特色。

四、图表内容增加内容性质标识

现在年鉴大量使用图片和表格来记载相关内容，增加了信息的真实形象性和数据的年度可比性。作为年鉴的图表内容，必须在索引中充分揭示，但又要与文字内容区别开来，由此我们采取在图表索引标目后面增加（图）（表）的内容性质标识来反映，如果该索引标目有几个地址出处，则在图表所对应的页码数字后面，增加（图）（表）内容性质标识。

对于年鉴图片内容，其文字注解往往字数较多，图片反映的信息也较多，做索引标引时要精简文字，也可以分解标引出两个甚至三个图片索引词。像《中国铁建年鉴》《中国中铁年鉴》不仅图片丰富，在"大事记"栏目里面和年鉴篇章页上也有图片，做索引时都要准确标引。对于年鉴表格内容，则以表格标题作为索引词标引素材，但也要精简文字内容，使索引词精准达意而字数越少越好。

五、分级标引提升索引检索精度

年鉴收录内容丰富，尤其是企业年鉴或者地方年鉴，其记载的单位、机构、企业等内容，条目名称往往大同小异，如果编纂索引时不加以区分，利用年鉴索引检索信息时就会出现内容混淆、张冠李戴现象。为此，采取索引分级标引和索引词分级处理技术，成为中国年鉴索引的又一编纂特色，也很好地解决了索引查准率问题，使索引检索精度大幅提高。

下列索引词示例（见表1），节选自《中国国有资产监督管理年鉴2022

卷》之"第四篇 中央企业改革与发展"中约100家中国著名央企中公司性质和经营范围相近的两家企业,从年鉴正文中标引出来的索引词分别构成两家企业的二级索引款目,并合理解决了相同索引款目区分排列和信息内容查准率问题。如果不做年鉴索引分级标引和索引词分级处理,两家企业的二级索引词几乎80%都是相同的,按照索引编纂要求这些相同索引词将进行合并,信息内容的区分度就消失掉了,读者使用索引检索信息就会出现内容混淆,也失去了年鉴索引的真正检索意义。

表1 年鉴分级标引示例

中国铁建股份有限公司 549a	中国铁路工程集团有限公司 545b
安全生产 552a	党建工作 548a
产业发展 551a	改革发展 547a
党建工作 554a	基本概况 545b
风险防控 552b	经济指标(表) 547a
改革发展 551a	履行社会责任 549a
公司治理 550b	企业文化 548b
工程创优 552b	信息化与数字化建设 548b
环境保护 555a	重大创新 548
基本概况 549a	重大项目 547b
经济指标(表) 550a	主要指标 546b
履行社会责任 555a	走向海外 548a
重大创新 553a	
重大项目 551b	
主要指标 550a	
走向海外 553b	

六、规范处理索引词

年鉴主要内容以条目体进行组织和揭示,且条目名称越来越规范,这也为编纂年鉴索引提供了很大便利,抽取索引词时以题内关键词标引为主,但要做进一步的优化处理,不必与年鉴条目名称完全相同,索引词结构以规范性名词或名动词为主,这也成为提高年鉴索引编纂质量的关键所在。

笔者曾经为中国铁路系统的很多年鉴做过索引，因收入索引的词语来自年鉴条目名称，但又进行必要的词语规范，致使一些年鉴像《中国铁道年鉴》《北京铁路局年鉴》再出版新年鉴时，也按照索引词进行条目名称修改完善，如核心字词前置、取消没必要的"的"字等，这样也规范了年鉴编辑和索引编纂两方面的质量。在具体标引时，可将年鉴条目名称和文献名称中无关的、多余的字词删掉，如删除文件名称最前面的"关于"二字，将文献正标题和副标题分别作为索引标目并进行轮排，分段叙述且里面有检索内容的长条目要做细致分析，将有实质检索意义的索引词标引出来并纳入索引。

七、撰写使用说明

索引是为读者使用的检索工具，应该像书前目录那样一看就明白，但由于中国年鉴索引特色明显，为了读者高效正确地使用索引，一般在年鉴索引正文之前，以通栏排版的形式编制一个"使用说明"，这也成为中国年鉴索引的标准做法。

一个典型的年鉴索引"使用说明"涵盖以下内容：年鉴索引编纂所采用的索引法和排序法，索引款目构成要素及排序规律，图表标目和二级标目的特殊排列形式和排序方式，索引地址出处项中年鉴栏别和页码表示方法等。年鉴"使用说明"要文字简洁，表达清晰，读者通过说明文字能够进一步理解年鉴索引，也可以更加高效快捷地利用索引。

太行燕　北京印刷学院教授，索引编纂研究所研究人员。

Seven Ways to Improve the Retrieval Effect of Yearbook Index

Taihang Yan

Abstract: This paper aims at tackling the core problem of yearbook index retrieval effect, and proposes and explains seven methods based on the new theory of index compilation with substantial retrieval significance. These methods include the compilation of comprehensive subject indexing, permutation of special records and special articles, omissions of events summarized in chronicles, adding content identification for charts and graphs, improving index retrieval accuracy by hierarchical indexing, standardization of indexing words, and writing instructions for use.

Keywords: Yearbook Index; Index Compilation; Index Retrieval Effect

实质检索意义视域下的人名索引编纂实践

张 妍 黄思敏 尹 智

(军事科学院图书馆 100039)

摘 要 本文以编纂《全军官兵学习材料》人名索引作为行文背景和分析素材,总结出五点有实质检索意义的人名索引编纂要点,包括:作者纳入人名索引要具体分析后确定,以人名定义的名词概念不作为人名标目,合理处理一笔带过的人名,一人多名要增加检索途径,人名索引款目须统一规范处理。

关键词 人名索引 专题索引 索引编纂经验

一、《全军官兵学习材料》人名索引编制背景

2023年下半年,军事科学院图书馆成立索引编纂组,计划通过系统学习索引知识和真正的索引编纂实践,将索引编纂技能学到手,并服务全军官兵。通过近3个月的学习和准备,我们与馆领导协商,决定从全军上下正在学习的文献入手,编纂《全军官兵学习材料》人名索引,探讨人名索引的编纂方法和规则,并以此将所学运用到服务全军官兵学习和检索服务上。

该套被索引的学习材料分为3册,书稿约1 000页,字数达到55万字。书稿内容收录了习近平同志2012年至2022年期间的公开讲话,主要选自《解放军报》《人民日报》、新华网及各类书籍等。编制该书人名索引,可以帮助广大官兵迅速检索书中人物和精准查阅人物内容。

此次索引编纂实践正好赶上GB/T 22466-2023《索引编制规则(总则)》修订后正式实施,我们决定按照国家标准规定的索引编制规则、步骤和格式严肃认真地编纂人名索引。加之刚刚学习了"有实质检索意义"的索引编纂理论,体会到索引既要信息饱满充分又要节省使用者时间实非易事,必须在编纂的实际索引中体现出来。

二、《全军官兵学习材料》人名索引编制过程

参加人名索引编制工作的每一位成员，都提前做好准备，通读并了解被索引文献的具体内容。

编纂组邀请索引专家王彦祥教授授课，系统学习和掌握专题索引编制知识和技能，重点理解"有实质检索意义"的专题索引编纂意义和方法。

编纂组集体协商讨论，制定并实施人名索引编制计划，以此做到索引编纂工作有计划、有目标。

针对被索引文献共有 3 册图书和文献篇幅长短有异，全员分组，合理分工，将索引编纂任务和系统学习结合起来。

按照分工分别完成人名索引款目标引后，召开索引编制研讨会，进行集体讨论并达成共识，以解决实际问题。

在专家课上与老师一起讨论，确定具有实质检索意义的人名索引款目，然后对正式款目进行排序、合并、审校。

有实质检索意义的人名索引初稿交相关人员试用，然后做最后的修改完善，准备分发全军官兵使用。

被索引的 3 册《全军官兵学习材料》中出现的古今中外人名约 150 个，而列入有实质检索意义的人名索引并制作正式索引款目者只有 89 个，占比为 59.3%。例如，在 3 册书稿中出现最多的人名为毛泽东，共计 105 处，而列入有实质检索意义的人名索引并提供索引出处、供读者检索查阅的为 64 处，这从数据上反映了编纂有实质检索意义的人名索引具有重要价值。

三、人名索引编纂要点总结

总结此次《全军官兵学习材料》人名索引的编纂，有五点专题索引编纂经验可与同行分享，以促进今后更好地编纂人名索引。

1. 作者是否纳入人名索引要具体分析后确定

一般情况下，作者在书稿文献上的署名缺少实际检索意义，可以不列入人名索引款目。但《全军官兵学习材料》所刊载的三军统帅绝大多数讲话或报告，以当页注文的形式，注明讲话或刊文时间、地点及题目来源等信息，这对于读者学习文献内容有助益，因此为这类作者制作人名索引款目，可提供有实

质检索意义的信息。

在编纂人名索引时,作者姓名是否纳入人名索引,一定要秉持具体问题具体分析的科学态度,确定有意义后再实施,以使有实际检索意义的作者信息不遗漏,并能在人名索引中体现出来,以利于读者检索和参考。

2. 以人名定义的名词概念其人名不作为索引标目

"马克思主义""毛泽东思想""雷锋精神""杨根思英雄连"等用人名定义命名的名词概念,在文献行文中经常出现,但其含义已经超出原来的人名信息,也不再是检索人名信息的途径,因此这些构成名词概念的人名,不能作为人名索引的标目。

这一编纂要点比较容易理解,只不过编制人名索引时很多人还是只关注人名本身,不认真阅读和判断文献原文,甚至用计算机词语查找功能来寻找人名索引标目素材,使已经不具备人名信息检索意义的、由人名构成的名词概念继续充当人名索引标目,无疑降低了人名索引的检索质量。

3. 合理处理一笔带过的人名以提高人名索引的检索价值

这也是目前编制人名索引最关键、绕不开的一个具体问题,因为无论被索引文献是讲话还是报告,作者往往列出很多人名,但是否列入人名索引款目,供读者通过索引途径检索这些人名,其核心是要看这些人名信息是否具备"有实质检索意义"。

例如,在《全军官兵学习材料》中,有3处提及国人耳熟能详的抗美援朝英雄黄继光、邱少云,但只有1处具有实际内容可供官兵学习参考,具有实质检索意义,故此在人名索引中只列出这1处地址出处页码。而英雄杨根思虽然只出现1次,但有检索意义就直接列为人名索引款目。因此,3册《全军官兵学习材料》中出现的约150个人名,列入人名索引的只有89个,占比为59.3%,那些顺带提及且不具备检索意义的人名均未进入索引,也使此次编制的人名索引真正具备了实质检索意义。

4. 一人多名以轮排技术或款目注释增加检索信息

编制人名索引自然要涉及中国古人的名、字、号,现代人的笔名、别名、雅号等,一人多名的问题处理不好,容易影响人名索引的检索效果。此次索引编制实践采取扩大人名标目范围,减少参照款目,以轮排技术增加检索点来增加人名索引的应用价值。

例如,《全军官兵学习材料》中提到了"宋高宗",编制人名索引时将其真名赵构作为轮排款目，并注明全部地址出处页码，以利于人物检索。同样，笔名"鲁迅"与真名"周树人"也可以使用这一方法处理。而属于同一人的"苏轼""苏东坡"，由于排序法使其索引款目排在一起，为此可使用标目注释的方式，即编制带限义词的人名款目，将相关信息放在正式标目后面的小括号内，以增加人名款目的检索准确性。

5. 人名索引款目须统一规范处理

编制人名索引，最关键的是索引标目一定要准确、规范，还要以新的索引国家标准格式进行统一排序，但古今中外的人名千差万别，仅一个人就会出现名、字、号，还会有若干笔名、绰号、别名、尊称、官职称呼等，为此在人名索引编制过程中，不仅要标引出所有有实质检索意义的人名，还要随时查阅人名词典等工具书文献资料，以此提高人名索引编制质量。

例如，在《全军官兵学习材料》中，作者在讲话和报告中将我党我军的第一代领导人称为"毛主席""毛委员"，为了人名索引款目的统一规范，一律改为标准的人名"毛泽东"。对于作者引用的外国人名，为了检索规范，索引标目一律与原书人名保持一致，避免出现歧义和混乱。

编纂《全军官兵学习材料》人名索引之时，正赶上 GB/T 22466－2023《索引编制规则（总则）》国家标准新修订版颁布实施，编纂组成员通过系统学习和专题索引实际编纂，更加认识到人名索引款目统一规范的重要性，也充分理解有了人名索引，被索引文献的检索将更加智能化、高效化，为广大官兵的学习和阅读提供了有力的支撑。希望今后有更多更好的有实质检索意义的人名索引问世。

张　妍　军事科学院图书馆馆员，研究方向为学科服务、信息素养教育。
黄思敏　军事科学院图书馆馆员，研究方向为图书馆资源建设。
尹　智　军事科学院图书馆馆员，研究方向为知识组织与揭示研究。

Compiling and Usurping Practice in Personal Name Index from the Perspective of Substantive Retrieval Significance

Zhang Yan   Huang Simin   Yin Zhi

Abstract: This paper takes the index compilation of personal name for *the Learning Materials of All Army Officers and Soldiers* as the writing background and analysis material, and specifically summarizes five key points in indexing personal names with substantial retrieval significance. The five points are as follows: the inclusion of authors in the index of names to be determined after a specific analysis; the exceptions where persend-name-incorporated nouns and concepts not to be indexed as personal names; treatment of a person's name with minimal mentioning; increasing the retrieval path for a person of multiple names; and a unified and standardized treatment of the paragraph of the index of names.

Keywords: Personal Names Index; Special Subject Index; Experience of Index Compilation

专题索引

章培恒先生研究文献目录

朱星澜[1]　陈东辉[2]

（1　浙江大学文学院　杭州　310058）
（2　浙江大学汉语史研究中心　杭州　310058）

摘　要　本文全面汇总整理2021年12月之前发表的与章培恒先生相关的研究文献，为相关研究者提供资料检索的便利。

关键词　章培恒　元明清文学　中国文学古今演变　论著目录

编制说明：章培恒先生（1934—2011），浙江绍兴人，当代著名学者，在元明清文学、中国文学古今演变等研究领域成就卓著。为了系统总结历年来关于章培恒先生研究之成绩，并给相关研究者提供资料检索的便利，特编制本目录。本目录包括学位论文、著作和学位论文中的相关部分、报刊和文集文章三大部分。各部分分别按论著发表之时间先后为序排列，其中同一年份论著之排序不再严格依照时间先后，而是酌情而定。博士和硕士学位论文日益增多，已成为学术研究论著的重要组成部分，不容忽视。对于报刊和文集文章，除了专门研究章培恒先生之文章均予收录外，如该文章中有较多内容涉及章培恒先生，也酌情予以收录。著作和学位论文中的相关部分，给本目录的编制增加了不少工作量，并且增加了难度，但这也是本目录的重要特色，可以给读者提供尽可能多的信息。本目录对于研究文献的界定较为宽泛，一些学术性并不很强的著作和文章（含内部出版物）亦予收录，目的是为了给读者提供更多的信息和线索。

一、学位论文

许静：《章培恒学术思想及其方法渊源考论——以其魏晋南北朝文学研究为例》，华东师范大学中国古代文学专业硕士学位论文，2021年。

二、著作和学位论文中的相关部分

倪振良：《成材方法纪实》中的《长河弄潮——中年教授章培恒治学治教有方》，河北人民出版社 1984 年版。

汪少林、杭丹编著：《书的知识手册》中的《章培恒读书方法》，百花洲文艺出版社 1990 年版。

傅璇琮、蒋寅总主编，郭英德卷主编：《中国古代文学通论·明代卷》关于章培恒部分，辽宁人民出版社 2005 年版，2016 年第 2 版。

钟雪风主编：《名人读书法》中的《章培恒——花海酿蜜法》，远方出版社 2006 年版。

张胜利：《现代性追求与民族性建构——马克思主义视域下的中国古代文学研究》关于章培恒部分，复旦大学文艺学专业博士学位论文，2007 年。

王丽梅：《洪昇研究》关于章培恒部分，中国戏剧出版社 2014 年版。

黄仁生：《中国文学古今演变刍议》关于章培恒部分，东方出版中心 2014 年版。

苏永延：《复旦大学文学史传统研究》关于章培恒部分，复旦大学中国现当代文学专业博士学位论文，2015 年。

梅新林、潘德宝：《中国文学古今演变研究通论》关于章培恒部分，上海人民出版社 2016 年版。

刘世南：《师友偶记》中的《关于宫体文学的论争》，九州出版社 2017 年版。

白旭：《二十一世纪元代文学史书写历史文化语境研究》关于章培恒部分，内蒙古民族大学中国古代文学专业硕士学位论文，2019 年。

三、报刊和文集文章

文乃山：《李伯元作品思想倾向初探——与章培恒同志商榷》，《光明日报》1965 年 10 月 31 日。

若松：《一九六四年中国古典文学研究中几个主要问题的综述》关于章培恒部分，《文学评论》1965 年第 1 期。

公盾、朱通：《关于金圣叹思想评价的几个问题》，《哲学研究》1965 年第 3 期。

王文生：《再论古代文学中的形象思维问题——与章培恒同志商榷》，《武汉大学学报》（哲学社会科学版）1979 年第 2 期。

李厚基：《"一生遭尽揶揄笑，伸手还生五色烟"（续）——蒲松龄的生平与著作》关于章培恒部分，《天津师院学报》1979 年第 2 期。

熊笃：《试论洪昇的民族意识——兼评章培恒同志〈洪昇年谱〉的一个观点》，《求是学刊》1980 年第 1 期。人大复印报刊资料《中国古代、近代文学研究》1980 年第 8 期转载。又见熊笃：《书剑斋古代文学论丛》，重庆出版社 2013 年版。

倪振良：《记中国文学史专家章培恒》，《人民教育》1980 年第 11 期。后更名为《长河弄潮——记中国文学史教授章培恒》，载红旗杂志社图书资料室编：《实践共产主义的人们》，红旗出版社 1983 年版。

王永健：《古典戏曲作家研究的新收获——评章培恒〈洪昇年谱〉》，《文学遗产》1981 年第 3 期。

周楞伽：《小说札记》关于章培恒部分，《文学遗产》1981 年第 4 期。

周明：《〈长生殿·自序〉非〈舞霓裳〉旧序——同章培恒同志商榷》，《文学评论》1982 年第 4 期。

欧阳健：《施耐庵文物史料考察座谈纪要》关于章培恒部分，《江苏社联通讯》1982 年第 5 期。

曹学伟：《试论〈长生殿〉的写情主题》，《四川大学学报》（哲学社会科学版）1982 年第 3 期。

林韵：《一个进取者——记章培恒》，《读书》1983 年第 3 期。

张国光：《〈三国志通俗演义〉成书于明中叶辨——与王利器、周邨、章培恒等同志商榷，兼论此书小字注的问题》关于章培恒部分，《社会科学研究》1983 年第 4 期。又见湖北大学科研处编：《湖北大学科研成果汇编》（1982.7—1985），1986 年 4 月。

王枝忠：《〈聊斋志异〉是按写作先后编次的吗？——与章培恒同志商榷》，《宁夏大学学报》（社会科学版）1984 年第 2 期。

冯伟民：《关于〈聊斋志异〉写作过程的两个问题——兼与章培恒同志商榷》，载山东大学蒲松龄研究室编：《蒲松龄研究集刊》第 4 辑，齐鲁书社 1984 年版。

骆玉明：《章培恒传略》，《文献》1985 年第 3 期。

宋谋玚：《不能为褒扬〈金瓶梅〉而贬低〈水浒〉——与章培恒同志商榷》，《晋阳学刊》1985 年第 6 期。

欧阳世昌：《"不分"解》，《学术研究》1986 年第 3 期。

佚名：《博士生导师章培恒教授》，《复旦学报》（社会科学版）1986 年第 5 期。

陈建华：《章培恒教授与中国古典文学研究》，《复旦学报》（社会科学版）1987 年第 3 期。

王平：《关于中国古典文学研究的几点思考——访章培恒教授》，《文史哲》1987 年第 6 期。

陈来生：《章培恒与中国古典小说研究》，《文汇报》1987 年 9 月 1 日。又见施宣圆主编：《中华学林名家访谈》，文汇出版社 2003 年版。

刘世南：《究竟应该怎样评价魏晋南北朝文学——与章培恒同志商榷》，《复旦学报》（社会科学版）1988 年第 1 期。

张国光：《〈三国志通俗演义〉非罗贯中所著说——兼论章培恒同志所考订的罗氏生年之不足据》，《社会科学》1988 年第 2 期。

陈良运：《魏晋南北朝文学中的"个性"和"情"》关于章培恒部分，《复旦学报》（社会科学版）1988 年第 5 期。

刘世南：《二论魏晋六朝文学评价问题——答章培恒君》，《江西师范大学学报》1989 年第 1 期。

孙玉明：《试论〈聊斋志异〉的成书及分卷和编次问题》，《蒲松龄研究》1991 年第 1 期。

马樟根、安平秋：《衣带渐宽终不悔——〈古代文史名著选译丛书〉编纂始末》关于章培恒部分，《中国典籍与文化》1992 年第 1 期。

许逸民：《一九九一年古籍整理述评》关于章培恒部分，《中国典籍与文化》1992 年第 1 期。

廖化津：《屈原自沉考——兼评吴郁芳、章培恒、潘啸龙等先生屈原自沉与殉国难无关说》关于章培恒部分，《山西师大学报》（社会科学版）1993 年第 1 期。

吴瑜珑：《王起学术研讨会在广州举行》关于章培恒部分，《学术月刊》1993 年第 8 期。

佚名：《昆曲、京剧≠戏曲——与章培恒教授商榷》，《上海戏剧》1994年第3期。

王长友：《再说〈三国志通俗演义〉的"旧本"和小字注问题——答章培恒先生》，《学海》1994年第3期。

李梦生：《女仙外史》关于章培恒部分，载李梦生：《中国禁毁小说百话》，上海古籍出版社1994年版，上海书店出版社2006年增订版，上海辞书出版社2017年珍藏版。

张伟品：《一种忧思——与章培恒教授商榷》，《上海戏剧》1995年第2期。

吴学恒：《蒲松龄民族归属问题刍议——兼与章培恒、袁世硕、王枝忠诸君商讨》，《文摘报》1995年4月30日。又见王叔磐主编：《北方民族文化遗产研究文集》，内蒙古教育出版社1995年版。

何倩：《记章培恒教授》，《文汇读书周报》1995年10月7日。又见黄岸青、赵美仁、季穗穗编：《迈向一流——报刊上的复旦大学》，复旦大学出版社1997年版。

曹正文：《难忘师恩——记章培恒先生》，载曹正文：《珍藏的签名本》，汉语大词典出版社1995年版。又见曹正文：《珍藏的签名本》，上海人民出版社2008年版。又见曹正文：《米舒文存》第8卷，上海书店出版社2016年版。

佟瑞坤：《论〈儒林外史〉原作非五十回——与章培恒先生商榷》，《明清小说研究》1996年第1期。

《出版参考》编者：《章培恒教授谈他主编的〈中国文学史〉》，《出版参考》1996年第8期。

黄理彪：《如何重写文学史——访章培恒教授》，《文史哲》1996年第3期。

魏崇新：《〈中国文学史〉：文学史研究的新路标》关于章培恒部分，《复旦学报》（社会科学版）1996年第5期。

黄仁生：《深化文学中的人学意味研究》，《复旦学报》（社会科学版）1996年第5期。

张晶：《文学史转型与人学的价值取向》，《复旦学报》（社会科学版）1996年第5期。

李笑野：《从〈周易〉的"人格论"看〈中国文学史〉》，《复旦学报》

（社会科学版）1996年第5期。

朱光：《以人性发展为标准撰写文学史的成功与困难》，《复旦学报》（社会科学版）1996年第5期。

李明生：《文学史的双重意义与"人性"阐释的困惑》，《复旦学报》（社会科学版）1996年第5期。

贺圣遂：《一部全新的〈中国文学史〉》，《书屋》1996年第5期。

黄仁生：《一套"最得知人论世之义"的个人系列编年史——评〈新编明人年谱丛刊〉》，《中国典籍与文化》1997年第1期。

朱志荣：《论中国文学与文学的发展观——就〈中国文学史·导论〉与章培恒先生商榷》，《江淮论坛》1997年第1期。又见朱志荣：《中国古代文论与文学经典阐释》，上海古籍出版社2012年版。

宁宗一：《评章、骆主编的〈中国文学史〉——兼谈文学史编写中的理论与方法诸问题》，《复旦学报》（社会科学版）1997年第1期。

陈大康：《从比较看研究体系的演进》，《复旦学报》（社会科学版）1997年第1期。

董宁文：《文学是给人愉悦的事——访章培恒》，《作家报》1997年2月1日。又见董宁文编著：《人缘与书缘》，东南大学出版社2003年版。

陈辽：《文学发展过程与人性发展过程同步吗？——与复旦版〈中国文学史·导论〉作者商榷》，《文艺报》1997年3月2日。

黎乔桂：《章培恒、骆玉明主编〈中国文学史〉"导论"读后放言》，《学术研究》1997年第3期。

赵沅：《复旦版〈中国文学史〉怎么啦？》，《书城》1997年第3期。又见《全国新书目》1997年第8期。

江仁锋：《图书的稳定与更新》，《书城》1997年第4期。

许纪雄：《重读那次专家座谈会纪要》，《书城》1997年第4期。

《书城》记者：《这里有一个学风问题——来文来信来电话综述》，《书城》1997年第4期。

鲁莘：《复旦版〈中国文学史〉门外谈——赵沅〈复旦版《中国文学史》怎么啦〉读后》关于章培恒部分，《书城》1997年第4期。

黄世中、马冰丽：《评章培恒〈中国文学史〉》，《天府新论》1997年第5期。

周锡山：《中国文学史研究的新成果和局限——简评章、骆主编的〈中国文学史〉》，《复旦学报》（社会科学版）1997年第5期。

赵沅：《关于"复旦版〈中国文学史〉现象"》，《书城》1997年第6期。

胡喜：《学者的坦率》，《书城》1997年第6期。

孙原：《南北相对 决非偶然》，《书城》1997年第6期。

张正义、冯巧英：《首届〈西游记〉文化学术研讨会会议纪要》，载《西游记文化学刊》编委会编、李安纲主编：《首届〈西游记〉文化学术研讨会论文集》，东方出版社1998年版。

严孚良：《论不同心理层次的情感在诗歌中的表现》关于章培恒部分，《江西社会科学》1998年第8期。

施宣圆：《不断探索，精益求精：章培恒谈〈中国文学史（新著）〉》，《文汇报》1998年1月27日。又见施宣圆编著：《中华学林名家访谈》，文汇出版社2003年版。后更名为《章培恒谈〈中国文学史（新著）〉》，载施宣圆：《我与学林名家》，中西书局2016年版。

杜贵晨：《〈三国志通俗演义〉成书及今本改定年代小考》关于章培恒部分，《中华文化论坛》1999年第2期。

石玲：《袁枚研究的回顾与思考》关于章培恒部分，《兰州大学学报》1999年第2期。

裴毅然：《也论文学与人性——与陈辽、章培恒二先生商榷》，《文艺评论》1999年第3期。

张强：《新时期〈西游记〉研究回顾》关于章培恒部分，《古典文学知识》1999年第4期。

徐珂：《文学发展过程与人性发展过程的一种阐释——兼与陈辽、章培恒、裴毅然三位先生商榷》，《文艺评论》2000年第2期。

徐春萍：《"官场小说"缺陷何在？》，《文学报》2000年7月6日。

王多：《向文学自身回归——访中国古代文学研究中心主任、复旦大学教授章培恒先生》，《探索与争鸣》2000年第8期。后更名为《向文学自身回归——章培恒教授访谈录》，载秦维宪主编：《先声——国内外名家谈改革》，上海三联书店2014年版。

查洪德：《20世纪元诗研究概说》关于章培恒部分，《淮阴师范学院学报》（哲学社会科学版）2000年第5期。

张蜀津：《章培恒再写文学史》，《中华读书报》2000年11月1日。

李舜华：《世纪回眸：洪昇与〈长生殿〉的研究》关于章培恒部分，《北京社会科学》2001年第2期。

凌昌：《中国现代文学史的上限始于20世纪初》，《文汇报》2001年5月19日。

智效民：《少写点论文》关于章培恒部分，《管理工程师》2001年第6期。

沈金浩：《关于文学史编写的几点思考》关于章培恒部分，《中国文学研究》（辑刊）2001年第2期。又见教育部人文社科重点研究基地复旦大学中国古代文学研究中心编：《第一届全国高校中国古代文学科研与教学研讨会论文集》，上海三联书店2003年版。

徐振贵：《章骆本〈中国文学史〉的三个主要贡献》，《曲靖师范学院学报》2002年第1期。

叶君、刘海波：《人性的解放：贯穿文学的主线——复旦大学中国古代文学研究中心章培恒教授访谈》，《社会科学报》2002年3月7日。

包兆会：《文学研究中的跨学科发展研讨会综述》关于章培恒部分，《文学评论》2002年第4期。

章培恒、陈村：《美好的中文》，《收获》2002年第4期。又见《当代作家评论》2002年第5期。又见程德培主编：《名家推荐2002年最具阅读价值散文随笔》，上海社会科学院出版社2003年版。

梅新林、葛永海：《〈金瓶梅〉研究百年回顾》关于章培恒部分，《文学评论》2003年第1期。

薛梅：《〈西游记〉作者研究的源起及讨论综述》关于章培恒部分，载张虹、喻斌主编：《〈水浒〉争鸣》第7辑，武汉出版社2003年版。

黄永年：《回忆我的老师蒋秉南（天枢）先生》关于章培恒部分，《中国典籍与文化》2003年第2期。

蒋寅：《文学所古代文学研究的学术传统》关于章培恒部分，《文学遗产》2003年第5期。

王长华：《中国文学史研究和文学史教材编写漫议》关于章培恒部分，载教育部人文社科重点研究基地复旦大学中国古代文学研究中心编：《第一届全国高校中国古代文学科研与教学研讨会论文集》，上海三联书店2003年版。

康金声：《新时期古代文学教改与教材建设得失浅议》关于章培恒部分，

载教育部人文社科重点研究基地复旦大学中国古代文学研究中心编：《第一届全国高校中国古代文学科研与教学研讨会论文集》，上海三联书店2003年版。

郑利华：《关于〈中国古代文学作品选〉编纂的若干想法与说明》关于章培恒部分，载教育部人文社科重点研究基地复旦大学中国古代文学研究中心编：《第一届全国高校中国古代文学科研与教学研讨会论文集》，上海三联书店2003年版。

黄仁生：《独树一帜的文学史家——章培恒先生学术研究述评》，《文学评论》2004年第1期。又见刘扬忠、钟振振、霍有明主编：《中国古代文学研究年鉴》（2004），陕西师范大学出版社2004年版。

吴中杰：《最是校园不平静》关于章培恒部分，《上海文学》2004年第2期。

章培恒、梁谷音：《就昆曲的生存、保护及发展——章培恒对话梁谷音》，《文汇报》2004年2月5日。

金文明：《文章千古事，岂能乱弹琴——读余秋雨〈笛声何处〉有感》关于章培恒部分，《中华读书报》2004年6月23日。

金文明：《余先生涉嫌剽窃一例》关于章培恒部分，《文学自由谈》2004年第4期。

章培恒、宋荣：《关于中国文学研究的古今贯通——章培恒教授访谈录》，《语文教学与研究》2004年第22期。

邬国平：《〈玉台新咏〉张丽华撰录说献疑——向章培恒先生请教》，《学术月刊》2004年第9期。

吴中杰：《大学还是要办的》关于章培恒部分，《上海文学》2004年第11期。

樊荣：《〈玉台新咏〉"撰录"真相考辨——兼与章培恒先生商榷》，《中州学刊》2004年第6期。

徐百柯：《蒋天枢：师道的重量》关于章培恒部分，《中国青年报》2005年7月6日。又见《报刊文摘》2005年7月15日。又见《青年文摘》（人物版）2005年第9期。又见徐百柯：《民国那些人》，中央编译出版社2007年版，香港中和出版有限公司2012年版。又见杜涌涛主编：《民国旧士：过去的那些人》，福建教育出版社2009年版。又见徐百柯：《民国风度》，九州出版社2011年版。又见《语文世界》（中学生之窗）2013年第3期。又见《语文世界》（初中版）2013 年第 3 期。后更名为《师道的重量》，《视野》2005 年第 10 期。又见《教师博览》2006 年第 3 期。又见《国学》2010 年第 9 期。又见《学习博览》2010 年第 11 期。又见《国学》2013 年第 10 期。又见《中学生阅读》（高中版）2013 年第 12 期。

吴中杰：《失之东隅，收之桑榆——记章培恒兄》，《上海文学》2005 年第 9 期。又见吴中杰：《海上学人》，复旦大学出版社 2012 年版。

丘珮瑀：《两年蓄势 以求一得——代师金文明先生答章培恒》，《艺术评论》2005 年第 10 期。

钦鸿整理：《范泉日记（1987—1997）》关于章培恒部分，《新文学史料》2005 年第 4 期。

梁展：《徘徊于历史与审美之间的文学史写作——由章培恒、骆玉明主编〈中国文学史〉的方法论谈起》，《中国图书评论》2006 年第 3 期。

立华：《章培恒与蒋天枢：一脉相承的特立独行》，《大学时代》2006 年第 4 期。

胡毅成：《〈西游记〉作者：不是吴承恩是谁？——近年国内关于〈西游记〉定稿者及主旨讨论的述评》关于章培恒部分，《运城学院学报》2006 年第 4 期。

王元骧：《关于文学评价中的"人性"标准》，《文学评论》2006 年第 2 期。

金文明：《治古典文学者不应有的知识欠缺——读章偶得》，《书城》2006 年第 9 期。

韩立平：《谈"自编词集"与"编词入集"——与金文明先生商榷》，《书城》2006 年第 11 期。

章培恒、马世年：《中国文学的古今演变——章培恒先生学术访谈录》，《甘肃社会科学》2007 年第 1 期。

李生滨：《诗人性情和文学的意义（A 稿）——兼评章培恒、骆玉明主编的〈中国文学史〉》，载李生滨：《雕虫问学集》，宁夏人民出版社 2007 年版。

陈安钰、余玮：《余秋雨：走得最远的文人》关于章培恒部分，《中华儿女》2007 年第 6 期。

戴燕：《文学史：一个时代的记忆》，《书城》2007 年第 9 期。

吴谷平、缪克构：《章培恒以"人性"修文学》，《文汇报》2007 年 11 月

5日。

陈香：《贺圣遂：好的学术著作永远不会让我们亏本》，《中华读书报》2007年11月7日。

章永宏：《〈中国文学史新著〉"心""新"相映》，《人民日报》2007年11月8日。

陆岩军：《对王元骧先生〈关于文学评价中的"人性"标准〉一文指误》，《重庆社会科学》2007年第11期。

《书城》编者：《中国文学史新著（增订本）全三卷》，《书城》2007年第12期。

金鑫：《〈中国文学史〉10年后修订再版》，《中国新闻出版广电报》2007年12月21日。

舒坦、左晓光：《文海勾沉》关于章培恒部分，《文学教育》（上）2008年第1期。

谈蓓芳：《章培恒先生和〈中国文学史新著〉》，载褚钰泉主编：《悦读MOOK》第7卷，二十一世纪出版社2008年版。

《复旦学报》（社会科学报）编者：《专家座谈〈中国文学史新著〉》，《复旦学报》（社会科学版）2008年第11期。

《深圳大学学报》（人文社会科学版）编者：《〈中国文学史新著〉出版》，《深圳大学学报》（人文社会科学版）2008年第3期。

李楠：《活出来的真正知识分子——章培恒、范伯群、曾华鹏、严绍璗等学者忆贾植芳》关于章培恒部分，《中国现代文学研究丛刊》2008年第5期。

黄赞梅：《浅议新时期文学论争中的人性理论》关于章培恒部分，载李志宏、金永兵主编：《站在新的历史起点上——新时期文学理论研究的回顾与反思》，时代文艺出版社2008年版。

查屏球、苗田：《作为审美的、人性的及当下话语参与的文学史写作——读章培恒、骆玉明〈中国文学史新著（增订本）〉》，《上海大学学报》（社会科学版）2008年第6期。

贺圣遂：《复旦版〈中国文学史〉的出版传奇》，载中国编辑学会主编：《优秀出版物价值论：中国编辑学会第十三届年会优秀文集》，中国人口出版社2009年版。

李惠、高锐：《明代"台阁体"代表作家"三杨"诗文价值的再认识——

兼向章培恒、骆玉明教授请教》,《楚雄师范学院学报》2009 年第 4 期。

董乃斌:《思想与学术的优美结晶——章培恒、骆玉明主编〈中国文学史新著〉读后》,《文学评论》2009 年第 3 期。

黄百竹:《佳人作贼》关于章培恒部分,《文学港》2009 年第 2 期。

阮忠:《文学史撰述新的里程碑——从散文角度评说〈魏晋南北朝文学史〉、〈隋唐五代文学史〉》关于章培恒部分,《武汉大学学报》(人文科学版) 2009 年第 6 期。

姚婧:《仰之弥高,钻之弥坚——从〈献疑集〉的论证特色看章培恒先生的学术精神》,《沈阳教育学院学报》2011 年第 1 期。

黄仁生:《文学史家章培恒先生学术研究述评》,《科举学论丛》2011 年第 2 期。

姜澍:《斯人已去 斯文长存——复旦师生追忆昨天逝世的章培恒先生》,《文汇报》2011 年 6 月 8 日。

陈思和:《章培恒先生与复旦中文学科》,《文汇读书周报》2011 年 6 月 10 日。

陈思和:《章培恒先生》,《文汇报》2011 年 6 月 11 日。又见文汇报"笔会"编辑部选编:《坐在人生的边上——2011"笔会"文粹》,文汇出版社 2012 年版。又见薪火学刊编辑部编:《薪火学刊》第 5 卷,复旦大学出版社 2018 年版。

曹正文:《恩重如山——追忆恩师章培恒》,《新民晚报》2011 年 6 月 16 日。又见郑文编:《米舒其人其书:曹正文作品研究评论集》,安徽文艺出版社 2012 年版。

[日] 井上泰山:《等待阅读者的判断》关于章培恒部分,《社会科学报》2011 年 6 月 16 日。

陈广宏:《章培恒先生的中国文学研究》,《文汇报》2011 年 6 月 21 日。

方汉文:《并世从谁问文章——追忆章培恒先生》,《中国社会科学报》2011 年 7 月 9 日。

陈思和:《悼念章培恒先生》,《新民晚报》2011 年 8 月 8 日。

郑利华:《生命的体悟——章培恒先生琐记》,《中国社会科学报》2011 年 8 月 30 日。

《当代劳模》编者:《星踪》关于章培恒部分,《当代劳模》2011 年第

6期。

《古籍整理研究学刊》编辑部：《沉痛哀悼章培恒教授》，《古籍整理研究学刊》2011年第4期。

章培恒、梁谷音：《再也没有这样的事了——因一梦而死，又一梦而生之〈牡丹亭〉》，载俞雷庆主编：《文化不会老——名家对谈录》，上海文艺出版社2011年版。

潘凯雄：《忆章培恒先生》，《书城》2011年第8期。又见上海图书馆编：《阅读年选 亲历·2011》，上海科学技术文献出版社2012年版。

周言：《复旦园中的章培恒先生》，《书屋》2011年第8期。

颜海平：《怀念章培恒先生》，《中华读书报》2011年8月7日。

《书城》编者：《每月书偈》，《书城》2011年第9期。

李炳银：《细小而深刻的记忆》，《文艺报》2011年9月9日。后更名为《细小而深刻的记忆——怀念章培恒先生》，《教师博览》2011年第12期。

骆玉明：《中国文学的路——谈章培恒先生的中国文学史研究》，《复旦学报》（社会科学版）2011年第5期。

邵毅平：《章培恒先生学术因缘述略》，《复旦学报》（社会科学版）2011年第5期。又见邵毅平：《中国古典文学论集》，上海古籍出版社2013年版，2019年第2版。

高克勤：《从章培恒先生的〈中国文学史〉说起》，《文汇报》2011年11月14日。又见高克勤：《拙斋书话》，上海辞书出版社2016年版。

刘晓虹：《与章培恒先生谈生死》，《长江文艺·精品悦读》2011年第9期。又见《中国减灾》2011年第22期。

佚名：《〈玉台新咏汇校〉上、下册》，《复旦学报》（社会科学版）2011年第6期。

孙小力：《章培恒先生文学研究特点试析——从其杨维祯新论谈起》，《中国文学研究》（辑刊）2011年第2期。

李庆：《古今文学自纵横——关于章培恒先生学术思想的二三事》，《中国文学研究》（辑刊）2011年第2期。

张勇：《见微知著——从若干序跋看章培恒教授的学术思想》，《中国文学研究》（辑刊）2011年第2期。

许建平：《时代荡转 学人何为——章培恒师学术人生的启示》，《中国文学研究》（辑刊）2011年第2期。

陈四益：《章培恒先生》，载褚钰泉主编：《悦读MOOK》第23卷，二十一世纪出版社2011年版。又见刘炜茗主编，易中天、杨奎松、陈平原等著：《平生风义兼师友》，新星出版社2013年版。

史飞翔：《师道的力量》关于章培恒部分，《教师博览》2012年第5期。又见《思维与智慧》2012年第17期。又见《中外文摘》2012年第20期。又见史飞翔：《学问与生命》，西安出版社2012年版。

吴盛青：《四月的骊歌：送别章先生》，《文汇报》2012年4月19日。又见文汇报"笔会"编辑部编：《枪挑紫金冠——2012"笔会"文粹》，文汇出版社2013年版。又见周言、康凌编：《海上中文系》，广西师范大学出版社2013年版。

董桥：《〈中国文学史〉的风波》，载董桥：《英华沉浮录》（二），海豚出版社2012年版。

陈建华：《追求真理，毋变初衷——章培恒先生〈不京不海集〉读后》，《复旦学报》（社会科学版）2012年第3期。又见陈建华：《古今与跨界——中国文学文化研究》，复旦大学出版社2013年版。又见陈建华：《凌波微语》，商务印书馆2018年版。

陈建华：《文学人性的世界视境——章培恒先生周年追思》，《书城》2012年第6期。

［日］四方美智子：《为中国文学史研究开辟新天地》，《社会科学报》2012年8月16日。

陈正宏：《蒋天枢、章培恒合作校点〈诗义会通〉纪事》关于章培恒部分，《中华读书报》2012年9月26日。

赵红娟：《怀念章培恒先生》，《梧桐影》2012年第2期。又见梧桐阁社编，夏春锦主编：《桐溪书声》，海豚出版社2014年版。

王宗峰：《中国文学古今演变研究的观察与思考》，《求索》2012年第10期。

杨光辉：《章培恒先生对中国文学史研究的追求》，载复旦古籍整理研究所编：《复旦古籍所学报》第1期，复旦大学出版社2012年版。

甄惠娟：《袁、游、章三部中国文学史比较研究》关于章培恒部分，《青年与社会》，2013年第6期。

周允中：《章培恒与周楞伽的交往和争论》，载臧杰主编：《闲话（十六）纸上硝烟》，青岛出版社2013年版。

卢小雅：《怀念章培恒先生》，载卢小雅：《镜中流年》，海豚出版社2013年版。

罗银胜：《思想独立 精神自由——记忆中的王元化先生》关于章培恒部分，《中华读书报》2014年2月12日。后更名为《不倒的灯塔——怀念王元化先生》，《民主与科学》2014年第1期。

葛兆光：《〈古诗文初阶〉书前书后》关于章培恒部分，《书城》2014年第3期。又见葛兆光：《古诗文初阶》，复旦大学出版社2016年版。

陈宛希：《1961—1965：调整时期的〈长生殿〉研究》关于章培恒部分，《重庆师范大学学报》（哲学社会科学版）2014年第4期。

黄灵庚：《与章培恒先生交往二三事》，《中国社会科学报》2014年8月20日。又见薪火学刊编辑部编：《薪火学刊》第7卷，复旦大学出版社2021年版。

安平秋：《二十八年交亲的追忆》，载薪火学刊编辑部编：《薪火学刊》第1卷，复旦大学出版社2014年版。

黄霖：《入门引路第一人——怀念章培恒先生》，载薪火学刊编辑部编：《薪火学刊》第1卷，复旦大学出版社2014年版。

叶灿芬、沈惟中：《舅舅的兄弟姐妹们》，载薪火学刊编辑部编：《薪火学刊》第1卷，复旦大学出版社2014年版。

梅新林：《"中国文学古今演变研究"学科创始人章培恒先生》，载薪火学刊编辑部编：《薪火学刊》第1卷，复旦大学出版社2014年版。后更名为《深切缅怀"中国文学古今演变研究"创始人章培恒先生》，载黄霖、梅新林、胡明主编：《中国文学古今演变研究论集四编》（上），上海古籍出版社2015年版。

赵娟如：《李伯元〈文明小史〉研究的回顾与前瞻》关于章培恒部分，《燕山大学学报》（哲学社会科学版）第16卷第1期，2015年3月。

苏思涵、陶佳妮、黄铭娴、王菊艳：《三部〈中国文学史〉教材特点的比较研究》关于章培恒部分，《文教资料》2015年第10期。

刘洪清：《"致仕"引发的"战争"》关于章培恒部分，《中国社会保障》2015年第7期。

张宪光：《灾难的枣子》，《书城》2015年第7期。

蒋昕悦、张妤溦、鞠文韬、周桂发、陶辇烁：《世说新语复旦版》关于章培恒部分，《大学生》2015年第17期。

陈思和：《章培恒先生》，载陈思和：《耳顺六记》，云南人民出版社2015年版。又见陈思和：《星空遥远》，广东人民出版社2018年版。又见陈思和：《星光》，东方出版中心2018年版。

葛兆光：《师友三十年——纪念章培恒先生》，载薪火学刊编辑部编：《薪火学刊》第2卷，复旦大学出版社2015年版。又见葛兆光：《余音 学术史随笔选1992—2015》，广西师范大学出版社2016年版。

吴冠文：《章培恒先生已刊著述目录》（初稿），载薪火学刊编辑部编：《薪火学刊》第2卷，复旦大学出版社2015年版。

卢继元：《在暗处尊重人》关于章培恒部分，《演讲与口才》2015年第24期。又见《档案记忆》2016年第4期。又见《意林》（原创版）2020年第7期。又见《山东国资》2020年第8期。又见《党员文摘》2020年第9期。又见《风流一代》2020年第26期。又见《传奇·传记文学选刊》2020年第11期。后更名为《暗处尊重》，《北方人》（悦读）2021年第2期。

郑伟宏：《悼念章培恒先生》，载汤铭钧主编：《正理之门 郑伟宏先生从教四十五周年纪念论文集》，中西书局2016年版。

詹谷丰：《下跪、跪拜与二郎腿——那个时代书生的姿势》关于章培恒部分，《档案记忆》2016年第4期。

曹正文：《认识金大侠》关于章培恒部分，《上海采风》2016年第8期。

应必诚：《初心不改——章培恒同志逝世五周年纪念》，载薪火学刊编辑部编：《薪火学刊》第3卷，复旦大学出版社2016年版。

吴冠文：《章培恒先生与〈中国文学史新著〉的增订》，载薪火学刊编辑部编：《薪火学刊》第3卷，复旦大学出版社2016年版。

金鸿儒：《章培恒：藏而不露并非真的不露》，载金鸿儒：《大师修养课》，中国商业出版社2016年版。

施文斐：《宋话本的断代与确认问题》，载施文斐：《性别书写与近世短篇话本小说中的价值观念变迁研究》，西安交通大学出版社2016年版。

戴燕：《章培恒：述学兼忆师友》，载戴燕：《陟彼景山：十一位中外学者访谈录》，中华书局2017年版。

张新颖：《点滴——悼念章培恒先生》，载张新颖：《风吹小集》，黄山书社2017年版。

曹正文：《听章培恒先生评点〈李自成〉》，《文汇报》2017年7月31日。后更名为《章培恒评点〈李自成〉》，载曹正文：《文化名宿访谈录》，上海书店出版社2018年版。

夏子清：《龚鹏程文学观与文学史观探究——以〈中国文学史〉为中心》关于章培恒部分，《青年文学家》2017年第24期。

江巨荣：《不尽的思念——为悼念章培恒先生逝世六周年而作》，载薪火学刊编辑部编：《薪火学刊》第4卷，复旦大学出版社2017年版。

陈建华：《章培恒先生与中国文学古今演变研究》，《文汇报》2018年1月5日。

胡中行：《与章培恒先生的"戏剧性"交往》，《文汇读书周报》2018年5月21日。

张国光：《评所谓元人罗贯中著〈三国志通俗演义〉说之误——与章培恒同志商榷》，载张国光：《张国光文集》，长江出版社2018年版。

丁帆：《先生素描（六）：章培恒先生素描（上）》，《雨花》2018年第6期。又见丁帆：《先生素描》，江苏凤凰文艺出版社2019年版。

陈广宏、徐隆垚：《章培恒学案》，《上海文化》2018年第6期。

丁帆：《先生素描（七）：章培恒先生素描（下）》，《雨花》2018年第6期。又见丁帆：《先生素描》，江苏凤凰文艺出版社2019年版。

贺圣遂：《学术出版精品化：出版人的担当与使命》，《出版广角》2018年第20期。

张伟然：《培公侧影——兼述章培恒先生对中国文学地理研究的贡献》，载薪火学刊编辑部编：《薪火学刊》第5卷，复旦大学出版社2018年版。

李春光：《"献疑"之献疑——从〈千顷堂书目〉之著录说开去》，《内江师范学院学报》第34卷第1期，2019年1月。

郑子运：《〈聊斋志异·莲香〉系年辨正》，《蒲松龄研究》2019年第1期。

谭新红：《论文学史对词体文学经典的建构》关于章培恒部分，《词学》2019年第1期。

李国章：《追忆章培恒先生》，载李国章：《双晖轩集》，文汇出版社2019

年版。

罗银胜：《复旦中文系老教授印象记》关于章培恒部分，《世纪》2020年第2期。

陈瑜：《章培恒：打通中国文学的古今演变》，《文汇报》2020年10月16日。

毛荣富：《章培恒先生二三事》，《新民晚报》2020年10月23日。

阮忠：《中国文学史撰述的再审视与思考》关于章培恒部分，《长江学术》2020年第4期。

任思蕴：《会稽性格 修水华章》，《绍兴日报》2021年1月6日。

黄灵庚：《悼章培恒先生》，载薪火学刊编辑部编：《薪火学刊》第7卷，复旦大学出版社2021年版。

孙琴安：《〈辞海〉修订工作回忆片段》关于章培恒部分，《世纪》2021年第4期。

李庆：《章培恒先生与明代文学研究》，《中国典籍与文化》2021年第3期。

郭时羽：《从章培恒先生致顾廷龙先生的一封信说起》，《中国典籍与文化》2021年第4期。

朱星澜　浙江大学文学院古典文献学专业学生。

陈东辉　博士，浙江大学汉语史研究中心副教授，主要从事古典文献学研究，已出版专著7种，发表论文290多篇。

The Catalogue of the Research Literature of Professor Zhang Peiheng

Zhu Xinglan　Chen Donghui

Abstract: This paper provides a comprehensive aggregation and collation of research literature related to Zhang Peiheng published before December 2021, in order to facilitate information retrieval with improved convenience for future researchers.

Keywords: Zhang Peiheng; Literature of the Yuan, Ming and Qing Dynasties; Ancient-Present Evolution of Chinese Literature; Catalogue of the Research Works

《文史资料选辑》所见"四行孤军"篇目索引

韩洪泉

(国防大学政治学院 上海 201602)

摘 要 《文史资料选辑》是中国人民政治协商会议全国委员会和各级地方委员会设立的专门机构编辑的连续出版物,所刊资料以亲历、亲见、亲闻的方式,从不同角度和层面生动记录近代以来中国社会变革发展的非凡历程,发挥了"存史、资政、团结、育人"的重要作用。笔者曾编纂《上海抗战论著目录》①,其中论文资料主要以国内报刊公开发表的文献为主。近来笔者对全国各级《文史资料选辑》(刊名有所不同;包含各类专辑)所刊上海抗战文献进行搜检梳理,增补文献达1 600余条,其中四行孤军(八百壮士)相关文献120条。下面仅就这部分文献作分类梳理,用补常见文献资料之阙漏,并见政协文史工作之价值。

关键词 《文史资料选辑》 四行孤军 八百壮士 谢晋元 索引

一、关于四行仓库保卫战

[1] 孤军奋斗四日记. 杨瑞符. 合川文史资料选辑(第3辑),1985:11-29.

[2] 八百壮士对敌战斗之我见. 郑侠飞. 通城文史资料(第1辑),1985:41-43.

---

* 本文系上海市哲学社会科学规划委托课题"上海抗日战争史第三编"(2019WZX003)的阶段性成果。

① 参见:韩洪泉.《上海抗战论著目录》编纂札记[M]//中国索引学会.《中国索引》(第九辑),中央编译出版社,2021:151-159.

［3］怀念故友谢晋元团长——四行仓库战斗记详．曾坚忍．蕉岭文史（第 2 辑），1986：14 - 16.

［4］上海四行孤军抗敌纪事．戴广德．南明文史资料选辑（第 4 辑），1986：42 - 52.

［5］忆守卫四行仓库的前前后后．焦友三口述，杨体仁整理．通山文史（第 1 辑），1987：82 - 87.

［6］孤军奋斗四日记．杨瑞符//原国民党将领抗日战争亲历记：八一三淞沪抗战．中国文史出版社，1987：149 - 163.（该文后被收入该书的两种再版本：正面战场·淞沪会战·原国民党将领抗日战争亲历记．中国文史出版社，2013：114 - 125.//2015：120 - 131.）

［7］殊死报国的四行孤军．陈德松//原国民党将领抗日战争亲历记：八一三淞沪抗战．中国文史出版社，1987：164 - 169.（该文后被收入该书的两种再版本：正面战场·淞沪会战·原国民党将领抗日战争亲历记．中国文史出版社，2013：126 - 130.//2015：132 - 136.）

［8］参加淞沪战役四行仓库战斗的回忆．樊城口述，丁一、谭鹤鸣记录整理．通城文史资料（第 4 辑），1988：65 - 67.

［9］参加四行仓库保卫战的回忆．万连卿口述，丁一、谭鹤鸣记录整理．通城文史资料（第 4 辑），1988：68 - 70.

［10］回忆上海"四行仓库"的抗日战斗．章渭源．兰溪文史资料（第 6 辑），1988：7 - 17.

［11］"四行仓库"坚守战．胡雍伯口述，袁祥云整理．岳阳县文史资料（第 1 辑），1991：49 - 50.

［12］我参加保卫四行仓库战斗的回忆．裕公乡文史组．公安文史资料（第 7 辑），1991：181 - 183.

［13］四行仓库保卫战．荣丽荃．上海文史资料选辑（闸北卷）（第 1 辑），2004：120 - 122.

二、关于孤军营

［14］"孤军营"里．范星旅//华夏壮歌——《抗战一事》征文选，中国文史出版社，1986：79 - 80.

[15] 我们退出四行仓库以后. 卢逢胜. 通城文史资料（第4辑），1988：71.

[16] 一面爱国抗日的旗帜——八百壮士在胶州路孤军营前前后后. 潘湛钧. 静安文史（第5辑），1990：27-34.

三、关于谢晋元

[17] 怀念抗日英雄谢晋元. 凌维城口述，郑明仁整理. 上海文史资料选辑（第32辑），1980：64-69.

[18] 谢晋元团长与八百壮士. 郑侠飞. 上海文史资料选辑（第32辑），1980：70-82.

[19] 谢晋元. 李飞. 合川文史资料选辑（第3辑），1985：30-34.

[20] 抗日英雄谢晋元. 谢雪芬供稿，虞宝棠整理. 蕉岭文史（第1辑），1985：19-26.

[21] "今日纵死，而男之英灵必流芳千古"——回忆我的丈夫谢晋元. 凌维诚. 蕉岭文史（第1辑），1985：27-29.

[22] 怀念抗日英雄谢晋元暨八百壮士. 凌维诚. 通城文史资料（第1辑），1985：36-40.

[23] 我的丈夫谢晋元. 凌维诚.//华夏壮歌——《抗战一事》征文选，中国文史出版社，1986：76-77.

[24] 英雄典范励来人——抗日将领"谢晋元纪念亭"巡礼. 汤国云、林帆. 蕉岭文史（第3辑），1986：33-35.

[25] 闻抗日英雄谢晋元纪念碑亭建成——喜赋水调歌头一阙. 谢健弘. 蕉岭文史（第3辑），1986：36.

[26] 五古·怀谢晋元将军. 蔡世英. 蕉岭文史（第3辑），1986：37.

[27] 谢晋元将军纪念亭碑志. 蕉岭县人民政府. 蕉岭文史（第3辑），1986：37.

[28] 谢晋元将军追悼大会挽联选录.《沧海学校校刊》辑. 蕉岭文史（第3辑），1986：37.

[29] 谢晋元与八百壮士. 孙元良//原国民党将领抗日战争亲历记：八一三淞沪抗战. 中国文史出版社，1987：115-129.（该文后被收入该书的两种再

版本：正面战场·淞沪会战·原国民党将领抗日战争亲历记．中国文史出版社，2013：86 - 98. //2015：91 - 103.）

［30］谢晋元和八百壮士．谢继民．杨浦文史资料（第2辑），1988：102 - 113．

［31］谢晋元将军的誓言、遗言．编辑部整理．闸北文史资料（第1辑），1989：1．

［32］谢晋元与八百壮士．谢继民．闸北文史资料（第1辑），1989：2 - 13．

［33］访凌维诚同志．郑明仁．闸北文史资料（第1辑），1989：14 - 15．

［34］谢晋元将军和晋元中学．沈祖戭．普陀文史资料（第1辑），1989：122 - 126．

［35］序言．政协蕉岭县文史编辑委员会．蕉岭文史（第8辑），1991：1 - 2．

［36］缅怀先烈志 光耀后来人——蕉岭县举行纪念抗日英雄谢晋元将军殉难五十周年大会和晋元中学"晋元将军纪念楼"剪彩活动．县政协办．蕉岭文史（第8辑），1991：3．

［37］抗日英雄谢晋元将军生平简介．政协蕉岭县委员会文史资料室．蕉岭文史（第8辑），1991：19 - 21．

［38］怀念我的父亲——谢晋元．谢继民．蕉岭文史（第8辑），1991：22 - 34．

［39］跟随谢晋元团附浴血四行仓库的回忆．章渭源．蕉岭文史（第8辑），1991：35 - 44．

［40］谢晋元在坚守四行仓库时给孙元良的一封信．谢晋元．蕉岭文史（第8辑），1991：45 - 46．

［41］谢晋元1939年9月18日写给父母的信（预立遗嘱）．蕉岭文史（第8辑），1991：55 - 56．

［42］慰唁谢故团长晋元家属记．林载华．蕉岭文史（第8辑），1991：67 - 71．

［43］浩荡长歌唱大风．徐放．蕉岭文史（第8辑），1991：74 - 75．

［44］屈武赋诗纪念谢晋元．屈武作，汤国云辑．蕉岭文史（第8辑），1991：76．

[45] 五古·怀谢晋元将军．蔡世英．蕉岭文史（第8辑），1991：77.

[46] 悼谢晋元将军（七绝三首）．赖仲昭．蕉岭文史（第8辑），1991：77.

[47] 纪念谢晋元将军（七律二首）．黄碧池．蕉岭文史（第8辑），1991：78.

[48] 临江仙·悼谢晋元将军．赖仲昭．蕉岭文史（第8辑），1991：79.

[49] 谒谢晋元将军纪念亭（诗二首）．陈瑜．蕉岭文史（第8辑），1991：79.

[50] 纪念地（物）简介．编辑部．蕉岭文史（第8辑），1991：80－83.

[51] 谢晋元将军年谱．蕉岭县政协文史资料室．蕉岭文史（第8辑），1991：84－86.

[52] 谢晋元和"孤军营"．朱正谊．闸北文史资料（第3辑），1992：14－19.

[53] 谢晋元将军纪念亭．赖雨桐．蕉岭文史（第11辑），1994：99.

[54] 千秋青史尚留芳——纪念抗日英雄谢晋元将军．汤国云．梅州文史（第9辑），1995：30－40.

[55] 怀念抗日英雄谢晋元．凌维城口述，郑明仁整理//中华文史资料文库·政治军事编（第4卷）．中国文史出版社，1996：95－97.

[56] 谢晋元团长与八百壮士．郑侠飞//中华文史资料文库·军政人物编（第11卷）．中国文史出版社，1996：2753－2758.

[57] 忠肝烈胆昭日月——忆"孤军营"中的谢晋元．章渭源．蕉岭文史（第14辑），1997：23－29.

[58] 抗日英雄谢晋元将军故居修葺一新．刘佛安．蕉岭文史（第14辑），1997：79.

[59] 《蕉岭文史》第八辑读后（读者来信选登）．黄久恒等．蕉岭文史（第14辑），1997：87.

[60] 更正．谢继民．蕉岭文史（第14辑），1997：88.

[61] 关于谢晋元和八百壮士史实的几点说明．谢继民．上海文史资料选辑（第88辑），1998：208－261.

[62] 怀念抗日英雄谢晋元．凌维城//20世纪上海文史资料文库（第1辑）．上海书店出版社，1999：366－370.

[63] 谢晋元与四行血战．谢继民．上海文史资料选辑（闸北卷）（第1辑），2004：112-119．

四、关于杨惠敏献旗

[64] 泅渡苏州河献旗的杨惠敏．肖思．镇江文史资料（第9辑），1985：11．

[65] 泅水送旗壮军威．张文薮//华夏壮歌——《抗战一事》征文选，中国文史出版社，1986：78．

[66] 给八百壮士送旗的抗日女英雄杨惠敏在乐山读书的有关史料．乐山史志资料，1986（1）：64．

[67] 泅水送旗壮军威 少女抗日传佳话——忆老同学杨惠敏．张文薮．乐山史志资料，1986（1）：64-65．

[68]《中国现代爱国者的故事》一书中谈到杨惠敏．乐山史志资料，1986（1）：65．

[69]《团结报》载文谈到杨惠敏．沈廷英．乐山史志资料，1986（1）：65-66．

[70] 张文薮再谈杨惠敏．乐山史志资料，1986（1）：66-67．

[71] 究竟是谁给四行孤军送旗．白广荣．文史苑（第6辑），1990：44-47．

[72] 我参加四行献旗．徐品儒．嘉定文史（第11辑），1995：124-125．

[73] 浴血奋战守"四行"枪林弹雨升国旗．兰天俊整理．蓬安文史资料选辑（第5辑），1995：45-48．

[74] 女侠杨惠敏．黎昌念整理//贵州省政协文史与学习委员会等编．军统魔窟——息烽集中营．贵州人民出版社，1999：253-254．

五、关于八百壮士

[75]"八一三"淞沪抗战坚守四行仓库的孤军营长杨瑞符在合川．郑家槐．合川文史资料选辑（第3辑），1985：3-7．

[76] 编者按语．卿步元．合川文史资料选辑（第3辑），1985：35-37．

[77] 死守四行仓库的英勇壮士——上官志标．本刊资料室．上杭文史资

料（第7辑），1985：18.

[78] 忆八百壮士．陆承曜．江苏省苏州市文史资料选辑（第14辑），1985：62-68.

[79] "八百孤军"一词的由来．与言．文史通讯（第24期），1985：38-39.

[80] "八百壮士"历险记．陈岂丹口述，蔡海安、单先太整理．株洲文史（第7辑），1985：215-232.

[81] "八百壮士"中的老河口人．申楚英．老河口文史资料（第18辑），1986：86-88.

[82] "八百壮士"中的雷雄．尹龙渊．常宁文史资料（第10辑），1987：20-22.

[83] 淞沪抗战之"八百壮士"．景勘口述，曹永阳整理．应山文史资料（第2辑），1987：1-13.

[84] 胜利大逃亡——《淞沪抗战之"八百壮士"》续篇．景勘口述，曹永阳整理．广水文史资料（第3辑），1988：1-34.

[85] 关于"四行孤军"的几点考证．戴广德．文史通讯，1988（1）.

[86] "将军百战死　壮士十年归"——四行仓库保卫战一老兵的回忆．田有收口述，彭开榜整理．蒲圻文史，1988，（第4辑）.

[87] 一位"八百壮士"的回忆．景勘口述，曹永阳整理．湖北文史资料（第28辑），1989：34-39.

[88] 忆八百壮士之一——杨尚材．杨尚忠、杨蜀涛、杨蜀湘．越西文史资料选辑（第5辑），1989：34-37.

[89] "八百壮士"幸存者田际钿的自述．李远记录整理．武汉文史资料（第35辑），1989：111-115.

[90] 八年孤军生活（一）．章渭源．兰溪文史资料（第7辑），1989：32-48.

[91] 八年孤军生活（二）．章渭源．兰溪文史资料（第8辑），1990：26-62.

[92] 幸存"八百壮士"——老兵深情感谢共产党．张海涛．文史通讯，1990（3）：38.

[93] "四行孤军"幸存者话当年．戴广德．蕉岭文史（第8辑），1991：

47-54.

[94] 关于"四行孤军"的几点考证．戴广德．蕉岭文史（第8辑），1991：57-63.

[95] 归来吧，国魂！．曾璧中．蕉岭文史（第8辑），1991：64-66.

[96] 关于淞沪抗战时"八百壮士"由来的几种说法．闸北革命史料馆．闸北文史资料（第3辑），1992：117-118.

[97] 对《西康史拾遗》所提"八百壮士"的订正．裴大元．甘孜藏族自治州文史资料（第12辑），1993：127.

[98] 我听了"八百壮士"的报告．朱光华．柳北文史（第10辑），1993：162-163.

[99] 八百壮士与四行仓库．吴伟勋．南长文史资料（第3辑），1995：103-105.

[100] 关于"八百壮士"和广西航校二三事．韦秉衡．柳北文史（第11—12合辑），1995年：226-228+235.

[101] 缅怀坚守四行仓库的八百壮士．王敷祺．永川文史资料选辑（第11辑），1995：86-89.

[102] "八百壮士"一幸存者的自述．田际钿口述，李远记录整理//中华文史资料文库·政治军事编（第4卷）．中国文史出版社，1996：98-100.

[103] 忆八百壮士之一的杨尚材．杨尚忠、杨蜀涛、杨蜀湘．凉山文史资料选辑（第15辑），1997：355-356.

[104] "八百壮士"源流考．丁一．蕉岭文史（第14辑），1997：52-66.

[105] "八百壮士"实有人数考．丁一．蕉岭文史（第14辑），1997：67-72.

[106] 四行孤军裕溪口暴动记．冷培榆．江淮文史，2006（5）：146-148.

[107] "八百壮士"流离的血泪传奇．田际钿口述，余玮整理．湖北文史，2015（1）：1-13.

[108] 《八佰》孤军 血战四行——追记通城"八百壮士"的真实抗战故事．胡雄文、刘建平．湖北文史，2020（1）：159-166.

[109] 一位"八百壮士"幸存者的自述．田际钿口述，余玮整理．湖北

文史, 2020（1）：167 - 175.

六、关于文艺作品

[110] 八百壮士之歌．陈德松．全椒文史资料（第1辑），1985：29 - 33.

[111] 八百壮士之歌．邱洁月．溧阳文史资料（第4辑），1985：77 - 78.

[112] 八百壮士之歌．陈德松//华夏壮歌——《抗战一事》征文选，中国文史出版社，1986：72 - 75.

[113]《歌八百壮士》歌词作者桂涛声．王文璧、彭古丁．史料选编，1987（2）：163 - 166.

[114] 倭寇篇·美孤军八百壮士事．李仲权．内江文史资料选辑（第2辑），1987：234 - 238.

[115]《八百壮士》一曲的作者夏之秋先生．蒲圻文史（第4辑），1988：28.

[116]《歌八百壮士》．桂涛声词，夏之秋曲．蕉岭文史（第8辑），1991：87 - 89.

[117] 当我歌唱《歌八百壮士》的时候．梁河．蕉岭文史（第8辑），1991：71 - 73.

[118] 从八百壮士歌联想到的．胡家骏．顺城文史资料（第4辑），1991：43 - 45.

[119] 八百壮士歌．江淮文史，1995（4）：81.

[120]《歌八百壮士》及其他补正．士弓．柳北文史（第13辑），1996：153.

韩洪泉　男，1981年生，国防大学政治学院副教授，复旦大学法学博士，兼任上海抗战研究会副会长等。研究方向：中共党史、上海抗战、长征文化、红色文献等。

Index of "Eight Hundred Heroes" in *Selected Cultural and Historical Materials*

Han Hongquan

Abstract: *Selected Cultural and Historical Materials* is a serial edited by specialized agencies established by the National Committee of the Chinese People's Political Consultative Conference and local committees at all levels. The literature vividly records the extraordinary process of social transformation and development in modern China from different perspectives and levels through firsthand experience, observation and hearing, will play an important role in preserving history, providing politics, uniting and educating people. I, as the author, once compiled the *the Bibliography and Index of the War of Resistance against Japanese Aggression in Shanghai*, in which the research materials mainly consisted of literature published in domestic newspapers and magazines. Recently, I have sorted out the literature on the War of Resistance against Japanese Aggression in Shanghai published in the *Selected Cultural and Historical Materials* (the titles of the publications are different; including all kinds of albums), and added more than 1600 articles, including 120 articles related to the Eight Hundred Heroes. The following part is only a classification of the literature, so as to make up for the omissions and to highlight the value of the CPPCC's cultural and historical work.

Keywords: *Selected Cultural and Historical Materials*; Eight Hundred Heroes; Xie Jinyuan; Index

晚清民国时期国内法国美术研究文献索引

平路青

(南京信息工程大学人文与艺术教育中心 210044)

摘 要 19世纪末的巴黎作为世界艺术中心,是中国艺术家们心向神往的艺术殿堂,法国美术对20世纪中国美术的发展产生了重大影响。本文梳理了1887—1949年间国内出版的有关法国美术的中英文报刊和图书,以年为序,分为英文报纸、中文报刊和图书文献,编成索引,凡746种,为研究者提供检索路径。

关键词 法国美术 研究 文献索引

说 明

上海土山湾被学界誉为近代中国洋画之摇篮。19世纪下半叶那里开设画馆,传授西画和工艺美术,其中就有法国传教士画家,如毕业于法国巴黎工艺学校的潘相公(Fnere Couper,生卒年代不详)、王致诚(Jean Denis Attiret, 1702—1768)、贺清泰(Louis de Poirot,1735—1814)等人。那么,晚清和民国时期法国美术在中国是如何传播的?这是一个尚待深入探究的学术问题。笔者认为,整理这一时期报刊和书籍相关史料不失为主要途径之一,有助于深化对历史的新的认知。本文基于1887—1949年间国内出版和发行的英文报纸、中文报刊和出版的美术图书,收录法国美术的相关新闻报道、图像资料、理论译介、评论文章、个人著述等史料,从中我们可以略见其如下要点:(1)当时《字林西报》等英文报纸记者从英国、法国等地采写的新闻,主要报道法国名家作品展览会,但大都不署具体姓名,而难得一见的则是"我们的记者"。洋务运动时期,传教士与中国人合作,译介法国美术,代表者有林乐知、范祎等。(2)留法、留日画家成为法国美术在我国主要译介者,如徐悲鸿、刘海粟、吕斯百、陈抱一、倪贻德、王道源等。其中,刘海粟对印象派画家的译介成果最丰,其创作受之影响也颇大。(3)法国印象派、立体派、野兽派等风靡世界，诸如马奈、莫奈、雷诺阿、高更、凡·高、塞尚、马蒂斯、毕加索等人深受民国美术界的青睐。而最受欢迎的法国雕塑家当数罗丹，其作品经久不衰，反复出现于各种杂志或报端，成为一道亮丽的风景。（4）法国美术对民国画家的艺术创作影响深远。北平美专、上海美专、杭州艺专、中央大学艺术系师生都一定程度上受其影响。上海美专成为法国美术在中国传播的学术中心，《美术》出版了国内第一个印象派专号。本文收集和整理这一时期法国美术研究文献，可作为中国法国美术研究史之参考。

第一部分　中国出版的英文报纸

1. The French papers report that a picture by Claude has been discovered//The North-China Daily News, 1887-1-31.—4.

2. The French painters and the Berlin exhibition//The North-China Daily News, 1891-3-14.—3.

3. The New Salon/Our own correspondent//The North-China Herald and Supreme Court & Consular Gazette, 1901-6-4.—4.

4. M. Rodin and the Beaux Arts//The North-China Daily News, 1905-1-8.—6.

5. French art at the Grafton galleries//The North-China Daily News, 1905-3-27.—6.

6. The New Salon/Our own correspondent//The North-China Herald and Supreme Court & Consular Gazette, 1905-6-12.—6.

7. Millet's drawings//The North-China Herald and Supreme Court & Consular Gazette, 1906-3-9.—18.

8. The New Salon/Our own correspondent//The North-China Daily News, 1906-5-24.—11.

9. Past impressionist art/Our lady correspondent//The North-China Daily News, 1910-12-3.—7.

10. The death is announced in France of the painter M. Jacques Wély//The North-China Daily News, 1910-8-13.—7.

11. According to the "Vosische Zei-tung" the German impressionist painter//

The North-China Daily News, 1911 – 10 – 11. —10.

12. Freaks in painting—the autumn salon/Our own correspondent//The North-China Daily News, 1911 – 10 – 30. —8.

13. The Story of French painting by Charles H. Caffin//The China Press, 1912 – 2 – 3—5.

14. Rodin bust escorted by flower of France//The China Press, 1912 – 6 – 2. —4.

15. The beauty of women: a talk with Auguste Rodin by Geogre Dufresne/Geogre Dufresne//The China Press Sunday, 1912 – 6 – 4. —2.

16. Unicolourists—The latest art craze in Paris//The North-China Daily News, 1912 – 7 – 20. —10.

17. Futurists and cubists/Our own correspondent//The North-China Daily News, 1912 – 10 – 24. —7.

18. Henri Mazel: Auguste Rodin//The China Press, 1913 – 2 – 2. —15.

19. Rodin's Sense of Beauty//The China Press, 1913 – 3 – 16. —14.

20. Rodin's surprising gift to the British nation//The China Press, 1915 – 1 – 3. —12.

21. French Art Pays Heavy Toll To War—Rodin/Auguste Rodin (The World's Greatest Sculptor) //The China Press, 1916 – 4 – 23. —8.

22. Mrs. R. N. Macleod's exhibition of pictures in aid of the French Red Cross, will take place at the French Municipal Hall on Monday//The China Press, 1916 – 12 – 10. —19.

23. Sculptor Rodin dead//The China Press, 1917 – 11 – 20. —8.

24. Woods Hutchinson, A. M., M. D., new sculpture in the French salon//The China Press, 1918 – 7 – 10. —7.

25. The case of the Rodin forgeries in Paris is assuming such large proportions that it threatens to become a national scandal//The China Press, 1919 – 5 – 7. —9.

26. Stories of Rodin//The North-China Daily News, 1919 – 7 – 10. —13.

27. Exhibition of war paintings//The North-China Daily News, 1919 – 11 – 14. —7.

28. All members of the Shanghai Rifle Association are cordially invited to visit

the exhibition of paintings and sketches by Mr. F. Ruedolf in the French Municipal Hall//The North-China Daily News, 1919 - 11 - 19. —12.

29. French galleries reopened//The North-China Daily News, 1919 - 12 - 7. —8.

30. The Académie des Beaux Arts is considering opening a French school of art in London//The North-China Daily News, 1919 - 12 - 29. —10.

31. Rodin model used as Verdun Symbol//The China Press, 1920 - 5 - 2. —29.

32. The new genius who carves masterpieces with a pick-axe//The China Press, 1920 - 9 - 12. —29.

33. Experts split on site for Bartholome's new statue//The China Press, 1921 - 5 - 31. —2.

34. "The Last Years of Rodin" by Marcelle Tirel//The Shanghai Times, 1926 - 3 - 17. —13.

35. The French painter, Claud Monet, is dead//The China Press, 1926 - 12 - 7. —6.

36. French alliance art exhibit to open tomorrow//The China Press, 1926 - 12 - 24. —5.

37. Giant painting given to France//The China Press, 1927 - 1 - 30. —6.

38. Rodin's Problem/Anthony M. Ludovici//The China Press, 1927 - 2 - 16. —12.

39. France Restores House and Garden Where Rodin Worked//The China Press, 1928 - 2 - 4. —27.

40. Mr. Chang Tao-fan, a French returned student of the Post Impressionist School of Painting//The North-China Daily News, 1928 - 10 - 8. —14.

41. Impressionist biography//The North-China Daily News, 1929 - 8 - 5. —6.

42. French painter dies of starvation: death expected to see revision of ideas for protection//The Shanghai Times, 1929 - 8 - 6. —3.

43. Rodin Museum in Philadelphia. Building entirely devoted to the work of great French sculptor//The North-China Daily News, 1930 - 7 - 18. —17.

44. Swiss Baron's collection of paintings sold masterpieces of Dutch, Flemish, I-

talian and French bought//The China Press, 1931 -2 -24. —16.

45. Rodin Nude shocks police//The China Press, 1931 -5 -15. —13.

46. Rodin banned in Japan//The North-China Daily News, 1931 -5 -16. —13.

47. Daniel Chester French, the sculptor//The China Press, 1931 -5 -19. —11.

48. Tot paints for French salon boy, 11, admitted to circle of famous artists//The China Press, 1931 -6 -18. —2.

49. Praxiteles may have anticipated Rodin's methods//The China Press, 1931 -12 -11. —15.

50. Charles Pilgrim. French painters and painting//The North-China Daily News, 1932 -2 -23. —3.

51. The famous painting "The Angelus" by the 19th century French painter//The North-China Herald and Supreme Court & Consular Gazette, 1932 -8 -17. —34.

52. Davis cup drawing in France//The Shanghai Times, 1933 -1 -11. —9.

53. The well-known portrait of Richard Wagner, executed by the famous French painter Renoir at Palermo in 1882//The Shanghai Times, 1933 -2 -7 (8). The North-China Daily News, 1933 -2 -7. —18.

54. French pintings//The North-China Daily News, 1933 -8 -20. —7.

55. The Moscow Museum of Fine Arts has completed the restoration of a magnificent painting of the seventeenth-century French artist Delahire//The North-China Daily News, 1934 -4 -15. —10.

56. New York Museum buys $750,000 art collection, works of Matisse, Gaugain, Degas, Renoir included//The China Press, 1934 -4 -1. —4.

57. P. J. Philip. Lottery fortunes now bring only woes to winners//The Shanghai Times, 1934 -4 -30. —3.

58. Fine-arts train touring France: exhibition on wheels helps sale of work by many artists//The Shanghai Evening Post and Mercury, 1935 -9 -24. —9.

59. "Le Temps" announces that the French government has purchased the portrait of Signor Mussolini by the French painter Brayer//The North-China Daily News,

1935 – 2 – 18. —16.

60. When Daguerre, French painter, invented photography by Metal//The Shanghai Evening Post and Mercury, 1936 – 4 – 8. —21.

61. M. Auguste Maillard, the French sculptor, has been entrusted with the execution of three statues of the Shah of Persia//The North – China Daily News, 1936 – 4 – 15. —6.

62. Rodin's Bazac statue//The North-China Daily News, 1936 – 5 – 30. —2.

63. Famed Rodin Statue Of Balzac At Last May Get Public Spot—Piece, Condemned To Obscurity Because Of 19th Century Prejudice Against Scarcity Of clothing, Now Wanted in Paris Square//The China Press, 1936 – 5 – 29. —3.

64. Impressionist sketch//The North-China Daily News, 1936 – 10 – 6. —13.

65. French sulptor to exhibit//The China Press, 1936 – 10 – 14. —7.

66. French sculptor's exhibition//The Shanghai Times, 1936 – 10 – 15. —7.

67. Exhibition of French sulptor opened here//The Shanghai Evening Post and Mercury, 1936 – 12 – 16. —12.

68. French masters' work displayed for sale//The China Press, 1937 – 1 – 17. —9.

69. Shanghai sights recaptured French painter to exhibit next week//The North-China Daily News, 1937 – 6 – 20. —14.

70. Florence Desmon, the impressionist and revue actress//The North-China Daily News, 1937 – 8 – 2. —3.

71. French seeking return of a celebrated painting//The Shanghai Times, 1939 – 3 – 22. —1.

72. French paintings are seized//The Shanghai Times, 1940 – 10 – 11. —2.

73. Centenary of Rodin//The China Press, 1940 – 11 – 21. —10.

74. Rodin Outwits G. B. Shaw//The North-China Daily News, 1946 – 8 – 13. —4.

75. Japanese owned Matisse paintings for US exhibition//The North-China Daily News, 1948 – 2 – 26. —10.

76. A lecture on the work of Rodin, famous French sculptor//The Shanghai Evening Post and Mercury, 1948 – 10 – 29. —2.

77. A lecture on the work of Rodin, the famous French sculptor//The North-China Daily News, 1948 – 10 – 29. —3.

78. A lecture "The Sculpture of Rodin" will be given by Mademoiselle Edith Desaleux, teacher at the College Francais, at the Alliance Francaise on Tuesday//The North-China Daily News, 1948 – 10 – 31. —6.

第二部分　中文报刊①

1. 蜡兵美术/（美）林乐知，范祎//万国公报，1902（197）.—64.

2. 记油画/（美）林乐知，范祎//万国公报，1902（167）.—59.

3. 法国画家之讣报//大陆报，1905（14）.—1.

4. 巴黎博物院之东方美术品/邓实//国粹学报，1907（8）.—108.

5. 游览巴黎百年大博览会纪盛/王树善//国闻报，1907（28）.—94—96.

6. 再记法京巴黎/（美）林乐知，范祎//万国公报，1907（218）.—85—89.

7. 海天曙光/苏世昌//国粹学报，1908（1）.—42.

8. 巴黎东方美术院游记/亚斌//时事新报月刊，1911（2）.—29—30.

9. 法兰西之美术馆//国运，1911（2）.—51.

10. 法国美术展览会中之土兰氏杰作《浴》//时事画报，1911（5）.—1.

11. 巴黎蜡人馆摄影之一//小说月报，1911（5）.—1.

12. 各国比较画：醉美人/（法）沙路//真相画报，1912（12）.—57—58.

13. 巴黎美术院//进步，1913（3）.—23.

14. 法兰西之美术馆//真相画报，1913（13）.—44.

15. 法兰西瓷雕画//真相画报，1913（13）.—43.

16. 巴黎美术赛会之名画//妇女时报，1913（10）.—1.

17. 巴黎官立及私立各种高等教育学校//教育部编纂处月刊，1913（7）.—1—7.

---

① 为方便读者学习，该部分中文报刊的名称，尽量保持其原汁原味，如字词的使用和地名、人名翻译等。

18. 法国名画死舞图//东方杂志，1913（9）．—1.

19. 游各国蜡人院巴黎最胜妙矣//不忍，1913（5）．—41.

20. 第四百零二号法国蒙买脱殿耶稣圣心像//圣心报，1913（6）．—1.

21. 袁总统就职出宫/法国名画师海能绘//中华小说界，1914（2）．—1.

22. 二万镑之世界名画/井水译//申报，1914-2-3．—14.

23. 女孩骑木马图（法国名画）/中华童子界，1914（6）．—1.

24. 法国雕刻物之价值/姜泣群//文艺珊瑚网，1914（1）．—143.

25. 法兰西名画雷勃伦母女图//小说大观，1915（1）．—1.

26. 法国美术家之爱国/欧战实录，1915（32）．—12—13.

27. 读巴黎油画记感言/常震//中华童子界，1918（30）．—75—78.

28. 巴黎拉瓦谢铜像//科学，1916（3）．—1.

29. 拿破仑之策马过亚而泼山图//春声，1916（5）．—1.

30. 巴黎观油画/咏霓//南洋华侨杂志，1917（2）．—1—2.

31. 新画派略说/吕琴仲//东方杂志，1917（7）．—99—100.

32. 九月末之各国油画赛会/冰台//时报，1917-10-8．—9.

33. 法国高等专门学校调查记//申报，1918-10-30．—7.

34. 法国雕刻家陆亭/Doo Fonyay//英语周刊，1918（166）．—1435.

35. 后期印象派画略述/过明霞//北京女子高等师范文艺会刊，1919（3）．—238—240.

36. 法国画家教授华生//民国日报，1919-12-22．—11.

37. 关于法国美术之演讲//民国日报，1919-12-25．—10.

38. 演讲法国美术//申报，1919-12-25．—10.

39. 法国美术税之废止//美术，1919（2）．—8.

40. 法国名画值二十万元//时报，1919-12-28．—11.

41. 当代大艺术家法国罗丹//曙光，1919（2）．—4.

42. 思想/罗丹//曙光，1919（2）．—6.

43. 罗丹照像/张崧年//曙光，1919（2）．—5.

44. 罗丹/张崧年//新青年，1920（2）．—132—134.

45. 罗丹作品（三幅）//新青年，1920（2）．—6—7.

46. 罗丹自画像//新青年，1920（2）．—6.

47. 现代大艺术家法国罗丹（Auyuste Rodin）肖像//民铎杂志，1920

(2).—1.

48. 罗丹之邸宅//民铎杂志,1920(2).—1.

49. 画家莱瑙尔之逝世/W//东方杂志,1920(4).—51—52.

50. 凤子述印象派画/吕凤子//美育,1920(4).—12—16.

51. 李超士先生演讲法国美术/美术,1920(1).—63—64.

52. 法国美术品来沪不多之原因/新闻报,1920-8-1.—9.

53. 法国美术家与新邮票/菊曾//时报,1920-12-29.—14.

54. 塞尚奴底假画//美术,1920(1).—81.

55. 塞尚奴的艺术/刘海粟//美术,1921(1).—39—47.

56. 塞尚奴评传/梅伊尔格莱斐;季楚译//美术,1921(1).—31—38.

57. 现代大艺术家法国罗丹肖像/士骐//世界画报,1921(31).—5.

58. 罗丹在姆顿邸内之肖像/薛//学艺,1921(10).—6.

59. 看了罗丹雕刻以后/宗白华//少年中国,1921(9).—9—14.

60. 法国雕刻艺术之一斑//东方杂志,1921(16).—1.

61. 罗丹的艺术与生涯/胡根天//学艺,1921(10).—12—25.

62. 阿维修奥阿风景/塞尚奴//美术,1921(1).—1.

63. 毕沙罗/曼生(Manson, J. B.);许士骐译//美术,1921(1).—89—93.

64. 后期印象派与表现派/海镜//小说月报,1921(7).—123—125.

65. 后期印象派前后之法国绘画界/吕澂//美术,1921(1).—49—57.

66. 后期印象派的解释/吕澂//美术,1921(1).—1—10.

67. 印象派绘画和后期印象派绘画的对照/俞寄凡//美术,1921(1).—59—64.

68. 四个后期印象派的画家/爱迪,景冰//美术,1921(1).—21—29.

69. 后期印象派的三先驱/琴仲//美术,1921(1).—11—19.

70. 印象派画家莫奈的作品和法国政府//美术,1921(1).—106.

71. 从后期印象派到立方派和表现派/泽木梢;仲译//美术,1921(1).—65—70.

72. 最近法国美术界的趋势//美术,1921(1).—103.

73. 法国近代的绘画/俞寄凡//美术,1921(1).—51—64.

74. 法兰西的近世画学:阿临比亚/孟纳//晨光,1921(1).—8.

75. Emile Zola 夫人像/孟纳//小说月报，1921（1）．—3—4.

76. Maximilien 之死刑执行/Manet//小说月报，1921（5）．—5.

77. 法国美术界消息/天马会//民国日报，1921-7-8．—2.

78. 法国美术界消息/徐悲鸿//时报，1921-8-10．—15.

79. 美术史/法国美学博士 G. Bayet（巴叶）；青译//益世报，1921-9-11．—13.

80. 法国名画家哭老特/追红主人//大世界，1921-7-20．2.

81. 日本举行的现代法国名画家作品展览会/美术，1921（1）．—108.

82. 法国名画：娇懒//半月，1921（7）．—1.

83. 法国名画：梦/Detaille//礼拜六，1921（110）．—11.

84. 法国名画：梦尽时/（法）李德//礼拜六，1921（115）．—21.

85. 法国名画：水中/（法）夏白氏//礼拜六，1921（135）．—11.

86. 巴黎城市美术馆陈列之雕刻//浙江兵事杂志，1922（98）．—1.

87. 罗丹艺术的印象/敬盦//复旦，1922（15）．—4—27.

88. 法国里昂博物馆征求中国美术品//摄影杂志，1922（3）．—98—102.

89. 法国画家的生活//时报图画周刊，1922（105）．—1.

90. 俄国将开法国美术展览会//时报，1922-10-11．—4.

91. 沟通中外文化之盛举//时报，1922-11-6．—5，

92. 近五十年来西洋画底趋势/汪亚尘//东方杂志，1922（3）．—127—128.

93. 后期印象派画略述/过明霞//竞志校友会汇报，1922（2）．—34—35.

94. 新名画（二）/法国西司雪 Sislcy 作//时报图画周刊，1922（104）．—1.

95. 后期印象派画家谷诃（vincent vane gogh）/鹏//时报图画周刊，1922（88）．—1.

96. 葛兰坚论新/美国葛兰坚教授撰；吴宓，陈训慈合译//学衡，1922（6）．—9—28.

97. 法国艺术的新运动/沈雁冰//小说月报，1922（6）．—125—127.

98. 新名画：J. Seeberger 之作品/J. Seeberger//时报图画周刊，1922（123）．—1.

99. 法国名画：母子//游戏世界，1922（17）．—1.

100. 法国名画：沉思/紫罗兰庵//半月，1922（16）．—1.

101. 人体美（二）//时报图画周刊, 1922（104）．—1.

102. 人体美（五）//时报图画周刊, 1922（111）．—1.

103. 法国名画：吻别/秋星阁//星期, 1922（13）．—1.

104. 法国名画：梦/戴德//紫兰花片, 1922（2）．—1.

105. 法国名画：滑铁卢前一夕之拿破仑//紫兰花片, 1923（14）．—4.

106. 日京拟开法国美术展览会//时报, 1923-5-1．—2.

107. 草地上之朝餐/Edlonard Manet//学艺, 1923（8）．—6.

108. 画家马纳 Edonard Manet/朱应鹏//民国日报, 1923-11-26．—2.

109. 法国美术将在东京陈列（中英文对照）/顾润卿//英语周刊, 1923（397）．—7.

110. 法国名画家劳勃生氏来杭游览/耕//时报, 1923-9-6．—13.

111. 法国著名油画家安也氏/CC//时报, 1923-12-31．—13.

112. 柯克斯论古学之精神/徐震堮//学衡, 1923（21）．—11—28.

113. 柯克斯论美术家及公众/徐震堮//学衡, 1923（23）．—24—42.

114. 天马会有《自然之舞》一幅有人谓与法国画家（印象派）塞尚奴之名作《水浴》笔意形态相似/易元素//时报, 1923-8-10．—13.

115. 法国名画：紫兰美人/紫罗兰庵//紫兰花片, 1923（12）．—2.

116. 法国名画：玉雪/群益书社//半月, 1923（6）．—2.

117. 画家马纳/朱应鹏//艺术评论, 1923（32）．—2—3, 1923（35）．—1, 1923（36）．—3—4, 1924（41）．—2.

118. 法国名画//时报图画周刊, 1924（192）．—31.

119. 法国画家蒙治先生的一段谈话/谭熙鸿等//北京大学日刊, 1924（1420）．—1—2.

120. 巴黎万国美术工艺博览会之筹备//中华教育界, 1924（4）．—8—9.

121. 罗丹所作之女身石柱//学衡, 1924（27）．—11.

122. 世界大雕刻家罗丹（附图、雕刻）/少飞//时报图画周刊, 1924（193）．—1—2.

123. 孟纳/应鹏//艺术评论, 1924（51）．—2—3.

124. 印象派最著名的画家待加/应鹏//艺术评论, 1924（42）．—3—5.

125. 印象主义底原理与新印象派底诞生/桑鸿译//艺术评论, 1924（43）．—2—4.

126. 印象派以后/丰子恺//艺术评论，1924（52）.—2—4.

127. 印象派画家柯罗（Corrot）/旦舞译//艺术评论，1924（60）.—6；1924（61）.—2—5.

128. 法国名画：苦家庭/半月，1924（24）.—1.

129. 法国名画：九月之晨//紫兰花片，1924（21）.—4.

130. 法国雕刻家勒散而氏/古//时报，1924-1-26.—13.

131. 世界大雕刻家罗丹//时报图画周刊，1924（193）.—1.

132. 法国美术品免税//钱业月报，1925（10）.—125.

133. 美术家欧芬氏//时报，1925-2-3.—9.

134. 接吻/罗丹/晨报星期画报，1925（10）.—1

135. 后期印象派画家塞尚奴的艺术/张歆海讲，李朴园记//晨报副刊，1925-1-13.—1—2，1925-1-14.—1.

136. 法国美术教育概况/太玄//新闻报，1925-4-2.—12.

137. 辟沙路的艺术/汪亚尘//时事新报，1925-3-8.—1.

138. 法兰西之美术院/唐隽//东方杂志，1925（6）.—46—58.

139. 法国名画：身自背君心自向君//半月，1925（9）.—1.

140. 法国名画：我醉欲眠芳草//紫罗兰，1925（2）.—2.

141. 法国名画：无瑕之璧/张枕绿//半月，1925（13）.—1.

142. 玛提斯杰作［附图《裸妇油绘》、《花》（素描）、《自画像》］/刘海粟//晨报星期画报，1925（16）.—1.

143. 后期印象主义之代表作品：玛提斯自画像、素描（二幅）、裸体（二幅）/玛提斯//图画时报，1925（美术号）.—30.

144. 后期印象主义之代表作品：后期印象主义/盘盘阁//图画时报，1925（美术号）.—28，30.

145. 印象主义之代表作品：风景、礼拜堂/莫奈//图画时报，1925（美术号）.—22.

146. 印象主义之代表作品：野餐、吹笛、吸烟、亚伦比亚、拉格朗奴之溪流/蒙耐//图画时报，1925（美术号）.—20.

147. 印象主义之代表作品：黎达、女浴者、塞尚自画像、素描、圣恩特思之诱引/塞尚//图画时报，1925（美术号）.—28.

148. 印象主义之代表作品：静物、谷诃自画像、凝视/谷诃//图画时报，

1925（美术号）. —30.

 149. 印象主义之代表作品：河边/悉斯留//图画时报, 1925（美术号）. —24.

 150. 印象主义之代表作品：耶稣、裸体/高刚//图画时报, 1925（美术号）. —28.

 151. 印象主义之代表作品：早餐、户外裸体、出浴、鲁诺亚自画像/鲁诺亚//图画时报, 1925（美术号）. —24.

 152. 印象主义之代表作品：肖像、素描（一、二）、舞蹈/达迦//图画时报, 1925（美术号）. —26.

 153. 留给青年艺术家们的几句话/罗丹；福正译//语丝, 1925（43）. —1—2.

 154. 热爱/罗丹//紫葡萄, 1925（2）. —1.

 155. 克雷孟沙像/罗丹//东方杂志, 1925（6）. —1.

 156. 工作室中的罗丹//北新, 1926（17）. —1.

 157. 罗丹杰作/宇//晨报星期画报, 1926（64）. —1.

 158. 玛提斯杰作/玛提斯//晨报星期画报, 1926（45）. —1.

 159. 毕沙罗（Pissarro）的艺术/汪亚尘//新艺术半月刊, 1926（10, 11, 12）. —227—236, 256—266, 281—291.

 160. 法国著名油画：模特儿之理妆/施格路伯尔脱//北洋画报, 1926（26）. —2.

 161. 罗丹博物院/唐劳//北新, 1926（17）. —513—522.

 162. 罗丹的作品：残碎/韩敖//京报副刊, 1926（433, 434, 439, 440, 443, 450）. —1—3, 3—4, 4—5, 4—5, 2—3, 4—5.

 163. 罗丹的生平：苦战/韩敖//京报副刊, 1926（398, 399, 406）. —3—4, 5—6, 5—6.

 164. 法国名画《浴前》/马也//北洋画报, 1926（33）. —2.

 165. 法国名画：拿破仑嚼雪征俄之图//紫罗兰, 1926（5）. —1.

 166. 青春（法国雕刻）/Falcoel/良友, 1927（13）. —4.

 167. 家禽（法国油画杰作）/佛利昂//北洋画报, 1927（59）. —2.

 168. 法国名画家克罗多 Claudot 为熊君夫妇速写（二幅）/（法）克罗多（Claudot）//图画时报, 1927（344）. —2.

169. 柔丝绸内的被囚者/Erta//良友画报，1927（16）.—25.

170. 含羞（法国美术名贵照片）//北洋画报，1927（80）.—2.

171. 今年法国美术展览会出品：弹琴者/P. Sieffert//良友，1927（18）.—20.

172. 今年法国美术展览会出品：夏之阳光/P. M. Dupuy//良友，1927（18）.—20.

173. 今年法国美术展览会出品：母与子/J. P. Laurens//良友，1927（18）.—20.

174. 今年法国美术展览会出品：爱之歌唱/M. Vos//良友，1927（18）.—20.

175. 今年法国美术展览会出品：海湾之晨/R. Wintinee//良友，1927（18）.—20.

176. 今年法国美术展览会出品：网球/L. P. Vaverane//良友，1927（18）.—20.

177. 今年法国美术展览会出品：浴后/E. Q. Brin//良友，1927（18）.—20.

178. 今年法国美术展览会出品：丰熟的葡萄/S. Leroy//良友，1927（18）.—20.

179. 法国美术家//珠江星期画报，1927（8）.—3.

180. Nymphas/（法）Monet, C.//东方杂志，1927（23）.—1.

181. 印象派大画家马纳逝世/寿//申报，1927-1-19.—3.

182. 最近欧洲之艺展及其作家/韦焘//申报，1927-6-21.—5.

183. 女子游园/孟纳//艺术界周刊，1927（3）.—4.

184. La Grenoullere/孟纳//艺术界周刊，1927（3）.—5.

185. 鲁盎的教堂/孟纳//艺术界周刊，1927（3）.—9.

186. 孟纳的花园//艺术界周刊，1927（3）.—5.

187. 孟纳和他的画室//艺术界周刊，1927（3）.—5.

188. 印象派大画家孟纳逝世/阳冰//艺术界周刊，1927（3）.—6—8.

189. 一位印象派大画家逝世/孙福熙//北新周刊，1927（21）.—677—680.

190. 法国画坛之新倾向：后期印象派之坚实化//新闻报本埠附刊，1927-

6-26. —1.

  191. 法国画坛之倾向：带有东洋趣味之画风//民国日报, 1927-5-20. —6.

  192. 裸（法国美术名摄影）//北洋画报, 1927（53）. —2.

  193. 法国美术家的秘密/农花//新闻报, 1927-9-29. —2.

  194. 法国名画展览会之一/吉老梅, 春风//上海画报, 1927（260）. —1.

  195. 法国名画展览会之二/吉老梅//上海画报, 1927（261）. —2.

  196. 法国名画：试歌//紫罗兰, 1927（18）. —4.

  197. 法国名画谭/卓卿//电影画报, 1927（24）. —1.

  198. 法国名画：指约/俗厂//北京画报, 1927（6）. —21.

  199. 法国名画：卧读//工商画报, 1927（1）. —1.

  200. 法国名画家沙龙作/曼陀//骆驼画报, 1928（6）. —2.

  201. 法国名画家沙龙作/松涛//骆驼画报, 1928（8）. —2.

  202. 珈琲座：抽象的表现底两方面/剑华//申报, 1928-8-21. —6.

  203. 十九世纪法国三大雕刻家/金发//美育杂志, 1928（1）. —19—43.

  204. 罗丹的艺术/梵驼//土拨鼠, 1928（复活号）. —10—17.

  205. 往哲遗踪（六）：罗丹/崔钦壁//国闻周报, 1928（24）. —1.

  206. 叛逆者（关于罗丹的考察）//奔流, 1928（4）. —1.

  207. 作室内之罗丹（1910）//中央画报, 1928（2）. —1.

  208. 春、嚣俄之像、想、Lasphynge、Eve、吻、人体速写、佳列之市民、巴卢沙之头/罗丹//中央画报, 1928（2）. —1.

  209. 春、法国文豪巴尔扎克像/罗丹//美育杂志, 1928（2）. —4, 145.

  210. 本报兹觅得法国名家雕刻裸体美人相片一百幅//今报, 1928-10-27. —3.

  211. 法国雕刻家邦邦（Pompom）//中央画报, 1928（1）. —1.

  212. 法国雕塑家麦内丁Martinet为巴黎现代体积派健将之一//中央画报, 1928（1）. —1.

  213. 静物/Cezanne//一般, 1928（1）. —1.

  214. 奥林比亚/Manet//一般, 1928（4）. —1.

  215. 风景/Monet//一般, 1928（4）. —1.

  216. 魏多囿寺（雪景）, /莫奈//绿葉画刊, 1928（4）. —8.

217. 佐拉/马尼//贡献,1928(4).—1.

218. 爱潮（巴黎美术院名画）/野尔威//北洋画报,1928(256).—2.

219. 法国画家碧羽动//中央画报,1928(1).—1.

220. 法国后期印象画派始祖马奈之自写像/马奈//美育杂志,1928(2).—178.

221. 法国美术画片/震寰商行//世界画报,1928(167).—3.

222. 法国美术家巴多洛梅逝世//时报,1928-11-2.—4.

223. 从罗曼蒂克到印象派的风景画//北新,1928(13).—99—100.

224. 印象派的画风与画家/丰子恺//一般,1928(1).—33—49.

225. 近世理想主义的绘画/丰子恺//一般,1928(3).—435—443.

226. 现代西洋画诸流派/丰子恺//一般,1928(2).—262—276.

227. 后期印象派巨子王里夫之自写像/王里夫//美育杂志,1928(2).—179.

228. 后期印象派巨子舍赞之自写像/舍赞//美育杂志,1928(2).—178.

229. 野兽派的画家/子恺//一般,1928(1).—75—85.

230. 法国名画家马狄斯氏杰作：棋罢//北洋画报,1928(240).—2.

231. 法国名画女剪发肆中//上海画报,1928(336).—2.

232. 法国名画凝望/絮庐//上海画报,1928(392).—1.

233. D.B.M.夫人像/马尼//中央画报,1928(15).—1.

234. 法国雕塑家龙图氏//图画时报,1929(585).—2.

235. 卧妇（油画）/马蒂斯(Henri-Matisse)//民言画刊,1929(3).—3.

236. 在图书室中（法国名画）//中央图画月刊,1929(创刊号).—4.

237. 法国著名油画//新晨报副刊日曜画报,1929(69).—3.

238. 法国美术家举行展览会//时报,1929-4-10.—5.

239. 法国美术家来沪//时报,1929-4-10.—10.

240. 后期印象派/了//霞光画报,1929(41,42).—2;1—2.

241. 蒙奈氏风景专号/杨清磬,蒋//美周,1929(7).—1—2.

242. 法兰西印象派运动及其效果/日本森口多里;赵世铭译//艺术周刊,1929(1).—1—4.

243. Uzerche（木刻）/（法）Paulemile Pissarro作//朝花旬刊,1929(4).—1.

244. 从马奈的《奥灵披亚》谈到裸体画问题/倪贻德//美周，1929（4）.—9.

245. 温室/马奈//新女性，1929（1）.—7.

246. 草地上的聚餐/马奈//新女性，1929（1）.—8.

247. 浪漫主义绘画是法国十九世纪初叶的伟观//上海漫画，1929（64）.—5.

248. 海滨之娘/法国名画家 Paul Chalas//新晨报副刊日曜画报，1929（29）.—2.

249. 法兰西美术展览场所之一瞥//妇女杂志，1929（7）.—24—28.

250. 市民（法国近代大雕塑家罗丹杰作之一）/罗丹//华北画刊，1929（37）.—1.

251.（罗丹）世界最负盛名之伟大雕刻，题曰甜吻（法兰西）/罗丹//美周，1929（4）.—1.

252. Ecole 世界最著名之作，画名曰甘露（法兰西）//美周，1929（4）.—1.

253. 罗丹的雕刻/王月芝//大公报（天津），1929-7-6.—13.

254. 乐天主义者（法国漫画名作）/铁阁//民言画刊，1930（30）.—5.

255. 罗丹小传/汪申伯//中法教育界，1930（38）.—1—5.

256. 罗丹肖像//国立中央大学半月刊，1930（7）.—1.

257. 近代大雕刻家罗丹研究/曾觉之//国立中央大学半月刊，1930（7）.—829—875.

258. 模特儿口中的罗丹/梁抚//东方杂志，1930（7）.—102—104.

259. 罗丹的雕刻//中央日报，1930-2-9.—2.

260. 罗丹/铭竹//中央日报，1930-7-17.—9.

261. 胜利者（法国有名漫画）//民言画刊，1930（39）.—6.

262. 春风（法国漫画家作）/白马//民言画刊，1930（25）.—7.

263. 我见犹怜（油画）：法国著名画家保罗班特雷（Paul Bandry）所作美神像之一/印//民言画刊，1930（38）.—1.

264. 游牧时代（油画）：法国名画之一//安琪儿，1930（36）.—2.

265. 野兽派的艺术（附图）/海空//非非画报，1930（11）.—14—16.

266. 一杯麦酒/马内//教育杂志，1930（9）.—1.

267. 寺/莫奈//教育杂志，1930（9）．—1.

268. 塞尚以及其后/倪贻德//北新，1930（1—2）．—201—207.

269. 塞尚/傅雷//东方杂志，1930（19）．—85—89.

270. 老妇/塞尚//东方杂志，1930（19）．—87.

271. 吸烟者/塞尚//东方杂志，1930（19）．—88.

272. 法兰西新画坛/华宾//申报，1930-6-15．—3.

273. 野兽派的绘画/华实//北新，1930（9）．—1165—1168.

274. 野兽派的艺术/昌溪//申报，1930-9-23．—2.

275. 关于印象画派先驱毕沙罗百年祭/陈德明//申报，1930-9-23．—2.

276. 三色版插画/Pissarro//学生杂志，1930（10）．—3.

277. 三色版插画/Ronnard//学生杂志，1930（2）．—3.

278. 三色版插画/Van Gogh//学生杂志，1930（9）．—3.

279. 三色版插画/Renoir//学生杂志，1930（4）．—3.

280. 三色版插画/Gaugin//学生杂志，1930（4）．—3.

281. 三色版插画：Odilon/ Redon//学生杂志，1930（1）．—3.

282. 三色版插画/Roussau//学生杂志，1930（11）．—3.

283. 三色版插画/Picasso//学生杂志，1930（3）．—3.

284. 新印象主义与欧洲新画坛/陈宏//新声，1930（3—4）．—117—119.

285. 印象主义琐谈/陈宏//新声，1930（7）．—136—138.

286. 世界名画/孟纳//万有周刊，1930（32）．—1.

287. 世界名画/邱史特部克路比//新晨报副刊日曜画报，1930（97）．—1.

288. 野兽派的艺术：失乐园/奄美奴那奴特//非非画报，1930（11）．—16.

289. 法国名画/徐悲鸿//艺友，1930（1）．—4.

290. 法国名画//学海，1930（15）．—1.

291. 法国名画/浮士德//艺友，1930（3）．—3.

292. 1933年之法国名画（五幅）//东方画报，1930（18）．—14.

293. 舞台下（法国名画）//天津商报图画半周刊，1930（14）．—1.

294. 休息（油画）/马蒂斯//民言画刊，1930（12）．—5.

295. 勤（法国雕刻名作）/美大//民言画刊，1930（45）．—6.

296. 野兽派的艺术：母与子/乌颜丹关//非非画报，1930（11）．—15.

297. 野兽派的艺术：水浴/马提斯//非非画报，1930（11）．—14.

298. 野兽派的艺术：打拉拖沙多那之日曜/苏奴士萧拿//非非画报，1930（11）．—15.

299. 我爱好罗丹故介绍吉塞尔笔录的《罗丹美术论》/胡桑//开明，1931（34）．—8—10.

300. 在罗丹以前发扬过近代艺术光辉的三位雕刻大师/澄江，柳特，卡波//时代，1931（6）．—5.

301. 游牧（法国美术展览会出品之一）//中国摄影学会画报，1931（301）．—7.

302. 掠寻（法国画家展览会之出品）/发西氏作//北洋画报，1931（654）．—2.

303. 女神（法国美术展览会出品之二）//中国摄影学会画报，1931（301）．—7.

304. 乐园之舞（法国美术展览会出品之一）//中国摄影学会画报，1931（302）．—6.

305. 法国艺术机关之组织//中国建设，1931（1）．—25-27.

306. 油画与新录/山本鼎著；陈抱一译//申报，1931-4-23，—2.

307. 关于新倾向底技巧/林倭卫；陈抱一译//申报，1931-4-23，—3.

308. 风景/莫奈//青年界，1931（2）．—1.

309. 近代绘画代表作/倪贻德//青年界，1931（2，4，5）．—125—130，149—153，117—124.

310. 维克托阿尔山/塞尚//青年界，1931（4）．—1.

311. 十八世纪法国名画家蒲吉尔所绘《爱神凯旋》图/蒲吉尔//天津商报图画报，1931（15）．—2.

312. 惺松：才从浪漫的美梦里醒来（法国名画）/邵禹襄赠//艺友，1931（10）．—7.

313. 法国漫画：（一）强迫/林泽人//玲珑，1931（17）．—595.

314. 法国漫画：（二）感情/林泽人//玲珑，1931（17）．—595.

315. 法国漫画：（三）引诱/林泽人//玲珑，1931（17）．—595.

316. 法国漫画素以讽刺深刻名于世界读者阅此可知其一斑矣（漫画四幅）//玲珑，1931（30）．—1154.

317. 从下望上去倒还呒啥，从上看下来真是吓煞（法国漫画）//玲珑，

1931（32）.—1232.

318. 男性的钩引是女性健美的破坏者（法国漫画杰作）//中国摄影学会画报，1931（300）.—3.

319. 妇女在闺房中之生活（法国漫画）//中国摄影学会画报，1931（307）.—2.

320. 浪漫女子之生活（法国漫画）//中国摄影学会画报，1931（309）.—6.

321. 这是最负盛名的法国漫画//中国摄影学会画报，1931（313）.—1.

322. 书报评介：罗丹美术论/李絜非//学风，1932（9）.—77—80.

323. 书报介绍：罗丹美术论/斯//国立北平图书馆读书月刊，1932（12）.—11—13.

324. 野兽派/耇然//人报，1932-5-25.—2.

325. 罗丹/鲁逊//民报，1932-7-12.—3.

326. 马蒂斯与西班牙画家//艺术旬刊，1932（2）.—6.

327. 法国博物院所藏十七世纪之上帝降生珍贵油画/不平//中华画报，1932（185）.—1.

328. 塞尚底供献/Bell, C.著；行予译//亚波罗，1932（6）.—58—65.

329. 罗马巡礼——波尔盖世画廊：水浴/塞尚//艺术旬刊，1932（3）.—13.

330. 于巴黎最近艺坛的一封信/刘抗//申报，1932-1-13，14，15.—13，11，11.

331. 法国印象主义派画家/陆傅鼎//学生文艺丛刊，1932（1）.—7—109.

332. 凭栏/马奈//艺术旬刊，1932（11）.—12.

333. 后期印象派三大作家/温肇桐//学生文艺丛刊，1932（1）.—221—224.

334. 后期印象派的绘画/小波//晨报国庆画报，1932（年刊）.—56.

335. 人体素描：法国名画展览出品之一//中华画报，1932（159）.—1.

336. 法国漫画之深刻于此可见一斑矣映//中国摄影学会画报，1932（360）.—7.

337. 同性之爱（法国漫画二幅）//玲珑，1932（4）.—10.

338. 马蒂斯的绘画/今是//艺术旬刊，1932（2）.—6.

339. 新派画家玛蒂斯与毕伽沙/刘海粟//民族，1933（3）．—453—456.

340. 法国画坛的新倾向/倪贻德//文艺月刊，1933（11）．—1563—1570.

341. 科学对于印象派之贡献/施章//昆华读书杂志，1933（1）．—46—55.

342. 印象派绘画概论/李朴园//亚波罗，1933（12）．—36—42.

343. 波特莱尔素描/马纳//孔德文艺，1933（6）．—4.

344. 毕沙罗/周碧初（附图）//艺风，1933（2）．—52—55.

345. 法国美术史家兼考古学者雷那克逝世 Salomon Reinach（1858—1932）//大公报（天津），1933-4-24．—11.

346. 法国美术馆与伤兵院/黄镇欧//社会新闻，1933（25）．—395.

347. 后期印象派绘画在中国/张天翼//现代，1933（4-6）．—438—439.

348. 高更传（高更自画像）/刘思训//艺术，1933（1-2）．—57—67，48—55.

349. 静物（画图二幅）/哥更（Gauguin）//艺术，1933（1）．—4—5.

350. 法国画家蒲修/吴恒勤//民报，1933-5-8．—8.

351. 1933年之法国名画：夏季/Domergue, J. G.//东方杂志，1933（18）．—1.

352. 1933年之法国名画：沐浴时之惊惧/Adrien Thèvenot//东方杂志，1933（18）．—1.

353. 1933年之法国名画：私贩/Cadel, E.//东方杂志，1933（18）．—1.

354. 1933年之法国名画：裸/Sieffert//东方杂志，1933（18）．—1.

355. 1933年之法国名画：早浴/Boyer, A.//东方杂志，1933（18）．—1.

356. 二十世纪法国雕塑/J. G. Lemoine//艺术，1933（2）．—44—47.

357. 新辞源：野兽派/纬//申报月刊，1933（3）．—112.

358. 罗丹的艺术/毅然//艺风，1933（10）．—35—37.

359. 罗丹底话/瞻译//新闻报，1933-7-4．—16.

360. 大雕刻家罗丹/洵侯节//中央日报，1933-8-28．—B9—B11.

361. 看了西湖艺专四展以后/张天翼，申报，1934-3-1．—19.

362. 风景（近代洋画名构）/舍赞（Cezanne, P.）//美术杂志，1934（1）．—27.

363. 法国名家杰作油画人体美//皇后，1934（8）．—封2.

364. 印象派的叛徒都绯/居永//美术生活，1931（2）．—13.

365. 现代绘画各派的分析/盛此君//文艺月刊, 1934 (1). —304—315.

366. 后期印象派及其作家/海若//海滨学术, 1934 (2). —1—4.

367. 后期印象派（特选画图）/陆志庠//时代漫画, 1934 (4). —23.

368. 雪（油画）/（法）法尔尼尔//新中华, 1934 (13). —10.

369. 印度 Indore 国王公主霍尔葛尔/法国名画家梦斐尔作//天津商报画刊, 1934 (43). —2.

370. 飘飘（法国名画）//社会画报, 1934 (13). —1.

371. 装饰（法国雕塑名作）/Miklos, G.//美术杂志, 1934 (1). —30.

372. 腊孔、和谐（法国雕塑名作）/Zadkine, O.//美术杂志, 1934 (1). —31.

373. 人体（法国雕塑名作）/Zadkine, O.//美术杂志, 1934 (1). —30.

374. 野兽派的领袖马提斯（附图、照片）/齐白石, 刘之宇//新光, 1934 (16). —2.

375. 谈谈新野兽派/莺谷//重庆艺专, 1934 (1). —19—22.

376. 野兽派画家玛尔格/淡远//新光, 1934 (7). —2.

377. 现代艺术的颓废与野兽派绘画/毅然//艺风, 1934 (2). —54—57.

378. 罗丹的"思想者"/唐隽//美术生活, 1934 (2). —15.

379. 雕刻家罗丹小传/银涛//中央日报, 1935 - 4 - 1. —12.

380. 罗丹对于美术与自然的论见/安治//中央日报, 1935 - 9 - 29. —11.

381. 罗丹艺术思想上的点滴/陈晓南//中央日报, 1935 - 10 - 27. —11.

382. 现代世界名画家（共三十人）/梁锡鸿//艺风, 1935 (1, 2, 3, 4, 6, 7, 9, 10). —28, 81—82, 37—40, 72, 109—110, 92—95, 83—86, 68—94.

383. 印象派以后的西洋风景画/李宝泉//国画月刊, 1935 (4 - 5). —92—93, 115—118.

384. 新辞语：后期印象派//读书周刊, 1935 (8). —1—2.

385. 映象派的祖师：爱德华·玛纳//美术生活, 1935 (15). —13—14.

386. 一九三四年在英国展览的法国名画：两渔夫/Monet, C.//文学, 1935 (2). —1.

387. 一九三四年在英国展览的法国名画：林中浴女/Renoir, A.//文学, 1935 (2). —1.

388. 一九三四年在英国展览的法国名画：静物/Cezame, P.//文学, 1935 (2).—1.

389. 一九三四年在英国展览的法国名画：考尔斯的奥洛山冬景/Kortright, G.//文学, 1935 (2).—1.

390. 地中海岸、风景/莫奈//国画月刊, 1935 (4).—93.

391. 术语新图解：未来派、印象派（画图多幅）/鲁夫//时代漫画, 1935 (23).—29.

392. 印象派的绘画/邓雅宾//一中校刊, 1935 (4).—40—51.

393. 法国自然主义的绘画/刘汝醴//中央日报, 1935-11-10.—11.

394. 博物馆陈列法国油画之一：吕贝珈//国立北平研究院院务汇报, 1935 (5).—1.

395. 法国名画家 Andre, Lhote 罗德氏//艺星, 1935 (3).—43—44.

396. 调犬/法国名画家马雷氏作//唯美, 1935 (7).—20.

397. 卧看牵牛织女星（法国名画）//唯美, 1935 (8).—34.

398. 谈立体派绘画/费成武//校风, 1935 (231-232).—922—923, 926.

399. 法国现代画论/Alfred Leroy 著；吕斯百译//文艺月刊, 1936 (3).—22—32.

400. 法国名画家作品展览//中国美术会季刊, 1936 (2).—112.

401. 绘画的分水岭：印象派/陈影梅//中国美术会季刊, 1936 (3).—33—36.

402. 石涛与后期印象派（附图）/刘海粟//国画, 1936 (4).—6—12.

403. 收获（铜刻）/Pissarro//作家, 1936 (4).—1.

404. 求乞者（法国名作）//艺浪, 1936 (2-3).—24.

405. 橄榄树/莫奈（Monet）//中国美术会季刊, 1936 (3).—1.

406. 自画像/塞尚//黄钟, 1936 (2).—1.

407. 新世纪绘画宗师保罗塞尚/方干民//亚波罗, 1936 (15).—62—64.

408. 保罗·塞尚/温肇桐//江苏学生, 1936 (3).—150—152.

409. 一月份值得纪念的名人：塞尚 P. Cezanne（法国画家）//图文, 1936 (1).—6.

410. 一月份值得纪念的名人：米勒 J. F. Millet（法国画家）//图文, 1936

(1). —6.

411. 法国名画：舞台前之观众//天津商报每日画刊, 1936 (30). —2.

412. 艺术与人体：婀娜（法国名画）//唯美, 1936 (13). —8.

413. 劳动女人/高更//中国美术会季刊, 1936 (3). —1.

414. Jacob 与 Ange 斗争/P. Gauguin//艺风, 1936 (7-9). —12.

415. 法国的立体派绘画：浴女/Albert Gleize//艺风, 1936 (7-9). —56.

416. 碧加索与特兰/李宝泉//新世纪, 1936 (3). —37.

417. 浴女/莱奴（P. A. Renoir）//美术生活, 1936 (23). —20.

418. 浴女/特郎//中国画报, 1936 (2). —5.

419. 尊尚塞尚/春苔//艺风, 1936 (7-9). —104.

420. 莫奈与马内/斯文//艺风, 1936 (7-9). —109.

421. 自写像/塞尚//艺风, 1936 (7-9). —10.

422. 马蒂斯自写像//艺风, 1936 (7-9). —44.

423. 法国的立体派绘画：蓝衣妇/Fernand Leger//艺风, 1936 (7-9). —55.

424. 法国的立体派绘画：静物/Metzinger//艺风, 1936 (7-9). —55.

425. 法国的立体派绘画：独脚圆桌/Georges Braque//艺风, 1936 (7-9). —54.

426. 法国的立体派绘画：风景/Royer de la Fresnaye//艺风, 1936 (7-9). —56.

427. 法国的立体派绘画：亚维农小姐, 静物/Picasso//艺风, 1936 (7-9). —54, 57.

428. 裸女（雕刻）/Picasso//天地人, 1936 (7). —1.

429. 铜刻/Picasso, P.//文季月刊, 1936 (3). —1.

430. 一九一五年的 Modigliani, Picasso 与 Andre Salmon//艺风, 1936 (7-9). —87.

431. 现年五十四岁之立体派领袖 Picasso//艺风, 1936 (7-9). —21.

432. 野兽派绘画/陈十文/艺风, 1936 (7-9). —81—88.

433. 法国的立体派绘画：诗人 Apellinaire 及其友（一九〇八）/Marie Larencin//艺风, 1936 (7-9). —57.

434. 法国的立体派绘画：亚维农风景/André Lhote//艺风, 1936 (7-

9). —56.

435. 现代美术(第十三期)/曾鸣,李东平//众力,1936(5). —25.

436. 法国的立体派绘画/陈士文//艺风,1936(7-9). —39—44, 54—57.

437. 野兽派绘画文插图:Rouen 大教堂/Othon Friesz//艺风,1936(7-9). —97.

438. 野兽派绘画文插图:包厢观客/Georges Rouault//艺风,1936(7-9). —95.

439. 野兽派绘画文插图:那不耳港/Marquet//艺风,1936(7-9). —96.

440. 吕斯百讲法国近代绘画//中央日报,1936-6-12. —7.

441. 法国现代画论/Alfred Leroy 著;吕斯百译//文艺月刊,1936(3). —22—32.

442. 略谈现在中国的绘画/曹白//中流,1936(8). —473—476.

443. 色情漫画/(译自法国漫画丛书)//万影,1936(8). —14.

444. 旅法回忆:法国雕刻家马构尔近作《浴女》//中华,1936(43). —47.

445. 现代法国雕塑:胸像/Bourdelle//艺风,1936(7-9). —150.

446. 现代法国雕塑:鱼/Czaky//艺风,1936(7-9). —150.

447. 现代法国雕塑:人头/Zadkin//艺风,1936(7-9). —150.

448. 现代法国雕塑:头/Archipenko//艺风,1936(7-9). —150.

449. 现代法国雕塑:巴尔扎克像(头部)/Rodin//艺风,1936(7-9). —150.

450. 现代法国雕塑:弓手/Bourdelle//艺风,1936(7-9). —151.

451. 现代法国雕塑:E.F 女士/Despiau//艺风,1936(7-9). —151.

452. 现代法国雕塑:饮马/Meunier//艺风,1936(7-9). —151.

453. 现代法国雕塑:裸女/Maillol//艺风,1936(7-9). —152.

454. 现代法国雕塑:女身/Lehmbruck//艺风,1936(7-9). —152.

455. 现代法国雕塑:放马/Diederich//艺风,1936(7-9). —152.

456. 现代法国雕塑:战死纪念碑一部/Poisson//艺风,1936(7-9). —153.

457. 现代法国雕塑:加莱义民之一/Rodin//艺风,1936(7-9). —153.

458. 现代法国雕塑：劳工胸像/Georges Minne//艺风，1936（7-9）.—153.

459. 一九〇五年秋季沙龙的野兽派绘画//艺风，1936（7-9）.—87.

460. 野兽派绘画文插图：尊尚塞尚/Maurice Denis//艺风，1936（7-9）.—95.

461. 野兽派绘画文插图：饭后果品（一八九七）/马蒂斯//艺风，1936（7-9）.—97.

462. 画论/马蒂斯//艺风，1936（7-9）.—168—169.

463. 马蒂斯自写像/马蒂斯//艺风，1936（7-9）.—44.

464. 鱼缸前的女子/马蒂斯//艺风，1936（7-9）.—16.

465. 欧洲现代艺术：现年六十六岁之野兽派领袖马蒂斯//艺风，1936（7-9）.—31.

466. 野兽派绘画文插图：丑角/André Derain//艺风，1936（7-9）.—96.

467. 室内/马蒂斯//中国画报，1936（2）.—5.

468. 野兽派马提斯：裸女//世界画报，1936（553）.—2.

469. 罗丹的艺术/在承均/黄钟，1936（10）1936（10）.—1—6.

470. 罗丹的《考虑》（雕塑）//新少年，1936（3）.—3.

471. 法国名雕刻家罗丹作品《上帝之手》//广播周报，1936（78）.—58.

472. 罗丹的留言：学艺精神/韩景昌//社会日报，1936-1-1.—5.

473. 罗丹/里尔克；梁宗岱//大公报（天津），1936-4-25（1936-5-2，9）.—11，11，11.

474. 休假的童子/亨利·马蒂斯（Henri Matisse）//美术生活，1937（39）.—20.

475. 亨利·马蒂斯/温肇桐//江苏学生，1937（2）.—117—119.

476. 美术：眼病与印象派补桐轩主/云云/风月画报，1937（7）.—2.

477. 现代洋画技法的研究（一）：印象派/任真汉//青年艺术，1937（3-5）.—184—189.

478. 赛茵河/Claude Monet 画//大公报，1937-6-30.—12.

479. 法国画家今起举行个展//大公报，1937-6-23.—7.

480. 法国名画/Aubry，E.//中外月刊，1937（7）.—18.

481. 巴黎国际博览会：法国美术合作馆//中法联谊会季刊，1937

(10).—13.

482. 印象派之叛徒玛蒂斯//美术生活, 1937 (36).—47—48.

483. 前期印象派与中国的绘画/林秀峰//哲理声, 1937 (6).—1.

484. 法国画家 Ozenfant 氏已迁其巴黎画室至伦敦//美术杂志, 1937 (7).—70—71.

485. 现代美术大厦中所陈列的法国名画: 处女与小孩//月报, 1937 (7).—1.

486. 马提斯, 卢柯, 毕加梭, 特朗访问记/武者小路实笃著; 洛平译//青年艺术, 1937 (3).—153—164.

487. 野兽派作家论/王道源//美术杂志, 1937 (2).—37—38.

488. 野兽派的绘画（图画）/Maguitte, R.//文学, 1937 (3).—1.

489. 野兽派的绘画（图画）/Miro, J.//文学, 1937 (3).—1.

490. 法国名画/AuBry, E.//中外月刊, 1937 (7).—1.

491. 此乃法国名画家保尔·谢桑尼诞生百年纪念票//邮花杂志, 1937 (5).—18.

492. 法国名画/克莱辛氏//香海画报, 1939 (76).—1.

493. 马蒂斯自选集//美术界, 1939 (2).—11.

494. 罗丹的爱人/辉//改进, 1939 (1).—11.

495. 罗丹的结婚/Leslie, A. 著; 黄嘉德译//西风, 1939 (37).—5—11.

496. 诞生百年纪念之现代绘画之父塞尚年谱（附图、笔迹）/荷子译//国艺, 1940 (5-6).—127—130.

497. 法国素描名作/Gogh//北京漫画, 1940 (6).—22.

498. 静物/塞尚//美术界, 1940 (3).—封2.

499. 塞尚的美学/须田国太郎作; 李光译//艺术与生活, 1940 (1-2, 14).—11—12, 55—56.

500. 野兽派绘画先导: 马谛斯的绘画生活/诏//中国文艺, 1940 (5).—1.

501. 罗丹的生平: 罗丹诞生百年纪念/高贞白//艺风, 1940 (6).—71—75.

502. 斯提森及其艺术:《思想家》与罗丹/金丸重岭, 谛听//中国文艺, 1940 (6).—60—61.

503. 罗丹与斯提森/金丸重岭, 谛听//中国文艺, 1940 (6).—64.

504. 近世最大美术家：罗丹小传/阿黎//中国文艺，1940（5）．—146.

505. 法国革命的油画/Milton W. Brown 著；郭达节译//大公报（香港），1940-11-3．—8.

506. 法国漫画介绍：俱乐部之醉狂//北京漫画．1940（3）．—20.

507. 法国漫画介绍：人类本色//北京漫画．1940（3）．—20.

508. CALACIS 市民/罗丹//中国文艺，1940（5）．—1.

509. 罗丹（中英文对照）//吾友，1941（74）．—16.

510. 塞尚晚年成名//明灯，1941（290）．—38.

511. 战后法国素描（本刊特约法国通讯）/陈荣生//天下事，1941（3）．—2—6.

512. 印象派画家：莫奈（Claude Monet）/浮屠//全家福，1941（10）．—12—13.

513. 采葡萄女（法国名画）/姜//酿造杂志，1941（7）．—4.

514. 世界大雕刻家罗丹杰作三帧（张充仁先生借印）：永久的偶像、吻、罪恶的天才//大众，1942（1）．—2.

515. 罗丹与巴尔扎克像（附照片）//新民报半月刊，1942（11）．—25.

516. 美与丑：请以自然为诸位的天人"罗丹"/艾默//三六九画报，1942（1）．—17.

517. 艺苑巨人罗丹评传/道远//经纶月刊，1942（1）．—106—112.

518. 大雕刻家罗丹/萧先礼//公教学生，1942（3）．—33—36.

519. 世界大雕刻家罗丹作品：俯伏//大众，1942（2）．—1.

520. 罗丹结婚/黄嘉德//沙漠画报，1942（2）．—5—6.

521. 世界名人木刻像之六：罗丹/立璈//大风，1942（11）．—22.

522. 罗丹的婚姻/味秋//旅行杂志，1942（12）．—100.

523. 世界大雕刻家罗丹作品：夏娃/罗丹//大众，1942（2）．—1.

524. 罗丹给我的教训/ Zweig, S. 著；芬译//公教白话报，1942（19）．—485.

525. 野兽派画家乌拉明（MAURICE VLAMING）/浮屠//全家福，1942（1）．—26—27.

526. 后期印象派画家塞尚底生活：PAVL CEZANNE（1839—1906）/浮屠//全家福，1942（2）．—26—27.

527. 塞尚的绘画//华文每日,1943(3).—16.

528. 关于刘海粟的油画/立//申报,1943-12-7.—4.

529. 法国名画家亨利·马荡杰作二帧:绵羊、倩影//大众,1943(5).—1.

530. 罗丹的雕刻//华文每日,1943(3).—16.

531. 罗丹给我的教训/(德)司喂克司蒂芬著;秋空译//新青年,1943(4).—21—22.

532. 罗丹的《美术论》研究/陈烟桥//青年生活,1943(3).—30—32.

533. 法国名画无恙//国立华北编译馆馆刊,1943(3).—3.

534. 巴黎出售名画//国立华北编译馆馆刊,1943(3).—3.

535. 罗丹的雕刻:美丽的制帽女//青年文化,1944(4).—53.

536. 罗丹与西欧雕刻的新天地/熊秉明//集体创作,1944(1).—45.

537. 雕刻家罗丹的一生/纪青//青年文化,1944(4).—50—52.

538. 罗丹的雕刻:加里的市民//青年文化,1944(4).—53.

539. 罗丹的雕刻:思索的人//青年文化,1944(4).—53.

540. 法国漫画选:解放前的巴黎剪影//艺新画报,1944(2).—39.

541. 野兽派画匠的代表作品/张文元//联合画报,1944(83).—5.

542. 塔希提岛的土人画家高更/忱//天津民国日报画刊,1945(4).—1.

543. 艺坛琐记:毕伽沙与玛蒂斯/晋申//杂志,1945(5).—121—122.

544. 法兰西的艺术(舞蹈、音乐、戏剧、绘画)/符嘉德;孙源//文汇半月画刊,1946(5).—15—20.

545. 法兰西的艺术:法兰西的解放/戈林//月刊,1946(4).—1.

546. 法兰西的艺术:接吻、步行者/罗丹//月刊,1946(4).—1.

547. 法兰西的艺术:集中营里的俘虏/雷莱亚//月刊,1946(4).—1.

548. 法兰西的艺术:罗丹在工作室中//月刊,1946(4).—1.

549. 荷兰村童(法国名画)/华文翰(walhain)//胜流,1946(5).—13.

550. 罗丹及其艺术(附图、照片)/嘉丽泰//文汇半月画刊,1946(7).—13—16.

551. 法国名画:母爱/白龙夫人(Le Brun)//胜流,1946(8).—25.

552. 高更/伊麦司//涛声,1946(1).—42.

553. 西洋画印象派名作家:莫奈和他的作品//广播周报,1946(8).—6.

554. 金钱以上的富：印象派画家领袖克拉德莫奈轶事/希士哲//天津民国日报画刊, 1946（41）. —2.

555. 马南小传/吴澄渊//广播周报, 1946（18）. —5, 8.

556. 战后法国的绘画界（附图片）/王琦//广播周报, 1946（4-5）. —10.

557. 圣母院/郁德里洛作//广播周报, 1946（4-5）. —5.

558. 法国当代立体派画家勃拉格//广播周报, 1946（4-5）. —4.

559. 法国当代立体派艺术大师毕加索//广播周报, 1946（4-5）. —10.

560. 战后世界绘画的新趋势：农家乐（法国名画）/若兰（Le Nain）//胜流, 1946（6）. —15.

561. 两个现代雕刻家/刘狮//申报, 1946-8-5. —11.

562. 塞尚及其后印象主义（附图）/素平//胜流, 1946（11）. —17—18.

563. 法国画坛三巨头/陶译//天津民国日报画刊, 1946（10）. —2.

564. 新法国素描/（法）Dolivet, L. 著；柳无垢译//世界知识, 1946（9）. —30—31.

565. 法国名画家杜美格盛赞中国艺术//新闻报, 1946-6-28. —7.

566. 欧洲文物的浩劫：美军在盐矿中发现的十九世纪法国名画//春秋, 1946（2）. —37.

567. 谈法国漫画/益之//联合画报, 1946（185-186）. —16.

568. 新生中的法国雕刻/Lesbats, R.；娄绍莲译//木刻艺术, 1946（新2）. —18—19.

569. 野兽群的健将马提斯/达才//天津民国日报画刊, 1946（6）. —1.

570. 战后世界绘画的新趋势/倪贻德//广西画报, 1946（3）. —3.

571. 不朽的雕像：罗丹的马尔札克/李嘉//人世间, 1947（1）. —22—27.

572. 从罗丹得到的教训/（奥）S. 支维格著；方敬译//人世间, 1947（5）. —47—49.

573. 闲话罗丹/贺茜//艺术论坛, 1947（1）. —24.

574. 关于罗丹的《加莱的市民》/李桦//中学生, 1947（191）. —56—59.

575. 关于罗丹的《加莱的市民》/李桦//益世报, 1947-4-24. —3.

243

576. 罗丹及其雕刻/小明//军中娱乐, 1947 (191). —24—25.

577. 看了罗丹雕刻以后/宗白华//东方与西方, 1947 (1). —51—53.

578. 罗丹的巴尔扎克像/孙平//中学生, 1947 (191). —59—60.

579. 现代绘画运动概说：再从塞尚说起/海翁//艺术论坛, 1947 (1). —15.

580. 法兰西雕刻巨匠罗丹艺术生涯/李桦//天津民国日报画刊, 1947 (75 - 76). —1, 2.

581. 罗丹名作：永远的春/乐天//天津民国日报画刊, 1947 (75 - 76). —1.

582. 由罗丹雕刻说起/刘岘//大公报（天津）, 1947 - 2 - 19. —6.

583. 罗丹的生涯/吴成钧//益世报, 1947 - 7 - 17 (24, 31). —6.

584. 法国国立高级装饰画专门学校/王益之//益世报, 1947 - 9 - 12. —6.

585. 罗丹的画/平凡//益世报, 1947 - 10 - 24. —6.

586. 罗丹（Aunuste Bodin）论法国教堂/Emile Male//益世报, 1947 - 12 - 26. —6.

587. 人像素描/马缔斯//雍华图文杂志, 1947 (4 - 5). —14.

588. 后期印象派大画家梵高的一生（附照片）/王琦//天津民国日报画刊, 1947 (78). —1—2.

589. 后期印象派的巨匠：高更（附照片）/思训//艺术论坛, 1947 (1). —21.

590. 印象派博物馆巡礼（附照片）/平凡//天津民国日报画刊, 1947 (92). —2.

591. 法国漫画界现状/平凡//益世报, 1947 - 6 - 12. —3.

592. 法国雕刻的厄运/平凡//时与文, 1947 (4). —23.

593. 法国近代画市场：野兽派作品风头甚健/平凡//天津民国日报画刊, 1947 (83). —1.

594. 肖像/马奈//申报, 1947 - 4 - 19. —9.

595. 印象派大师马内（Edouard Manet）/穆轶群//大公报, 1947 - 4 - 17. —1.

596. 少年斗牛士/马奈//申报, 1947 - 7 - 19. —9.

597. 草上的午食/E. Manet//新学生, 1947 (4). —6.

598. 归帆/莫奈//申报 1947-7-23. —9.

599. 战后法国绘画/王琦//军中娱乐, 1947（2-3）. —18—19.

600. 人像、素描/毕加索//军中娱乐, 1947（2-3）. —18.

601. 睡女/玛提斯//军中娱乐, 1947（2-3）. —18.

602. 人像/莫地尼亚//军中娱乐, 1947（2-3）. —18.

603. 青年画家狄思比爱在作大幅画《防御像》/狄思比爱//军中娱乐, 1947（2-3）. —19.

604. 乡村风景/郁德里洛//军中娱乐, 1947（2-3）. —19.

605. 风景/基赛//军中娱乐, 1947（2-3）. —19.

606. 法国画家华杜/娄绍莲//春风, 1947（5）. —9.

607. 法国十九世纪艺术（绘画）/日曼巴生//艺浪, 1947（2）. —13—14.

608. 战后法兰西的绘画界（附照片、图）/文联社//寰球, 1947（22-23）. —27—28.

609. 光华灿烂的近代美术印象主义/温肇桐//新学生, 1947（1）. —57—67.

610. 哥更和他的名作《泰希蒂少女》/李桦//中学生, 1947（194）. —42—45.

611. 保罗·高更别传/黎德//广播周报, 1947（复23）. —3.

612. 法国名画《少女》//南北, 1947（1）. —13.

613. 泰谛岛土人/哥更（Gauguin）//美术年刊》, 1948 年纪念卅七年度美术节. —31.

614. 法国美术和巴黎美术学校/滑田友//益世报, 1948-9-24. —6.

615. 法国名画家的故事：小小画师（附图）//新儿童报, 1948（11）. —1—2, 11—12.

616. 法国名画展廿三起举行, 法领事有木刻参加//大公报, 1948-12-21. —4.

617. 农村生活在法国绘画中的地位/胡品清//综艺：美术戏剧电影音乐半月刊, 1948（7-8）. —6.

618. 美术用语解说：印象派//综艺：美术戏剧电影音乐半月刊, 1948（3）. —4.

619. 雕塑大师——罗丹/藏赞//人物杂志，1948（9）．—19—25．

620. 世界名画：静物/赛尚（Cezanne）//美术年刊，1948年纪念卅七年度美术节．—29．

621. 中西艺术之比较：夫人像/塞尚//京沪周刊，1948（22）．—1．

622. 速写马蒂斯（附图）/天明//美术汇报，1948（1）．—2—3．

623. 亚拉贡笔下的马蒂斯/Aragon//大公报（香港），1948-6-14．—7．

624. 罗丹//时代艺术，1949（1）．—14A．

625. 向罗丹学习/秋柳//益世报，1949-3-4．—3．

626. 罗丹论法国教堂/Emile Male//益世报，1949-3-28．—3．

627. 风景/塞尚//时代艺术，1949（1）．—14D．

628. 现代法国雕刻//大公报，1949-2-15．—6．

629. 法国漫画界/青//益世报，1949-2-17．—3．

630. 今日法国雕刻界/并州完//益世报，1949-3-26．—3．

第三部分　图书文献

1. 透视学/（法）嘉择义（A. Cassagne）著；沈良能译．—上海：商务印书馆，1917．—274．

2. 近代美术思潮/黄忏华编述．—上海：商务印书馆，1922．—71．

3. 西洋美术史/吕澂编译．—上海：商务印书馆，1922．—163．

4. 艺术谈概/东方杂志社编．—上海：商务印书馆，1923．—81．

5. 女性美/（法）加波林夫人（H. Gaborian）著；季志仁译．—上海：北新书局，1925．—129．

6. 近代欧洲绘画/（英）康斯特博（W. G. Constable）著；张道藩译．—上海：商务印书馆，1928．—95．

7. 近代艺术/倪贻德编著．—上海：金屋书店，1929．—110．

8. 近代美术思潮论/（日）板垣鹰麦穗著；鲁迅译．—上海：北新书局，1929．—226．

9. 西洋画派十二讲/丰子恺著．—上海：开明书店，1930．—303．

10. 艺术与科学/曾仲鸣著．—上海：嘤嘤书屋，1930．—150．

11. 美术论/（法）罗丹（A. Rodin）讲；吉塞尔（P. Gisell）记；曾觉之

译.—上海：开明书店，1930.—399.

12. 西方艺术史/（匈）马查（I. Matsa）著；武思茂译.—上海：开明书店，1931.—251.

13. 法兰西近代画史/（日）板垣鹰麦穗著；许达译.—上海：文华美术图书印刷公司，1931.—146.

14. 美术的表现与背景/（日）板垣鹰麦穗著；萧石君译.—上海：开明书店，1931.—122.

15. 西洋画苑/刘海粟撰辑.—上海：中华书局，1932.—534.

16. 世界名画选集/郑慎斋编.—上海：广益书局，1933.—50.

17. 近世美术史概论/（日）板垣鹰麦穗著；赵世铭译.—上海：女子书店，1933.—106.

18. 从社会学见地来看艺术/（法）居友（J. M. Guyau）著；王任叔译.—上海：大江书铺，1933.—232.

19. 姿态美/（法）奥提克·冈什尔（P. O. Canzel）著；郎鲁逊译.—上海：女子书店，1933.—120.

20. 现代绘画概论/（日）外山卯三郎著；倪贻德译.—上海：开明书店，1934.—201.

21. 现代绘画概观/倪贻德编.—上海：商务印书馆，1934.—130.

22. 近代艺术纲要/丰子恺编.—上海：中华书局，1934.—144.

23. 现代世界名画集/曾鸣著.—上海：中华独立美术协会，1935.—100.

24. 十九世纪法兰西的美术/刘海粟.—上海：中华书局，1935.—132.

25. 世界裸体美术/刘海粟.—上海：中华书局，1935—1940.—48；40；40.

26. 一九三五年的世界艺术/林风眠编著.—上海：商务印书馆，1936.—165.

27. 欧洲名画大观/刘海粟编.—上海：中华书局，1936.—500.

28. 现代绘画论/（英）爱伯（T. W. Earp）著；刘海粟译.—上海：商务印书馆，1936.—58.

29. 世界裸体美术选/良友图书公司编.—上海：良友图书印刷公司，1936.—173.

30. 西画论丛/倪贻德著.—上海：中华书局，1936.—140.

31. 现代名画集. —上海：良友图书印刷公司, 1937. —62.

32. 西洋画派解说/倪贻德编. —上海：商务印书馆, 1937. —146.

33. 阿波罗艺术史/（法）S. 赖那克（S. Reinach）著；李朴园译. —上海：商务印书馆, 1937. —528.

34. 欧洲名画采访录/黄觉寺著. —上海：艺浪出版社, 1939. —71.

35. 西洋绘画史/陈之佛、陈影梅编. —长沙：商务印书馆, 1940. —119.

36. 现代欧洲艺术思潮/吴景嵩著. —上海：永祥印书馆, 1945. —75.

37. 西洋美术史/钱君匋著. —上海：永祥印书馆, 1949. —151.

38. 艺术哲学/（法）泰勒（H. A. Taine）著；沈起予译. —香港：群益出版社, 1949. —561.

平路青　博士，南京信息工程大学人文与艺术教育中心讲师。

Literature Index of French Art Research during the Late Period of the Qing Dynasty and the Republic of China

Ping Luqing

Abstract: At the end of the 19th century, Paris, as one of the art centers of the world, became the art palace of Chinese artists. French art had a significant impact on the development of Chinese art in the 20th century. This paper combs the Chinese and English newspapers and books on French art published in China from 1887 to 1949. In chronological order, it is divided into English newspapers, Chinese newspapers, periodicals and books. This citation is compiled into 746 kinds in order to provide search paths for researchers.

Keywords: French art; Research; Literature Index

索 引

20世纪中国人物传记资源整理与数据建设研究　143
CIDOC-CRM本体模型　51~54
层次性　54
丰富性　54
核心类及其属性（图）　54
适用性　53
应用情况梳理　52
重点　53
CSSCI数据库　66

B ~ C

八百壮士　209
《北词广正谱》同牌异名曲牌增补（表）　119
编制了参照的索引入口例举（表）　48
标准研制　166
参与两个及以上慈善组织人员职业、籍贯分析（表）　139
陈东辉　185、202
陈幼华　87、96
创新精神　5
创新实践基地　15
创新意识　19
词表编制修订　160

249

D～F

搭建科研平台　14
大事记内容标引问题　32、172
大型分类法编制　161、162
讨论会全体同志合影（图）　162
党建工作　17、19
党建引领　12
地方与系统联络站工作　13
《地方志索引编制规则》　15
定位符　41
定位系统　45
发文作者合作知识图谱（图）　73
发展会员　15
法国美术研究文献索引　214
分级标引　173
复旦大学索引学社　16
傅德华　143、154

G

改革创新　18
改革开放以来上海统战人物传记资料研究述略　143～155
　启示　154
　学术界研究概况　144
　有待进一步研究的问题　153
　传记资料特点　150
　传记资料学术价值　150
干亦铃　123
工作报告　12
工作体会　17

构建标准体系 15

孤军营 205

古典小说知识本体构建 50

古籍数字化 51

关键词共现知识图谱（图） 76

关键词—年代共现知识图谱（图） 80

关键词时间线聚类知识图谱（图） 78

管理机制 13

规范档 42

规范管理 19

国际交流合作 16、20

国际索引联盟 16

第七次峰会 16

日常会议 16

信息交换 16

国际索引学术会议 16

国内法国美术研究文献索引 214

H

哈米顿 53

韩洪泉 204、212

《汉语主题词表》编制 165

社会科学编辑组同志合影（图） 165

红帮裁缝 123

《红帮研究索引》 123

侯汉清 91

黄金龙 97、120

黄思敏 177、180

惠民工程 6

J～K

金普森　122

《九宫大成》　99、100

同牌异名曲牌（表）　100

开放包容　10

开放合作　16

开拓进取　18

科学家年谱　87

科研项目　14

跨图博档的学术名人特色资源整理与组织研究　36～49

索引设计　43

索引体系（表）　43

昆曲同牌异名曲牌整理与研究　97～120

L～M

李本侹　123

李芳　36、49、87、96

李文辉　121、128

李兴辉　159、161（图）、162（图）、164、165（图）

做学术报告（图）　164

李兴辉先生学术贡献述略　159～165

  标准研制　166

  词表编制修订　160

  大型分类法编制　161

《汉语主题词表》编制　165

《中图法》编制和修订工作　163

  中小型图书馆图书分类法编制　161

李政道　88

李政道捐赠资料　45～47

定位符系统（图）46

实物藏品类型体系（表）47

题名索引例举（表）46

原始组织结构（图）45

李政道年谱资料编纂规则体例 94、95

 编纂规则 95

 篇章设计 94

 索引 95

李政道年谱资料整理与编纂方法探析 87～96

 时代价值 88

 学术价值 88

 研究背景 87

 研究现状 89

资料收集途径 92

资料整理方法 93

资料整理需要标引的事项 93

李政道生平事件主题特征 93

李政道图书馆 44

李政道相关口述资料 92

李政道研究现状 89

力量统筹 18

刘承功 12

刘鸿生 125

刘华梅 159、168

刘双 66、82

刘英捷 50、64

论有实质检索意义的索引 25～35

面向数字人文的古典小说知识本体构建 50～65

《民国时期宁波文献总目提要》 123

N～P

《南曲九宫正始》 119
牌名存误整理（表） 119
同牌异名曲牌增补（表） 117
年鉴 171
年鉴索引 33、171、174、175
分级标引示例 174
检索效果 171
使用说明 175
年谱 87
宁波帮 122、125
研究 125
《宁波帮大辞典》 122
宁波帮专题文献索引 121～128
编制基础 122
编制意义 121、124
编制主要内容 122
《宁波古代历史文化研究资料索引：1900—2008》 123
《宁波古代历史文化研究资料索引续编：1900—2014》 123
宁波旅沪同乡会 130
频次大于3的关键词（表） 77
平路青 214、248

Q～R

乾隆年间《完节表》举例（表） 32
钱澄澄 66、82
钱南扬 98
钱亚新 91
情报检索语言 160、161

情报语言学人才培养 166

曲牌索引研究 99

曲谱 97~99

 版本 98

 材料及编纂说明 99

 基本情况 98

 数量统计（表） 97

《全军官兵学习材料》人名索引编制 177、178

 背景 177

 过程 178

 人民立场 6

 人名索引 30、44、47、177、178

 编纂实践 177

 编纂要点总结 178

S

商人群体捐资兴办慈善事业 131

上海八个民主党派和工商联主委（会长）传记资料（表） 144

上海慈善团体 138

《上海府县旧志丛书》人名索引编纂 31

上海交通大学李政道捐赠资源索引实践 44~48

 定位系统 45

 人名索引 47

 实物索引 46

 事由索引 48

 题名索引 46

 主题索引 48

上海统战人物传记资料 143、150

 特点 150

 学术价值 150

研究述略 143

实践导向 20

实物索引 46

实质检索意义视域下的人名索引编纂实践 177~181

世界眼光 7、20

事由索引 44、48

试析编制宁波帮专题文献索引之意义 121~128

守正创新 10

书后索引 28

属性 59

数字人文研究 20

《水浒传》 51、53、55

续作场景知识本体模型构建 55

原典及续作知识组织理论基础 53

《水浒传》续作场景本体核心类及属性构建 55、56、59

    核心实体类确定 56

    实体间关系定义 59

《水浒传》续作场景概况 55

    版本及续作流变展示 55

    文学地理学研究 55

    小说内容研究 55

四川大学索引学社 16

四行仓库保卫战 204

孙善根 122

《索引编制规则（总则）》 15

索引编纂 26

索引标目 41、42（表）

索引标引 31

索引标准应用 20

索引出版 28

索引词规范处理 174

索引定位符（表） 41

索引定位功能 41

索引定义 40、66、121、122

索引方法 36

索引概念 25

索引技术 27

索引检索精度 173

索引利用率 29

索引内容篇幅控制 28

索引使用说明撰写 175

索引事业 9

索引学年度发文趋势（图） 69

索引学研究发展脉络知识图谱 79~82

  索引相关学科研究 82

  索引学理论研究 81

  索引学应用研究 81

索引学研究科学知识图谱分析 66

索引学研究领域发文不低于10篇的机构（表） 71

索引学研究领域发文不低于3篇的作者（表） 74

索引学研究热点前沿与发展脉络分析 75~79

  索引学研究发展脉络知识图谱 79

  索引学研究热点前沿知识图谱 77

索引学研究突发词探测（图） 79

索引学研究现状分析 69~72

  发文量分析 69

  研究机构知识图谱分析 70

  研究作者知识图谱分析 72

索引学研究现状梳理 67

索引学研究作者知识图谱分析 72~75

  被引作者分析 74

  发文作者分析 72

载文来源分析 75
　　索引学载文来源学科与载文来源期刊（表） 75
　　索引学主题类目（表） 81
　　索引研究 29、34
　　索引研究机构 14

T

太行燕 171、175
特载、专文内容索引词轮排处理 172
提高年鉴索引检索效果的七大手段 171～175
　　大事记内容不做索引标引 172
　　分级标引 173
　　使用说明撰写 175
　　索引词规范处理 174
　　特载、专文内容索引词轮排处理 172
　　图表内容增加内容性质标识 173
　　综合性主题索引编纂 171
题名索引 46
体制机制 6
同牌异名曲牌 99
统战人物研究启示 154
图博档中常用的索引标目（表） 42
图博档中常用的索引定位符（表） 41
拓展编纂实践 15

W

《完节表》举例（表） 32
晚清民国时期国内法国美术研究文献索引 214～246
　　图书文献 246
　　中国出版的英文报纸 215

中文报刊　220

万湘容　123

王德广　66、82

王全春　3、9

王彦祥　25、35

王以林　123

《文史资料选辑》所见四行孤军篇目索引　204～212

　　八百壮士　209

　　孤军营　205

　　四行仓库保卫战　204

　　文艺作品　212

　　谢晋元　206

　　杨惠敏献旗　209

文献工作标准化　166

文献共被引知识图谱（图）　70

问题导向　10

我国索引学研究科学知识图谱分析　66～75

　　数据来源　68

　　索引学研究热点前沿与发展脉络分析　75

　　索引学研究现状分析　69

　　研究方法　68

X

习近平文化思想　9

系统观念　18

现实世界　56、58、60、62

实体表（表）　58

实体层级与属性关系表示（图）　63

实体属性（表）　60

数据分析　56

现实世界实体与虚拟世界实体间关系（表） 62

小说三要素理论 53

谢晋元 206

虚拟世界 57、59、61、63

实体表（表） 59

实体层级与属性关系表示（图） 63

实体属性（表） 61

数据分析 57

选派到中央任职的上海八个民主党派和工商联主委（会长）（表） 148

学术成果 14

学术繁荣 14

学术名人 36

学术名人特色资源 36~43

被图博档收藏的常见类型（图） 38

索引编制 40

索引设计 43

整理与组织研究 36

学术名人特色资源索引功能定位 40~42

    规范术语功能 42

    快速定位资源功能 41

    提取核心信息功能 41

学术名人特色资源特点 37~39

    类型多样 39

    内容关联 39

    收藏机构跨界分散 37

学术品牌 17

《学位论文内容索引编制规则》 15

Y

研究机构合作知识图谱（图） 71

杨惠敏献旗　209

杨硕培　129、141

业务领域　19

业务主管单位联系　12

一流学会建设　19

尹智　177、180

引入索引机理的编纂方法探析　91

应芳舟　126

有实质检索意义的索引　25～34

编纂　26、29、30

索引成果　26

索引理论　34

索引普及　33

索引研究　34

于翠艳　143、154

俞为民　97

虞洽卿公益慈善活动述论　129～142

慈善活动特征与目的　137

相关研究　129

虞洽卿参与慈善组织一览　131、132（表）

运行效能　13

Z

在中国索引学会2023年学术年会上的致辞　9～11

在中国索引学会第六次全国会员代表大会上的工作报告　12～21

在中国索引学会第七届理事会第一次会议上的讲话　3～8

《增定南九宫十三调曲谱》同牌异名曲牌增补（表）　116

战略布局　20

张宏玲　50、64

张洁　36、49

张琪玉 29、33

张如安 123

张妍 177、180

章培恒 185

章培恒先生研究文献目录 185~203

  报刊和文集文章 186

  学位论文 185

  著作和学位论文中的相关部分 186

政治建设 17、19

政治自觉 5、12

支部建设 13

知识组织 53

中国人物传记资源整理与数据建设研究 143

《中国索引》集刊 14

中国索引学会 3~9、12、13、18、19

2023年学术年会 9

第六次全国会员代表大会 12

第六届理事会主要工作 12

第七届理事会第一次会议 3

第七届理事会工作建议 19

第七届理事会中心任务 5

高质量发展 5

工作存在的不足 18

换届大会 4

交流合作 7

理事会和常务理事会重要作用 13

前进方向 5

章程修订 12

治理效能 6

《中图法》编制和修订工作 163

中小型图书馆图书分类法编制 161、162

编辑小组合影（图） 161
中心任务 5
中央党史和文献研究院 3
朱葆三 125
朱星澜 185、202
主题索引 44、48
入口及规范档例举（表） 48
著名分类法和词表专家李兴辉先生学术贡献述略 159～168
专题索引编纂 32
专委会建设 13
专著索引 33
资源整合 18
自身特色 17
综合性主题索引编纂 171、172
作者共被引知识图谱（图） 74

(毋栋　编制)

稿　约

《中国索引》集刊由原《中国索引》（季刊）改刊而来。集刊前十二辑已正式出版，目前第十三辑及以后各辑的征稿工作已经开始。兹将有关征稿事项胪陈如下：

一、集刊宗旨

以促进我国索引和数据库研究和创新，推动索引和数据库事业发展，普及索引和数据库知识，加强索引和数据库领域的国内外交流为宗旨。

二、办刊方针

以文献、信息、数据和知识的检索为核心，全方位刊登索引与数据库研究领域的相关论文和资料，对传统索引与检索工具、文献数据库与计算机检索系统、网络信息检索工具（搜索引擎）的论文及资料，均所欢迎，尤其重视基于实践、善于总结、理论联系实际的来稿。

三、读者对象

以索引与数据库界学术共同体为主，包括但不限于：

（1）索引和数据库的研究、编制和教学工作者；
（2）信息管理领域的从业者；
（3）相关专业的研究生、本科生；
（4）索引和数据库的使用者。

四、主要栏目

（1）学术论坛；（2）索引与数据库事业；（3）索引语言研究与信息组织；（4）信息检索与利用；（5）索引史话与史料；（6）国外业界扫描；（7）专题索引。

每辑还根据学会战略目标，组织相应专题。

五、来稿要求

（1）来稿须为作者原创成果，内容翔实，数据准确，表达严谨，形式规范。

（2）来稿字数一般控制在1万字以内，重大理论问题、重要学术探索，可以超过此限。

（3）文章结构要素分别为：中文题名，作者中文姓名，中文摘要，中文关键词，基金项目及编号；正文；参考文献和注释，作者简介及联系方式；英文题名，英文摘要，英文关键词。

（4）正文一、二级标题均单列。一级标题编号采用"一""二""三"等；二级标题编号采用"（一）""（二）""（三）"等，或"1""2""3"等；三级标题以下编号灵活掌握。

（5）集刊的参考文献著录格式与国家标准GB/17714-2015《信息与文献 参考文献著录规则》保持一致；文中引用的参考文献和注释，以"①""②""③"等标注，并以脚注形式按序排列。参考文献和注释每页重新编号。

（6）赐稿请注明论文所有作者的姓名、单位、职务、职称等信息。

（7）来稿请以电子稿形式发至《中国索引》集刊编辑部信箱：xuekan@fudan.edu.cn。（编辑部电话：021-65642733）

（8）赐稿一旦刊用，即致样刊。

热诚欢迎广大会员和专家学者踊跃赐稿。

《中国索引》集刊编辑部
2024年3月1日